AF538179

mandelbaum *verlag*

Helga Haas

Von Mauracheln und krausem Ziegenbart

Pilzgerichte in Kochbüchern aus zwei Jahrhunderten bis 1918

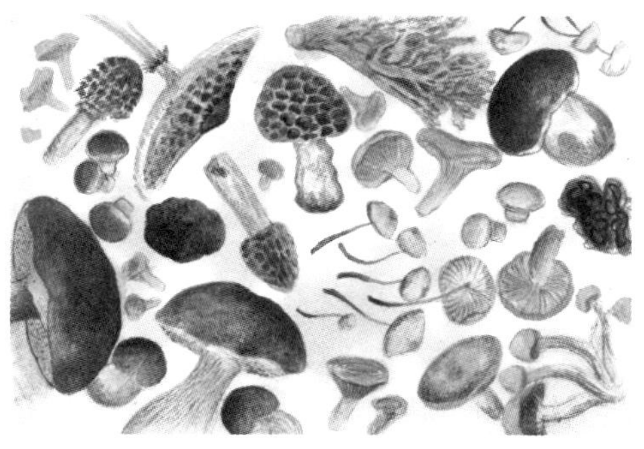

mandelbaum *verlag*

www.mandelbaum.at
ISBN 978-3-85476-488-5

Lektorat: Inge Fasan
Satz & Umschlaggestaltung: Michael Baiculescu
Umschlagbild: Linda Wolfsgruber
Druck: Primerate, Budapest

INHALT

Herrn Mag. DI Hans Feyertag sei an dieser Stelle mein herzlicher Dank ausgesprochen. Seine persönlichen Hinweise und seine im Selbstverlag erschienene Bibliographie der Wiener Kochbücher der Habsburgerzeit stellten eine wesentliche Hilfe und Arbeitsgrundlage dar.

Nicht minder dankbar bin ich Herrn Dr. Hanno Richter, em. o. Universitätsprofessor der Universität für Bodenkultur in Wien, für seinen genauen und scharfen Blick, der manchen Fehler und manche Unklarheit verhinderte.

VORWORT

Die Faszination, die sichtbare Pilze in Wald und Flur auf mich ausüben, kann auch in dem Umstand liegen, daß ich in den Kriegs- und Nachkriegsjahren in Wien groß geworden bin. Die damals mögliche sportliche sommerliche Ertüchtigung bestand in Wanderungen rund um Wien. Die Endstationen der Straßenbahnlinien 49 und 60 waren mir und meinem Bruder so vertraut wie unsere Wohnstraße im 3. Bezirk. Mein Vater, der im nordmährischen Gesenke aufgewachsen war, verfügte über vielerlei Kenntnisse von den »Schätzen des Waldes«: Von der Nachahmung des Gezwitschers mancher Vögel bis zu dem Erkennen von Beeren und Pilzen ging sein Repertoire, ebenso beherrschte er die Herstellung von Hollerpfeiferln, Wanderstöcken, Wurfgeschoßen und das Knacken von Bucheckern.

Von ihm lernten wir die Freude am Suchen und Erkennen der Pilze, egal ob es sich um eßbare, ungenießbare oder giftige handelte. Ein prächtig gewachsenes Exemplar eines Giftpilzes beeindruckte uns immer und wir freuten uns jedesmal, ein solches entdeckt zu haben. Wir ließen es unversehrt stehen.

In den 50er Jahren verbrachten wir die Hauptferien in der Buckligen Welt in Niederösterreich und fuhren mit dem »Blauen Blitz«, der neuen Zugsgarnitur einer Nebenbahn, vom Aspangbahnhof weg. Den Bahnhof gibt es heute nicht mehr. Zweck des Aufenthalts war, neben dem gesundheitlichen Aspekt auch die Möglichkeit zu haben, preiswert und billig zu leben, Waldfrüchte zu sammeln und Vorräte für den Winter zu schaffen: Heidelbeeren und Himbeeren pflücken, Schwammerl suchen – so hieß die Devise. Die Mahlzeiten bestanden oft aus frischen Pilzgerichten, Heidelbeerkuchen und Kompotten. Der Regen fiel häufig und regelmäßig, und die Pilzausbeute war entsprechend groß. Marktgängige Eierschwammerl und junge Herrenpilze wurden von uns Kindern nach einem Fußmarsch nach Aspang-Markt getragen und an den dort ansässigen Gemüsehändler verkauft. Die Pilze mußten vor 16 Uhr beim Händler sein, wurden begutachtet und gewogen und um ca. 18 Uhr mit dem Abendzug nach Wien geschickt. So verdankten wir den Pilzen unser erstes Taschengeld.

Sommerliche Wetternachrichten wurden nicht nach Badeaussichten bewertet, sondern nach den richtigen Voraussetzungen für das Wachsen von Pilzen. Die einsetzende Motorisierung führte uns auch in entferntere Wälder und Berggebiete. Die letzten Urlaubstage wurden jeweils einer ausgiebigen »Schwammerlexpedition« gewidmet, damit wir den Fund auch mit nach Hause nehmen konnten.

Die Hochzeitsreise führte meinen Mann und mich in ein Schloßhotel in Oberkärnten. Von diesem Standort aus unternahmen wir Streifzüge auf Gipfel, Almen und »Nocken«. Die so nebenher gefundenen Pilze bester Qualität nahmen wir mit und baten die Köchin der Schloßküche, uns diese zum Abendessen zu bereiten. Als Praktikerin der Küche machte sie daraus ein Ragout mit Semmelknödeln für alle Pensionsgäste. Sie fühlte sich beim Servieren verpflichtet zu erwähnen, daß die Pilze von dem hier anwesenden Wiener Ehepaar gefunden worden waren. Die Mienen der Gäste wurden um einen Schatten ernster, ihr Appetit ließ merklich nach, was uns erlaubte, uns konkurrenzlos aus der Ragoutschüssel zu bedienen.

Selbstverständlich war uns klar, daß das Verspeisen von Pilzgerichten, deren Zutaten man nicht kennt oder beurteilen kann, eine reine Vertrauenssache ist. Ebenso herrscht Vorsicht und ängstliche Spannung bei jedem Schwammerlsucher, wenn er sich bei der Bestimmung seiner Pilzfunde nicht sicher fühlt.

Eierschwammerl, Herrenpilz und auch Parasol finden wohl genügend Kenner; einem passionierten Schwammerlsucher bleibt auch bei ungünstigen Bedingungen – dank der großen Anzahl von eßbaren und ausgezeichneten Speisepilzen – noch reiche Beute in Wald und Wiese.

Jeder Schwammerlsucher hat auch das Bedürfnis, mit seinem Fund gut umzugehen und ihn variantenreich zu verwenden. Da lag es nahe, auch in alten Kochbüchern zu stöbern und nachzulesen, wie abwechslungsreich die ehemals üblichen Zubereitungsarten waren. Dies geschah in der Hoffnung, neue Anregungen für die eigene Küchenpraxis zu finden. Mit dem vorliegenden Büchlein sollen sie auch einem größeren Kreis von Interessierten erschlossen werden.

EINLEITUNG

Pilzgerichte und Speisen mit Pilzen wurden im 18. und 19. Jahrhundert von allen Bevölkerungsschichten mehr oder weniger häufig gegessen. Die Stadtbewohner waren auf die Angebote der Tages- und Wochenmärkte angewiesen; gemäß den jeweils geltenden Marktvorschriften gelangten nur wenige Pilzarten zum Verkauf: im wesentlichen Morcheln (Mauracheln), Trüffeln und Champignons. Diese wurden saisonal frisch, getrocknet oder konserviert angeboten. In der Küche wurden sie als wichtiger Bestandteil der beliebten Ragouts und Pasteten verarbeitet. Beim Servieren von Gemüse- und Fleischspeisen hoben sie als Garnituren das Erscheinungsbild auf der Tafel. Als Geschmacksverbesserer und -geber ließen sie die Kunst der Köchin bei Einladungen und prestigereichen Menus in bestem Licht erscheinen.

Die Landbevölkerung war mit den eßbaren »Schwammerln« und Pilzen seit eh und je vertraut. Kenntnisse für das Sammeln und für die Verarbeitung wurden von Generation zu Generation mündlich tradiert. Je nach der gefundenen Menge bildeten sie eine Zugabe zu den bäuerlichen Speisen oder sie kamen als Hauptgericht auf den Tisch. Sie waren – vor allem in den waldreichen Gebieten – ein Teil der Ernährung der ärmeren Bevölkerungsschichten. Getrocknet und konserviert stellten sie auch eine wertvolle Ergänzung der winterlichen Speisevorräte dar. In manchen Gebieten wurden einige Pilzarten gesammelt, getrocknet und gemahlen, um dem Tierfutter beigemengt zu werden.

Die Bezeichnung der Pilze war durch die Sammler und deren bildhafte, mundartliche Sprache regional geprägt. Entsprechend inkonsequent wurden die gleichen Namen in verschiedenen Regionen auch für unterschiedliche Pilzarten verwendet: mit Gelblingen, Rötlingen, Hasenöhrlein, Gugemuken usw. konnten unterschiedliche Pilze gemeint werden.

Verhältnismäßig spät befaßten sich die Wissenschaften, hier vor allem zunächst die Botaniker, mit der systematischen Einteilung der Pilzarten. Deren lateinischen Bezeichnungen sollten Ordnung bringen; aber jeder Botaniker bezeichnete ein- und denselben Pilz auf Grund seiner eigenen Systematik anders. Es wurde daher zur besseren Orientierung zum lateinischen Namen der Name des Botanikers abgekürzt dazugesetzt: L. für Linné, Pers. für Persoon, Bull. für Bulliard usw. Gemäß der derzeit gültigen Konvention gilt das Prinzip der Priorität der Bezeichnung, was bedeutet, daß die Erstbeschreibung des Pilzes mit der ersten Namensgebung als verbindlich angesehen wird.

Der nicht immer und jedem bekömmliche Genuß von Pilzen führte zu Gerüchten, auch zu Zeitungsmeldungen, die mangels besseren Wissens teilweise falsch waren und als Schauergeschichten zur Warnung der Bevölkerung verbreitet wurden. In den Kochbüchern wurden Silberlöffel zu Bestimmungszwecken eingesetzt, deren Verfärbung auf giftige Pilze schließen ließe. Auch eine Zwiebel, die sich beim Mitkochen verfärbt, wurde bis Mitte des 19. Jahrhunderts als Beweis gewertet, daß das Pilzgericht zumindest unbekömmlich sei.

Die grundlegenden Zutaten für Pilzgerichte bildeten: fein gehackte Zwiebeln, Petersilie, saurer Rahm und Salz. Als Würze wurde noch ab und zu der feine Knoblauch (Rocambol[e]) erwähnt und in den östlichen Teilen Mitteldeutschlands und der Monarchie war auch der Kümmel als Beigabe anzutreffen. Bestes Olivenöl, Speck und Schweineschmalz mit dem Attribut »süß« wurden ebenfalls regional verwendet. In der feinen Küche jedoch dominierte die Butter als Fettzusatz. Die Zubereitungsmethoden waren mannigfaltig. Das Angebot an Trüffeln muß groß und reichlich gewesen sein, denn Rezepte mit ½ Pfund, also ca. ¼ Kilogramm, waren keine Seltenheit. Die Morchel, voran die Speise- oder Frühjahrsmorchel, wurde sehr geschätzt wie auch deren Verwandte, die Hohe Morchel, die Käppchenmorchel und die böhmische Morchel. Natürlich gab in der Küche der Champignon den Ton an: Als »Champignon de Paris« stand er dank der gärtnerischen Kunst das ganze Jahr frisch zur Verfügung.

In der zweiten Hälfte des 19. Jahrhunderts nahm durch starke Wanderungsbewegungen vom Land in die Stadt die Nachfrage nach Pilzen auf Grünmärkten zu, Wald- und Wildpilze stießen auf vermehrtes Interesse. Die allgemein verbesserten Kenntnisse von Pilzen trugen dazu bei, das Vertrauen der Bevölkerung in andere eßbare Pilze, abgesehen von dem bekannten Dreigestirn Trüffel, Morchel und Champignon, zu steigern. Neue Ernährungsströmungen, wie naturnahe Kost und die Vermeidung von Fleisch, machten die Pilze populärer. Die Trüffel, als Nonplusultra der großbürgerlichen Küche befand sich auf dem Rückzug. Der Verlust der norditalienischen Regionen, einem Hauptlieferanten der Trüffel für den damaligen großen österreichischen Markt, führte zu einem Angebotsrückgang. Bevölkerungswachstum und Nachfragesteigerung bewirkten einen fühlbaren Preisanstieg. Als Folge stiegen andere Pilzarten in der kulinarischen Wertschätzung der Stadtbewohner wie beispielweise der Steinpilz, der Mousseron und auch das Eierschwammerl.

Die rund 330 aus gedruckten Kochbüchern entnommenen Rezepte für Pilzgerichte sind aus den angeführten Werken unverändert übernommen, mit der damals üblichen Orthographie, Grammatik und Zeichensetzung. Ihre Auswahl unterlag keiner Regel, sie war beliebig und umfaßte nicht immer alle Pilzrezepte des jeweiligen Kochbuches. Bei den Trüffelrezepten war die Selektion eine stärkere, denn die Verwendung von zu verschwenderischen Trüffelmengen brächte die heutige Küchenpraxis an ihre ökonomischen Grenzen.

Die Autoren von damals zeigten keine Scheu und fürchteten keinen Ehrverlust, Rezepte wortwörtlich oder inhaltlich aus anderen Kochbüchern zu übernehmen. Niemand hätte deshalb ihre Kompetenz und ihr Erfahrungswissen in Frage gestellt. Die historischen Pilzrezepte zeichnen sich neben den klassischen Zubereitungsmethoden durch Variantenreichtum aus: Das Rezept eines »Steinpilzsalates«, man würde ihn heute als »Steinpilzcarpaccio« bezeichnen, ist ebenso faszinierend wie das einer selbstgemachten Trüffelwurst.

Die Hausfrau von anno dazumal besaß ausreichende warenkundliche Kenntnisse, um mit den nachstehenden Kochrezepten gut zurechtzukommen. Ihre praktischen Küchenerfahrungen genügten, um nach diesen Angaben, die mehr Regieanweisungen denn genau nachvollziehbare Rezepturen waren, ein Pilzgericht herzustellen. Mutige Leserinnen und Leser, die sich sofort an die Rezepte heranwagen wollen, sollten über einiges an Herdpraxis verfügen. Aus jedem der fünf Hauptkapitel wird am Schluß desselben ein leicht nachvollziehbares Pilzgericht als »Amuse gueule« angeboten.

Die Geschmacksvielfalt der Pilze ermöglicht jedem von uns, auch dem legendären Feinschmecker, exquisite Gerichte herzustellen. Auch konnten – abgesehen vom Champignon – weitere excellente Pilze gezüchtet werden, sodaß jedermann jederzeit ein Pilzgericht genießen kann.

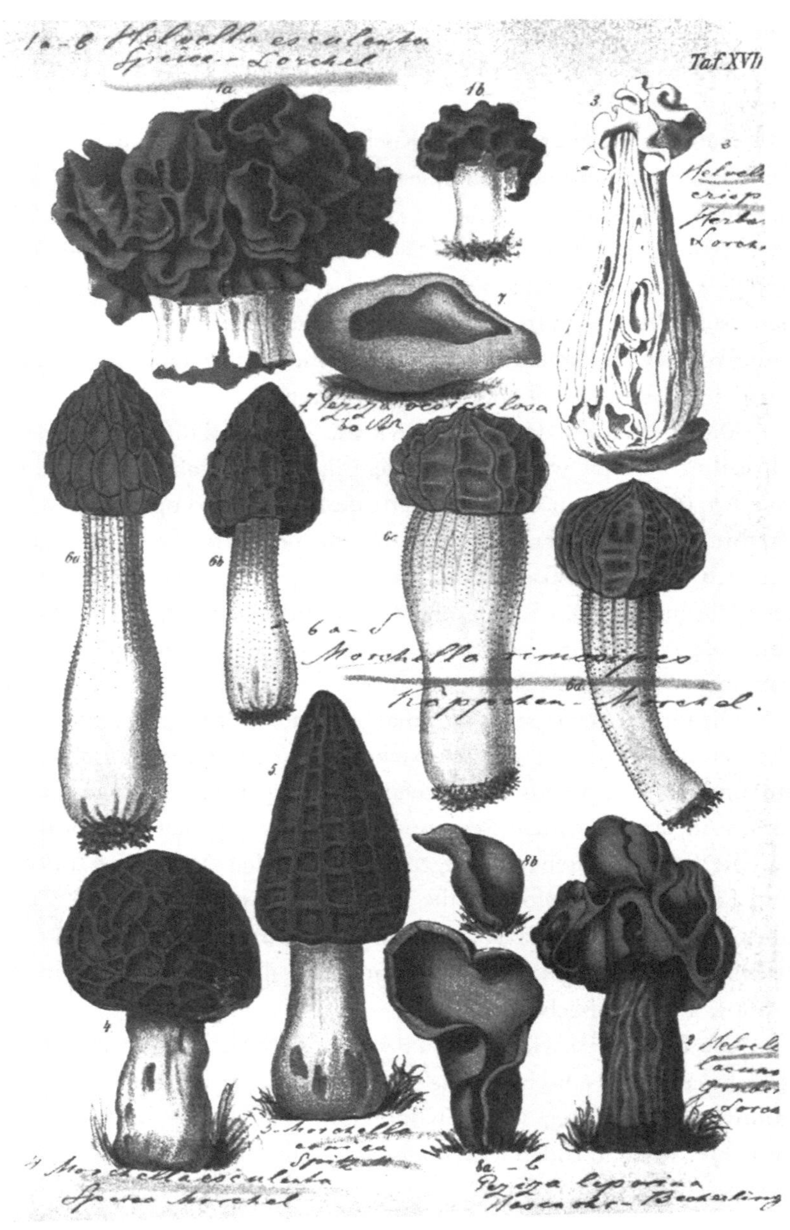

Aus: Karl Schwalb, Das Buch der Pilze, Wien 1891

ERSTER TEIL
1700–1800

I. Küchenpilze in Lexika und Kochbüchern

Gesammeltes Wissen findet man damals wie heute – auch zum Thema Pilze und deren Zubereitung –, komprimiert und übersichtlich in Lexika. Bekannt und berühmt bis heute bietet sich als Nachschlagewerk für das 18. Jahrhundert der »Zedler« an.

Das Lexikon ist unter dem Namen des Verlegers, Johann Heinrich Zedler, in jeder größeren Bibliothek greifbar und geht auf eine Idee von Johann Peter von Ludewig, einem Professor an der Universität Halle, zurück. In Halle in den Jahren 1732–1754 in 64 Bänden und 4 Ergänzungsbänden als »großes, vollständiges Universal-Lexicon aller Wissenschaften und Künste« erschienen, bietet das Werk reiches Material für die damalig bekannten »academischen Wissenschaften«, wie Medizin, Philosophie, Geschichte, Theologie etc., und enthält – was man nicht erwarten würde – Beiträge zu Hauswirtschaft und Kochkunst sowie Kochrezepte. Neun Gelehrte haben jeweils über ihre Fachgebiete geschrieben; die Beiträge zur Kochkunst sind in allen Bänden unter diversen Stichworten verteilt – sie sind den im Lexikon genannten Autoren nicht direkt zuzuordnen. Bekannt ist jedoch, daß die einschlägigen Abhandlungen, die sich auf Küche und Keller beziehen, aus der Feder eines Anonymus namens Coccejus, von Paul Jacob Marperger, Verfasser des »Vollständigen Küch- und Keller-Dictionariums« und von Maria Sophia Schellhammer, Verfasserin des »Brandenburgischen Koch-Buchs«, stammen. Auch könnten einige Artikel dieses Werkes dem »Nutzbaren, galanten und curiösen Frauenzimmer-Lexicon« entnommen sein. Dieses für Frauen bestimmte Lexikon des Amaranthes (Gottlieb Siegmund Corvinus) entstand im Jahre 1715 und erlebte weitere Auflagen bis 1773.

Dankenswerterweise hat Herr Ulrich Goerdten im Jahr 1991 alle Stichworte, Abhandlungen und Beiträge aus dem »Zedler«, die mit Küche, Kochen, Nahrungsmitteln etc. zu tun haben, in einem Compendium zusammengetragen, gekürzt und unter »Universal-Kochbuch des 18. Jahrhunderts« veröffentlicht. Bei den Zedler'schen Textauszügen hat er sowohl Diktion wie auch Schreibweise beibehalten, was trotz oder gerade wegen der veralteten Ausdrucksform besonders reizvoll erscheint.

Die Herausforderung für jeden Pilzinteressierten und -kenner besteht auch darin, nach den Beschreibungen des 18. Jahrhunderts die heute gängigen und bekannten Pilznamen zuzuordnen.

Ausgehend von den Stichworten, Pilze, Schwämme, Morcheln, Trüffel und den diversen Kochrezepten für Kalb-, Lamm- und Geflügelfleisch, bei denen die Beigabe von Schwämmen erfolgte, sind nachstehende Ausführungen fesselnd und interessant. Eine Zubereitung von »falschen« Morcheln wird gleichfalls wiedergegeben, weil sich ähnliche Rezepte in Kochbüchern bis ins 20. Jahrhundert erhalten haben.

> *Biltz, Schwamm, Erdschwamm, eine Art Gewächse ohne Blätter, ohne Blüthen, und ohne mercklichen Saamen. Es treibet einen kurtzen und dicken schwammigen Stiel, und oben auf demselben stehet ein dicker, fleischigter und schwammiger Kopff oder Hut, welcher rundlicht, oder platt, oder zugespitzt und blätterig, und unten bisweilen mit einen Hauffen Röhrlein besetzet ist, die wie die Pfeifen an einer Orgel aussehen. (...) Dererjenigen, so man isset, werden unterschiedene Geschlechte gezehlet.*
>
> *l) Sind die Morcheln. Dieses Gewächse ist bekannt genug, und ein kleiner Biltz, so groß wie eine Erbse, von gutem Geruch, und gut zu essen. Sein Stiel ist kurtz, und voller Fasern, der Hut ist rund, fleischig, schwammig und weiß. Er wächset unter dem Moose (...) Die Morcheln werden in schlechte und Spitz-Morcheln eingetheilet. Sie haben einen lieblichen Geruch, und geben ein niedliches Gerichte; Sie führen viel Öl und flüchtiges Saltz bey sich. Sie nähren wohl, geben gute Krafft und Stärckung, befördern die Dauung, und machen Lust zum Beyschlaff. Sie sind ein herrliches Essen, wenn sie wohl zugerichtet sind. Man kochet sie mit Butter und Würtz, nachdem sie zuvor in einem Wasser gequellet; bratet sie auch an einem Spießlein und richtet sie mit Würtz zu. Das 2) Geschlecht derer Eß-Schwämme sind die Heyderling und Treuschling, also genannt, weil sie gemeinigleich auf denen Heyden, und auf der Vieh-Weide wachsen. Man findet sie im Brach-Monath, wenn es regnet, sie sind rund und breit wie ein Pareth, unten braun, oben aber bleichfarbig. Diesen schält man erstlich die äusserste Haut ab, darnach bereitet man sie wie die Morcheln. 3) Sind die Pfifferlinge, oder Pfefferlinge, welche man, wegen ihres hitzigen Geschmacks, der sich dem Pfeffer vergleichet, mit diesem Namen beleget. Man bratet sie auf Kohlen mit Saltz. 4) Sind die Rehlinge oder Handel-Schwamm. Sie wachsen in denen feuchten Wäl-*

dern, und haben eine gleissende gelbe Gestalt. Man quellet sie erst mit Wasser und kochet sie darnach mit Butter und Würtz. Davon ist noch ein Geschlecht, welches auch in feuchten Wäldern, neben faulen Höltzern wächset, sich dem grauen Mooß vergleichet, gantz safftig, einer kalten Natur, und böß zu verdauen ist. 5) Sind braune, in der Grösse wie die Heyderlinge; sie haben einen süssen Milch-Safft, wachsen auch in Wäldern, und heissen Brödtlinge, und werden auch rohe gegessen. 6) Die Eich-Schwämme, Eich-Biltze oder Haasen-Öhrlein, Haasen-Biltze, sie werden im August-Monath bey denen Wurtzeln derer Eich-Bäume gefunden, allwo sie schichtweise wachsen, groß werden, gantz grau und bleichfärbig sehen, und einem Kalbs-Kröse gleichen. Man bereitet sie wie die anderen Schwämme. 7) Findet man in ausgebrannten und geraden Sträuchern und Hecken eine Art Biltze, so denen Heyderlingen gleich sehen, aber bleicher oder vielmehr roth sind, und Röthlinge, Roth-Schwämme, Roth-Biltze, August-Schwämme genennet werden: sie geben im Schneiden eine Milch, haben einen sehr bittern Geschmack, daher man sie nicht gerne isset, wiewohl sich die Bitterkeit durchs Kochen verliehret. 8) Fungus campestris esculentus, ist ein gemeiner Biltz, der an die Essen und Ragouts gebrauchet wird. Anfangs wächset er auf einem Stiele gantz rund als wie ein Knopff, hernach breitet er sich aus, wird allmählich grösser, und wie ein Hut, ist er fleischig und schwammig, oben weiß und unten röthlicht, zart, bricht leichtlich, riechet lieblich und schmecket gut. Er wächset von Natur zwar auf dem Felde, doch sind die besten und gesundesten die auf dem Mist-Beete ausfahren, und in einer Nacht wachsen; auf denen wissen sie nunmehro die Gärtner durch das gantze Jahr zu ziehen. Wann der Biltz allzu lange auf dem Lande stehen bleibet, so wird er ein recht tödtlich Gift, dieweil ihm alsdenn eine Gährung zustösset. Er führet viel Öl und flüchtiges Saltz, giebet Nahrung und Kräffte, machet auch kräfftigen Saamen, wenn er gegessen wird. 10) Bitterlinge: diese sind Schleyerweiß, stehen auch bis auf den Winter in schöner Gestalt; heben an in der Korn-Ernte zu wachsen, lassen sich gerne im grünen Mooß finden, sind groß wie ein Hand-Faß: und dieses ist der schönste Biltz. 11) Blaue Biltze, oder Schwämme; sind kratz oder Himmel-blau, wachsen im freyen Walde, am liebsten aber unter den Eichen, sind zweyerley; einer oben blau unten weiß; der andere oben weiß unten blau, zu essen. 12) Feisterle, so groß als ein Becken, lauter Gekräusel, wie ein Kälber-Gekröse, oben gelb, unten weiß. 13) Galluschel; sind gekannte gelbe Biltzlein. 14) Gänsel, oben grau, unten Quitten-gelb, wie ein Gänßlein, so aus der Schale kommt; groß, als ein

Schwamm, und haben düne Stiele. 15) Häufflinge; wachsen hauffenweise, wie Galluschel, überall, am liebsten doch um Kiefern-Stämme, auch oben auf denen Stämmen; werden von etlichen wenigen gegessen. 16) Hirsch-Biltze; unten geel, wenn man sie abschneidet, werden sie blau, sind groß wie eine Maßlocke, wachsen überall, am liebsten aber um die Wege und Fußsteige. 17) Knirplige; sind zweyerley: Einige wachsen unterm Mooß, Laub, oder Erde, sind weiß mit gelber Haut, groß, wie eine Platsche; hernach Sau-Knirplige, oder Sau-Reißken. 18) Kosaten, sind schwartz, groß wie ein Stein-Biltz, wachsen am liebsten in Bircken, und sind gut zu essen. 19) Koch-Mänel; sind oben gar weiß, unten schwartz, groß wie ein Reißke, wachsen auf denen Wiesen, und werden offt von Traiteurs vor Champignons verspeiset. 20) Küh-Biltze, sind graulig, groß wie ein Maßlocke, gut zu essen, und wachsen am liebsten um die Wege. 21) Lorcken, oder Läurecken; sind kohlschwartz, groß wie ein Tauben-Ey, wachsen um die alten Kiefer-Stöcke im Walde, und werden gegessen. 22) Maßlocken; oben und unten geel, groß wie ein Reißke, mit kurtzem Stiel. 23) Reißken, sind vielerley: Als gelbe Reißken, grüne Reißken, ist ein schöner Biltz, kommt langsam im October vor dem Frost, und ist ein Zeichen des Frostes, sie sind gar rar, und wachsen auf hohen Bergen und um die Wege: Stein-Reißken sind gantz weiß, inwendig schön roth, wie Blut: Sau-Reißken, sind schwartz und blaulig, wachsen unter dürren vermorschten Tangelst, und werden nicht leichte gegessen. 24) Roth-Kugeln, sind roth mit langen Stiel und schöner rothen Kappe, wachsen im Heide-Kraut, am liebsten in Wäldern, werden groß wie eine Hutkappe oder Steinbiltz, und sind gut zu essen. 25) Stein-Biltze, oben blaulig, oder schwartzgrau, unten gelbe, wenn sie jung, sind sie weiß, wachsen gerne im Mooß im Walde. 26) Stock-Biltze, ganz schwartz, groß wie ein Schwamm, und zu essen. 27) Schwämme vielerley; rothe Schwämme, Saffer-Schwämme, braunen Schwämme, bittere Schwämme, alle zu essen. 28) Sau-Reißken oder Sau-Knirplige, oben blaulig, unten schwartz, wachsen auf dem dürrsten Acker im Walde und werden gegessen. 29) Tauben-Kroppel; kommen blau herfür mit dicker Haut, und werden hernach weiß, sind einer Hand-breit und sehr groß. 30) Wiesen-Biltze; oben weiß, unten schwartz, sie wachsen auf denen Wiesen und sind gut zu essen. 31) Ziegen-Bärte; sind wie ein Bocks-Bart gestaltet, voller Fasern, Schleyerweiß, groß wie ein Topff und gut zu essen: Sie wachsen geel hervor, und werden darnach weiß. Unter allen diesen wachsen die Stein-Biltze und Bitterlinge am grösten und schönsten. Dadurchgehnds aber führen alle diese Biltze viel Öl, flüchtiges und fixes Saltz bey sich, und werden von ihren Liebhabern mit grossen Verlangen gesuchet; wiewohl sie eine sehr ungesunde Speise sind, die mehr die Kehle belustigt, als dem Leibe zur Gesundheit dienet.

Hirsch-Schwämme, (Ungerische) oder auch Truffeln genannt. Man findet, daß die Botanographi dreyen gantz unterschiedenen Arten von Schwämmen den Namen Hirsch-Schwamm gegeben. Welcher von diesen dreien Sorten er aber eigentlich zukommet, mögen sie untereinander selbst ausmachen, und entscheiden (…) In Ungern werden die Truffeln oder Tuberae Terrae auch Hirsch-Schwämme geheissen, und unter diesem Namen weit und breit verkauffet, sie wachsen daselbst im Liptauer- und Zipser-Comitat, im erstern hin und wieder sehr häufig in mosigten Orten, und werden vor die besten in Ungern gehalten; in letzteren aber bey dem Dorffe Otsawitza, und sollen von wenigern würtzhafften Geruch und Geschmack seyn als die ersteren. Es werden dererselben jährlich mehr als hundert Centner nach Wien und anderen Orten verfahren. Diese Schwämme werden von den Bauern in die Städte gebracht, nach Pfunden verkauffet, und hernach auf zweyerley Weise verbraucht. Erstlich frisch, welche man vor etwas delicates hält, und weit und breit davon nach Wien und anderen Orten an grosse Herren Geschencke machet. Und zweytens in Scheiben geschnitten, an Faden gehangen, und in der Lufft getrocknet, welche wegen ihrer krummen Züge und hin und her lauffenden gewundenen Adern und Nerven alsdenn einer aufgeschnittenen Muscat-Nuß vollkommen gleichen. Die frischen sind von einem besonders angenehm und erquikkenden Geruch, mit welchem sie das gantze Zimmer, darinne sie liegen und aufbehalten werden, erfüllen und wohlrüchend machen. Wenn man diese brauchen will, bewindet man sie gantz mit Flachs, welcher mit einem Faden fest daran gemacht wird, leget sie in die heisse Asche, und lässet sie also erhitzen: auf diese Manier wird das rauhe Wesen und übrige Feuchtigkeit, welche sie in sich haben, durch die Hitze ausgetrieben, der Flachs aber hindert, daß sie nicht verbrennen und einen feurigen Geruch annehmen; wenn dieses geschehen, schneidet man sie in Scheiben, prägelt sie mit Butter in einer Pfanne, bis sie braun werden, so sind sie zu Essen fertig. Viele machen gantz besonderes daraus; haben einen lieblichen gewürtzhafften Geruch und Geschmack, sind aber, nachdem der Safft und Butter ausgesogen, unter den Zähnen nicht anders, als ob man Leder kauete, sind aber schwer oder gar nicht zu verdauen, wie sie gemeiniglich durch den Stuhlgang so gut wieder weggehen, wie man sie dem Magen anvertrauet hat. Viele ungerische Edelleute lassen sie nur in Flachs und Werck eingewickelt braten, und essen sie also halb roh mit Butter, inwelche sie solche eintunkken, da sie denn wenig besonderes an sich haben, und fast ohne allen Geschmack sind, auch dem Magen noch schwerer als auf erst bereitete Art. Andere güssen, wenn sie über Kohlen in der Butter braten, ein gut Glaß Tockayer-Wein darzu, lassen sie damit wohl aufsieden, bis sich fast aller Wein verlohren und eingekocht; hierdurch werden sie etwas mürber, weicher und von durchdringendern Geschmack, und sind folglich besser zu verdauen. Dem Geschmacke nach aber gehen die auf erste Art in der Pfanne oder Tiegel mit Butter gebratene allen anderen vor. Soviel von denen frischen und ihrer Zubereitung. Die in Scheiben geschnittene und gedörrete belangend, welche denen geschnittenen Muscaten-Nüssen an der innern Gestalt gantz gleich sind, so werden solche an die Potagen und Brühen verbrauchet und gekochet, und theilen der Brühe sodann etwas angenehmes im Geschmack mit, ihr Wesen und Substantz aber ist alsdenn wie Leder zu kauen und gar nicht zu verdauen.

Paul Jacob Marperger, königlich-polnischer und Chur-Sächsischer Hof- und Commercien-Rath, Mitglied der »Königlich-Preußischen Societät der Wissenschafften«, einer der weiteren Enzyklopädisten des 18. Jahrhunderts und Vorläufer des »Zedler« soll gleichfalls Erwähnung finden. Sein »Vollständiges Küch- und Keller-Dictionarium«, erschienen in Hamburg 1716, zeigt die universelle Bildung des Autors deutlich; was das Wissen über Pilze und deren Zubereitung betrifft, ist ihm heute jeder Normalbürger weit überlegen:

Schwämme/Fungi. Von solchen handelt Galenus lib. 2. Aliment. Cap. 69. und zehlet sie inter Cibos insipidos, unter die ungeschmackte Speisen, und die dem Leibe eine kalte, pflegmatische und böß safftige Nahrung geben, erzehlend dabey, daß einer nach etwas milde Geniessung auch der gesundesten Schwämme, dennoch fast daran ersticket sey, wann er sie durch Erbrechen nicht wieder los worden wäre. Deswegen beschreibet Paulus Aegineta l.5.c.55 eine ausführliche Cur, was zu gebrauchen sey, wann das Essen der Schwämme jemanden übel bekommet. Dioscorides l.4.c.71 saget gleichfalls, daß sie bey schwacher Dauung entweder ersticken, oder ein Brechen mit Durchlauff verursachen, ja daß sie wegen ihrer Zähigkeit, fast gantz unverdauet bey den meisten wieder weggehen.

Gleich wie nun der Alten heilsahme Warnung hierunter nicht zu verachten, so ist doch dieses alles nur von der Menge zu verstehen, sintemahl der mäßige Brauch dergleichen schwere Zufälle in sonst gesunden Leuten nicht stifftet. So sind unsere Morcheln, Reitzcher und Pfiffer-

linge nicht gantz ungeschmack, sondern haben vielmehr einen würtzhafften Geruch und Geschmack bey sich; Und wiewohl derselbe etwas flüchtig, und ohne Zweifel in den frischen am stärcksten ist, so bleibet doch in den abgetruckneten etwas davon übrig: Daher es kommet, daß man das Pulver derselben dem Winter über zu den Fleisch-Suppen anwendet. Diese Geschmackhafftigkeit wird durch die Hitze sehr befordert, daher sind die Fungi in Welschland sonderlich im Florentinischen, viel vortrefflicher als in Teutschland; Ja bei uns in heissen Sommern besser als in kalten. Wie dann auch bekannt, daß sie, wann es donnern und regnen will, häufiger herfür kriechen, nach des Juvenalis Vers: Et facient lautas optata tonitrua coenas.

Die Unterschiedlichen Arten der Schwämme seynd die Morcheln, Reitzcher, Pfifferling, Bültze, Bocksbart ec.

Die Reitzcher, Fungi Pileolo lato & rotundo, stehen ihnen billig zur Seiten, sie haben einen mittelmäßigen Stiel, einen breiten runden Hut, oben röthlich und glat, und unten gestreifft, sind lieblicher von Geruch, auch etwas truckener als die Bültze, daher im Ausdrucken nicht so viel rohen Saffts von ihnen gehet.

Man könnte hieher ebenmäßig ziehen, die in Franckreich so beliebte Champignons, welche dem C.B. heissen Fungi Pileolo lato orbiculari candicante; Und beym Clusio, Fungi esculenti octavum genus, sie sind oben her weiß und glat, unten röthlich und gestreifft und dabey härtlich und von guten Geruch. Und wiewohl die Frantzosen fast alle Fungos nennen des Champignons, so legen sie dennoch diesen Schwämmen insonderheit sothanen Nahmen zu, oder sagen mit einem Zusatz Champignons de Jardin, Garten-Schwämme, weil diese Art allein, oder doch gemeiniglich auf denen ordinairen Mist-Betten in den Küchen-Gärten aufzuschlagen pflegen. Ja man befleißiget sich in Franckreich auch im Winter dergleichen Champignons zu haben, und bereitet dazu lange, gantz zugespitzte Bette, sechs oder mehr Fuß hoch, von dicht geschlagenen Mist, an welchen diese Schwämme zu beyden Seiten auswachsen. Im Winter bewirfft man wider des Frost, diese Bette mit frischen luckern Mist, so wachsen die Schwämme darunter hervor, und werden aus dem angeworffenen Mist behende herausgeklaubet.

Hierher gehören auch die Mousserons oder Mooß-Schwämme, weil sie unter dem Mooß verborgen wachsen, und zwar nur im May-Monath, sie sind zwar klein, und von Farben weiß. Wann man sie zubereiten will, so säubert und wäscht man sie, darnach siedet man sie in einer kurtzen Brühe, welche von Wein, Weinbeer-Safft, Wein-Eßig, Zwie-

beln, Saltz, Gewürtz, Orangen, Citronen und von etwas feinen Kräutern oder Lorbeer-Blättern gemachet wird. Darnach nimmt man sie heraus, und thut sie mit einem wenigen ihrer Brühe, darinn sie gesotten worden, in süssen Rahm. Man richtet sie auch zu mit Ochsen-Marck und gebratener Schaafs-Keulen-Safft. Etliche waschen sie in Wein und fricassiren sie in der Pfannen, mit gelind-geschmoltzenem Specke, bewürtzen hernach solche mit Saltz, Kräuterey und Orangen-Safft. Auch backet man die größten hiervon, wann sie in Nonnen-Teig sind umgekehret worden, oder auch ohne Teig mit Mehl.

Die Pfifferlinge, Fungi Piperites, weil sie nach Pfeffer schmecken, sind klein, länglich, röthlich, fast wie die Reitzcher, werden aber viel weniger geachtet, wachsen im Sommer und Herbst häufig, werden auch gedörret, und vor das Gesinde im Winter verspeiset.

Bültze, Boleti, seynd fast die größten unter allen Schwämmen, die man zu Marckte bringet, aber weil sie voll rohen und zähen Saffts stekken, auch fast ohne Geruch und Geschmack seyn, so werden sie vor die geringsten geachtet, und nur von dem Pöbel gegessen. Kayser Claudius soll in solchen von seiner Gattin Agrippina seyn mit Gift vergeben worden, damit ihr Sohn Nero desto eher zum Kayserthum gelangen möchte; Daher jener Poet Claudium also klagend einführet, Boleti lethi caussa fuere mei.

Ferner gehören auch unter die Schwämme der sogenannte Bocksbart, Fungus Ramosus C.B., welcher wohl an Gestalt denen andern Schwämmen gantz ungleich, an Geruch und Geschmack aber fast wie die Reitzcher ist; Der Farbe nach sind sie entweder dunckel-grau oder röthlich, oder blaß-weiß.

Die deutschsprachigen gedruckten Kochbücher des 18. Jahrhunderts sind durchwegs von Köchen und professionellen Küchenmeistern verfaßt, die in herrschaftlichen Häusern des Adels und der Geistlichkeit beschäftigt waren. Die Köche wurden infolge des wechselnden Aufenthalts der Dienstgeber als unverzichtbares Personal bei Ortswechseln oft mitgenommen. Der überregionale Einfluß auf deren Kochkunst ist ebenso bemerkbar, wie der erlernte französische und italienische Kochstil sowie eine mittelalterliche Tradition. Die Köche waren bei der Verwendung der Pilze von Prestige (Trüffeln, Morcheln) und von Vorsicht geleitet (Champignons aus gärtnerischer Hand). Sie kannten sicherlich die Vorbehalte der »akademischen Wissenschaften«, wie sie damals in Lexika und Büchern vermittelt wurden.

Die dominierenden Pilze in den Kochbüchern sind die erwähnten drei Pilzarten. Sie wurden vor allem als Würze, als optische und

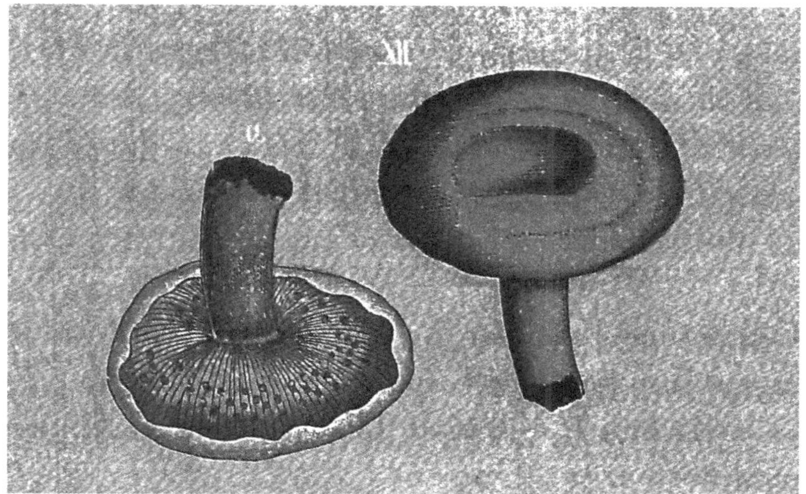

Agaricus deliciosus, Linné. Aus: M. H. Wagner, Der Schwämmesammler (...), Troppau 1867

geschmackliche Bereicherung eingesetzt und auch aus Repräsentationsgründen auf der Tafel serviert. Sie wurden jedoch nicht als eigenständige Speise, sei es als Vor- oder Zwischengericht, eingesetzt. Die Morchel, als in vielen Regionen Mittel- und Westeuropas heimischer Pilz, war hochgeschätzt; sie wurde sogar als »Fake« von den Köchen aus Lungenfasch hergestellt und als Soßen- oder Suppeneinlage serviert. Sie hatte den großen Vorteil, sowohl frisch wie auch in getrocknetem Zustand eine ausgezeichnete Würze darzustellen.

Die zweite Pilzart, über die man auf Grund ihrer Häufigkeit in ausreichendem Maße verfügen konnte, war der Champignon. In milden Gegenden gab es ihn durch gärtnerisches Geschick fast ganzjährig.

Unübertroffen an kulinarischer Wertschätzung waren die Trüffeln, die »Dardoffeln«, die für Herrschaftsküchen unverzichtbar waren.

Die Speisen, die mit den genannten drei Pilzarten optisch und geschmacklich vollendet wurden, waren Suppen, Soßen, Ragouts, Füllungen aller Art für Pasteten und Teigtaschen, als Beigaben zu Fleischsorten edler Herkunft wie Geflügel, Kalb, Lamm, aber auch zu Fischen. Aus der mittelalterlichen Tradition heraus herrschte noch eine Mischung von vielerlei Zutaten wie Bries, Spargel, Krebs und Pilzen in einer einzigen Speise vor, sodaß für den heutigen Geschmack und die finanziellen Möglichkeiten die historischen Rezepte unpraktikabel erscheinen. Einige sollen nachstehend jedoch beispielshaft angeführt werden, auch wenn manche Zutaten wie Hahnenkämme, Ochsenmark, Hirschohren etc. schwer erhältlich sind.

Die Verfügbarkeit dieser drei Pilzarten war nicht so eingeschränkt, wie man vermuten würde. Natürlich wachsen diese Pilze saisonal; die Morcheln im Frühjahr, die Champignons im Sommer und die Trüffel hat als Sommer- und Herbsttrüffel zweimal Saison. Die Züchtung von Champignons nahm in Frankreich den Ausgang. Die »Champignons de Paris« wurden bald in europäischen Gärten auf Mistbeeten gezogen und waren somit viele Monate lang für die Küche verfügbar.

Die genannten Pilze wurden auf den Tages- und Wochenmärkten angeboten, sie mußten letztlich marktgängig sein, was bedeutet, daß sie über weitere oder kürzere Entfernungen den Transport überstehen sollten. In der Küche wurden die Pilze dann frisch verwendet. Durch Konservierungsmethoden – bei den Trüffeln durch Kochen und Einlegen sowie durch das Trocknen (vor allem der Morcheln) und die Verarbeitung der Champignons zu Pulver – konnte die Verfügbarkeit dieses Genußmittels über kürzere oder längere Zeiträume ermöglicht werden.

In der Reihe der Kochbuchautoren des 18. Jahrhunderts stellt Eleonora Maria Rosalia von Li(e)chtenstein eine Ausnahme dar. Ihr Werk erschien an der Wende vom 17. zum 18. Jahrhundert und geht auf ein Arznei-und diätetisches Gesundheitsbuch zurück, das 1695 in Graz bei Widmannstätter erschienen war. Getrennt von dem ärztlich-gesundheitlichen Teil des Buches wurden die Kochrezepte als Buch bis zur Mitte des 18. Jahrhunderts teilweise auch anonym – »von einer hoch-adeligen Persohn zusammengetragen und in Druck gegeben« – herausgegeben. In der Auflage des Jahres 1724, betitelt »Ein gantz neues und nutzbares Koch-Buch (...)« sind rund 500 Rezepte enthalten, unter anderem eine »Schmaltz-Suppen von Maurachen«, eine englische Pastete mit reichhaltiger Füllung und kleingeschnittenen »Schwammen« ohne deren nähere Bezeichnung der Art sowie eine Anleitung »Maurachen zu machen«, enthalten; die letztere wird in der Folge wiedergegeben.

Ein epochales Werk erschien in Augsburg 1719, das »Saltzburgische Koch-Buch« von Conrad Hagger. Er bekleidete nach Lehr- und Wanderjahren in Deutschland und in der Schweiz die Stelle eines hochfürstlichen salzburgischen Hof-, Stadt- und Landschaftskochs unter den Fürsterzbischöfen Johann Ernst Graf von Thun-Hohenstein und Anton Fürst Harrach. Als Landschaftskoch war er auch für die Landschaftsstände des Herrschaftsgebietes Salzburg zuständig. Sein aus zwei Teilen bestehendes Werk weist auf 1700 Seiten 2500 Rezepte sowie 318 Kupfersticke auf. Es zählt zu den berühmten, auf Grund der Ausstattung schönsten und teuersten Kochbüchern seines Jahrhunderts. Er verwendet, seinem Brotherrn und der barocken *haute cuisine* verpflichtet, in reichem Maße Wild, Geflügel, Fische, Krebse, Lamm; in Suppen: Morcheln, weiße Schwämme (Champignons) und Täublinge, er verwendet auch Nägel-Schwämme, weil sie nach »Nelken riechend und schmekkend sind« (Nelkenschwindlinge) und in unzähligen Gerichten Mengen von Trüffeln.

Ein richtungsweisendes Kochbuch stellt das »Neue Kochbuch bestehend in ganz ordinairen oder auf bürgerliche Art zubereiteten Fleisch- und Fastenspeisen« des Jean Neubauer, Mundkoch des Ministers Graf von der Wahl, Wien 1777, dar; es wird als bestes Kochlehrbuch des Jahrhunderts bezeichnet. Alle Gerichte werden zweisprachig, deutsch und französisch betitelt, die Vereinfachung der Zubereitungsschritte, die Abkehr von der tradierten überladenen Zusammensetzung der Speisen wird eingeleitet, womit eine Veränderung der Geschmackskultur manifest wird. Für die Pilze verwendet er bajuwarische, mundartliche Bezeichnungen wie Schämbionen, Pelzlinge, Mauerachen.

Ein Kochbuch mit dem leicht irreführenden Titel »Neues Lexikon der französischen, sächsischen, österreichischen und böhmischen Kochkunst«, Prag und Wien 1785, gibt in streng alphabetischer Reihenfolge Rezepte wieder. Es soll unter der Mitwirkung von mehreren Köchen und Köchinnen entstanden sein.

Das im süddeutschen Raum entstandene Kochbuch der Friederike Luise Löffler(in) geb. Herbord, gedruckt in Stuttgart 1791, fand großen Anklang und erfuhr bis ins 20. Jahrhundert 38 Auflagen. Sie war das Kind eines Apothekers und heiratete als »spätes Mädchen« Herrn Johann Friedrich Löffler, Trompeter der herzoglichen Garde zu Pferde. Ihre Tochter Henriette Löffler verh. Huttenlocher gab gleichfalls ein Kochbuch heraus. In dem Kochbuch der »Löfflerin«, das dem Oekonomischen Handbuch für Frauenzimmer beigeschlossen war (Stuttgart 1795) wird ausschließlich das bekannte Dreigestirn der Pilze – Morchel, Champignon und Trüffel – behandelt. Das in der Folge festgehaltene Rezept für ein Morchelsurrogat stammt ebenso aus ihrem Buch wie auch die Methode für Köche, eßbare und giftige Pilze zu bestimmen.

Im »Grätzerischen durch Erfahrung geprüften Kochbuch. Eingerichtet für alle Stände (…)« Herausgegeben von J. M., Graz 1799, wird neben Suppen mit beigefügten Morcheln und Champignons bereits von Zuspeisen aus Champignons gesprochen, mit Eiern und Krebsfleisch gefüllten Maurachen im Kapitel von »Eiern und Milchspeisen«, im Kapitel »Eingemachtes« wird ein Ragout von Gaumen, Bries, Hahnenkamm, Ohren und faschierten Maurachen in traditioneller Zubereitungsart erwähnt; im letzten Buchabschnitt »Vom Einmachen und Aufbewahren des Obstes und anderer Früchten« ist das Rezept für eine Konservierung von Champignons zu finden.

Aus dem hinterlassenen Manuskript der Barbara Nicklin, einer berühmten Köchin (so wird behauptet) entstand in Wien im Jahr 1802 das »Neue erprobte Kochbuch«. Aus diesem Buch und aus dem Koch- und Tagebuch der Anna Maria Stainer aus dem Jahr 1789, das 1978 von Leomare Qualtinger ediert wurde, stammen weitere interessante Rezepte, die im wesentlichen die Tradition, das Angebot auf dem Märkten und die vorsichtige Verwendung der Pilze in bürgerlichen Küchen zeigen.

II. REZEPTE AUS AUSGEWÄHLTEN KOCHBÜCHERN

Ein gantz neues und nutzbares Koch-Buch (...) von einer hoch-adligen Persohn zusammen getragen, Wien 1724

Maurachen zu machen.

Nimb ein Lungl thus überbrennen, und hacks gar klein, nimb es alsdann auff ein Schüssel, schlag 1. oder 2. Ayr daran, thus gar wohl stupen, mit Pfefferblühe und Imberstup, auch mit Lind- und Muscatstup, rührs durcheinander ab, und mach ein Taigl an von Ayern, walgs gar dünn auß, darnach nimb ein Holtz von einem Weinzapffen, und schlag ein wenig von dem Taig darum, weiters so schlag die Lungl daran, lasse aber den Stingl weiß, und thue es bachen, mit sambt dem Höltzl, halt die Maurachen mit einem Löffel zusammen, damit sie nicht darvon falle, thu über eine Weil das Zapffel darauß, damit es auch inwendig ausbache, gibs auff den Tisch.

Conrad Hagger, Saltzburgisches Kochbuch, um 1750

Eine Suppen mit weissen Schwammen, Brüß, und gesottenen Hünlein.

Die weißen Schwammen, oder sobenahmste Däubling, werden sauber gepuzt, nach Belieben geschnitten, und in frisches Wasser geworfen, alsdann mit dem Brüßlein zugleich in gesalznem Wasser überbrühet, wieder sauber abgesiegen, und samt einem ganzen Zwibel, Rosmarin, klein-geschnittenen Petersil, auch einem Stäublein Mehl in Butter geröst, gewürz wohl mit Pfeffer, und Muscatnuß oder Blühe, schwings etlichmal herüber, und laß zugedeckter auf einer Glut stehen, wanns aber eine Weil gepräglet, so giesse gar ein wenig Milchram zu, schwings herum, und thue es noch eine Weil auf der Glut lassen, hernach ein wenig gilben: Die Brüß, nachdem sie überbrühet worden, werden theils klein geschnitten, und zugleich mit denen Schwammen gekochet, die übrige aber zu dem Bachen zugerichtet, und hernach um die Suppen gelegt, setz die Schüssel mit gebähtem Brot auf die Glut, hast ein gesotenes Hun, oder Hünlein; so schütte von der Brühe daran, lege die Hünlein auf die Mitte, drucke ein wenig Lemoni-Saft mit noch ein wenig Butter an die Schwammen, giebs um die Hun oder Hünlein herum, und wann sie etwann gar viel Brühe macheten, kann im Anrichten ein paar Eyerdotter darein grührt, die gebachene Brüß aber umlegt werden.

Jean Neubauer, Neues Koch-Buch bestehend aus (…), Wien 1777

Hühnel mit Petersilwurzel.

Diese Hühnel werden auch ganzer dreßirt, setze Wasser auf das Feuer, laß es sieden, gieb die Hühnel hinein, laß sie einen Sud aufkochen, lege sie wiederum in ein frisches Wasser, schneide eine Portion Petersilwurzel, lang wie ein Glied und dick wie die groben Nudeln, laß sie auch einen Sud im Wasser aufkochen: nimm ein Stück frischen Butter in ein Geschier, auch einen Löfelvoll feines Mehl, rühr es zusammen, mit einem ganzen Zwiebel, giesse eine Fleischsuppe daran, und rühre die Soos auf dem Feuer ab; wenn sie aufkochet, gieb die Hühnel mit die Wurzeln und Salz darein, laß sie hernach kochen, bis sie lind sind, reibe etwas Muscatnuß daran, so sind sie fertig, auf diese Art die Soos gemacht: mit die Hühnel kann man auch Maurachen, Schambionen, Krebsschweife und eine Brust klein gewürfelt geschnitten dazu, dieses nimm anstatt die Petersilwurzel, zuletzt drückt man einen Limoniesaft dazu, oder auch ohne Saft, es kommt auf den Gusto an.

Einen Hecht in der Soos.

Erstens kann der Hecht in der Soos gerichtet, und auch auf die nemliche Art gesotten werden, gleich wie der Berschling. Nehme das Fleisch von Hecht herunter ohne Kratten, schneide kleine Stückel daraus, dick und lang wie ein Finger, thue sie einsalzen, hernach im Mehl umkehren, und schön gelb ausbacken, mache eine gelbe Soos wie schon gemeldt, zu machen, nehme Mauerachen dazu, mache die Soos mit Lemonisaft bikant, nachdem gebe die Stückel Hechten darein, laß aufkochen, und richte es an, auch kann der Hecht auf die Art geschnitten werden, lasse ein Wasser sieden, thue Stückel hinein, lasse sie einen Sud aufthun, nachdem wiederum in ein frisches Wasser, gebe ein Stückel frischen Butter in ein Geschier, thue Schambionen dazu, laß dünsten, gebe ein Löferl feines Mehl daran, giesse eine klare Erbsenbrüh, und ein halbes Glasel weissen Wein darauf, Salz, und Pfeffer, laß die Soos aufkochen,

Neues Lexikon der französischen, sächsischen, österreichischen und böhmischen Kochkunst, Prag und Wien 1785

gebe den Hecht auch dazu, und miteinander einkochen, wann du anrichten willst, gebe ein geschnittenen Petersil dazu, legire die Soos mit etliche Eyertotter, daß sie aber nicht zusammen lauffet, drucke hernach den Saft von einer Lemoni darein, und richte es sauber an, andere Fisch können auch auf diese nemliche Art gerichtet werden, absonderlich die Oellrutten, sind auch gut auf diese Art.

Ein gutes Amolet zu machen.

Schlage Eyer aus, so viel du vonnöthen hast, schlage sie mit ein wenig süssen Ram, fein geschnittenen Petersil, Salz, und Pfeffer, gut ab, ist es Zeit zum anrichten, so gebe ein Stück frischen Butter in eine Pfanne; lasse ihn zergehen, giesse die Eyer hinein, laß sie auf einer Seiten schön ausbacken, doch daß sie ein wenig dünn bleiben, gleich wie ein gutes [Amolet], hernach lege es sauber auf beiden Seiten zusammen, und richte es sauber auf die Schüssel, auf diese Art ist es viel besser, als wann es auf beiden Seiten gebacken wäre, man kann auch auf diese Amoleter, auf solche Art gemacht, Schwamerling nehmen, diese müssen aber vorher mit Butter, und Petersil gedünstet werden, man kann auch Sardellen oder Pikelhäring dazu nehmen.

Kapaun mit Ragout, auf französisch.

Der gut mortificirte, oder mürbgewordene Kapaun wird mitten entzwey geschnitten, wohl mit Speck gespickt, in das Kastrol an den zerlassenen Speck, oder an die geschmolzene frische Butter gethan, ein wenig trocken geröstetes Mehl mit kleingeschnittenen Zwiebeln dazu gegeben, und zugedeckt gedünstet, dann wird eine gute kräftige Brühe daran gegossen, Salz und vermischtes Gewürz, mit Champinionen, Trüffeln, einem Sträußchen feiner Kräuter und mehr dergleichen nach Belieben dazu gethan, und gut eingekocht, daß die Brühe kurz und dicklich werde, dann zum Voressen mit gebratenen fetten Lebern, oder gebackenem Petersillenkraut aufgegeben.

Lammfleisch mit Maurachen, auf österreichisch.

Das Lammfleisch wird dünn und klein geschnitten, und mit grüner Petersil erst in der Butter gedünstet, dann in einer guten Rindsuppe gekocht. Wenn es gar ist, wird es mit Butter und Semmelbröseln eingebrennt. Die reingemachten Maurachen werden in kleine Stücke geschnitten, und mit Semmelbröseln und grüner Petersille in der Butter geröstet, dann in Milchraum weich gekocht, an das Fleisch gethan, und alles zusammen aufsieden gelassen. Das Gewürz dabey nicht vergessen.

Anna Maria Rudisch, Mein eigenes geprüftes Kochbuch: Eingerichtet für alle Gattungen der Stände (...), Wien 1794

Schwammenstrudel.

Den Teig dazu mache wie zum Milchrahmstrudel, die Fülle dazu mache also: butze Schwammen was für einige sind, wasche sie sauber aus, hernach schneide sie fein mit dem Schneidmesser, laß Schmalz oder Butter in der Rein heiß werden, röste von einer halben Zweyersemmel die Bröseln, gieb die gehackten Schwammen darein, und dünste sie gut aus, hernach laß auskühlen, bestaube ein Tuch mit Mehl, ziehe den Teig nicht gar zu dick, und nicht zu dün aus, bestreiche ihn mit abgeschlagenen Eyern, streiche die Fülle darauf, rolle ihn zusammen, siede Wasser in der Rein, salze es, die Strudel darein, decke sie zu, laß ein Viertelstund sieden, wenn sie gesotten, so seihe sie auf dem Brett ab, schmire ein Schüssel und Reif mit Butter, thue Milchrahm darauf, den Strudel darein, und wieder Milchrahm darauf, decke ihn zu, laß ihn auf der Glut aufsieden und so zur Tafel.

F. L. Löf(f)lerin, Oekonomisches Handbuch für Frauenzimmer. Erster Band welcher das Kochbuch enthält, Stuttgart 1795

Sauce von guten Erdschwämmen (Champignons) (Schampinion).

Man schält die Erdschwämme (Champignons), schabt das Haarichte ab, schneidet die grosse in 4 Theile, und wascht sie sauber. Hierauf nimmt man ein Stüklein Butter in eine Kastrol, die Champignons darein, streut einen halben Kochlöffel Mehl darüber, thut klein geschnittenen Petersilien, Muscaten und Salz dazu, läßt sie eine Zeitlang dämpfen, gießt dann einen halben Schöpflöffel Fleischbrühe, oder soviel man zur Sauce nöthig hat, daran, und kocht sie fort, bis man sie gebrauchen will. Die Sauce kann zu allem möglichen Fleischwerk gebraucht werden. Anmerkung. Ist man kein Kenner der guten oder bösartigen Erdschwämme, so ist zu bemerken, daß die gute am haarichten Theil unter der Kappe ganz rothlecht sehen müssen. Weil sie sich aber auch entfärben, wenn sie einige Stunden liegen, so werden sie dennoch gebuzt, und in ein Geschirr mit siedendem Wasser nebst ein paar Zwibeln und etwas Salz gethan. Wenn sie einen Wall darinn aufgekocht haben, läßt man sie in einem irdenen Geschirr über Nacht stehen. Sind den andern Tag die

Speise-Morchel. Eßbar. Morchélla esculénta L.
Speise-Lorchel. Stock-Morchel. Eßbar. Gyromítra esculénta Pers.
aus: Edmund Michael, Führer für Pilzfreunde. Zwickau 1919

Zwibel weiß, und haben sich nicht entfärbt, so sind die Erdschwämme gut, im Gegentheil aber bösartig, und nicht zu gebrauchen.

Frische Morchen als Gemüs zu kochen.

Zu diesen nimmt man gemeiniglich die grosse Morchen. Wenn die Stiele weg sind, verwellt man sie im Salzwasser, drukt sie fest aus kaltem Wasser aus, schneidet sie dann rund, aber nicht gar klein, und thut ziemlich geschnittenen Petersilien dazu. Sind es viele, so thut man ein gutes (etwas grosses) Stük Butter in eine Kachel, die geschnittenen Morchen nebst dem Petersilien darein, streut so viel Mehl darauf, als zwischen 4 Fingern gefaßt werden kann, legt Muscaten und Salz dazu, dämpft solche wohl, und gießt gute Fleischbrühe daran. Sobald sie in kurzer Sauce eingekocht sind, werden sie angerichtet, und mit geklopftem Kalbfleisch belegt.

Frische Triffeln zu sieden.

Sie werden zuvor ein wenig eingeweicht, daß man sie in etlich warmen Wassern reinigen kann, hierauf in einer Kastrol oder Kachel mit einem Schoppen Burgunder oder anderm rothen Wein zugesezt, von allen Arten Gewürz, ein Stük Butter, Salz und einige Zitronen-Scheiben daran gethan, und die Triffeln so lang darinn gekocht, bis sie weich sind. Alsdann bricht man eine Serviette auf einen Teller, legt die Triffeln darein, und giebt sie so auf die Tafel. Man kann sie auch ohne Serviette geben, die Sauce durch ein Sieb lauffen lassen, und darüber gießen.

Triffel-Sauce zu übergebliebenem Gans- oder Enten-Fleisch.

Ein oder auch 2 Loth Triffeln kocht man in einem halben Schoppen Wein, röstet einen kleinen Löffel Mehl gelb in einem Stüklein Butter, dämpft ein paar klein geschnittene Charlotten-Zwibel und ein fein geschnittenes Stüklein speck daran, thut die gesottene Triffeln samt dem Wein an das Mehl, einen Schöpflöffel gute Fleischbrühe, etliche Zitronen-Rädlein, Muscaten, Pfeffer und ein paar Nägelein dazu. Ist etwas von der Gans- oder Enten-Sauce übrig, so kann man's um des bessern Geschmaks willen dazu nehmen, auch das übriggebliebene Fleisch in der Sauce mitkochen lassen.

Morchen von Kalbs-Lunge.

Eine Lunge wird in Salzwasser weich gekocht, dieselbe mit einem Zwibel, etwas Petersilien und etwas Zitronenschalen klein gehakt, ein Kreuzerwek abgerieben, das Innere in süsser Milch eingeweicht, fest ausgedrukt, diß alles mit 2 ganzen und 2 gelben Eiern angerührt, Salz und Muscaten dazu gethan. Von einem ganzen Ei und einem Gelben, ein wenig Butter, etwas Salz und feinem Mehl verfertigt man hierauf einen Nudelntaig, wällt ihn dünn, schneidet ihn zu viereckigten Stüklein, füllt von der angerührten Masse darein, und formirt Morchen daraus, steckt ein wenig Taig oben hin, bakt sie saftig in heissem Schmalz, legt sie auf Brod, und macht eine Petersilien-Sauce darüber.

Champignons (gute Erdschwämme) in Essig.
Diese müssen klein seyn. Wenn sie geschält sind, und das Haarigte ausgeschaben ist, (von den ganz kleinen bricht man nur die Stiele ab) werden sie gewaschen, mit Basilikum, Esdragon, Lorbeerlaub und etwas gestossenem Pfeffer eingemacht, und mit gutem Essig übergossen. Man stellt sie zum Rindfleisch auf, kann sie auch zu Saucen nehmen.

Marianna Catharina Lindau, Die Steyermärkische Köchin, oder neues bürgerliches Kochbuch für alle Stände, von welcher Art noch keines im Druck erschienen ist (…), Graz 1797

Prackfleisch mit Schampion.
Nimm ein Prackfleisch, wie schon bewußt, wenn dieses gedünstet ist, laß es auskühlen, und schneide es länglicht wie die Kudelflecke, nimm Schampion soviel nöthig ist, und mische sie darunter, gieb einen Geschmack, der beliebt, schmiere die Schüssel, worauf man anrichtet, mit Butter, gieb das Zugerichtete darauf, und gieb es eine Viertelstunde vor dem Anrichten in den Ofen.

Kalbfleisch mit Trüffeln.
Schneide Kalbfleisch vom Schlögel, wasche es sauber, klopfe es ein wenig, bestreue es dick mit Mehl, lasse es im heiß gemachten Butter so lange dämpfen, bis es auf beyden Seiten gelbbraun ist. Gieße gute braune oder andere Fleischbrühe so viel nöthig daran, thue Salz, ein paar Lorbeerblätter, etliche ganz mit Nägelein besteckte Zwiebeln, einige ganze Pfefferkörner, und ein Bündlein Kräuter von Thimian, Basilikum und Petersil dazu, und lasse das Fleisch somit so lang kochen, bis es fast ausgekocht ist. Nimm es heraus in ein anderes Geschirr, und wenn die Brühe noch zu viel oder nicht dick genug ist, so lasse es auf starken Kohlen noch so viel als nöthig einkochen. Gieße sie durch ein Haarsieb oder Seiher auf das Fleisch, thue vorher eingeweichte und in Wein abgesot-

tene Trüffeln dazu, und lasse es noch eine Viertelstunde damit kochen. Richte es nun an, streue geschnittene Citronenschaalen darauf, und gieb es zu Tisch.

Grätzerisches durch Erfahrung geprüftes Kochbuch. Eingerichtet für alle Stände (...) J. M., 5. Auflage, Grätz 1799

Champignons

Wenn sie sauber geputzt sind, wasche sie und laß in einem Durchschlag das Wasser ablaufen; thu sie in einem irdenen Tiegel, decke sie zu und setze sie auf gelindes Kohlenfeuer, dann geben sie selbst ein Wasser, dieses drückst du davon, wenn du sie zwischen zwey hölzerne Teller legst; alsdann schmelze Butter in einem Tiegel, schütte die Champignons dazu, und laß sie dann kochen. Thu dann ein wenig süßen Rahm, Salz und geriebene Muscatnuß, zuletzt auch ein wenig gehackte Petersilie dazu.

Champignons einzumachen.

Wenn die Champignons reingemacht sind, werden die großen in Stükke geschnitten, die kleinen, die noch zu sind, läßt man ganz; waschet sie, und läßt sie mit Wasser, worin ein wenig Salz ist, kochen, aber nicht lange, druckt das Wasser davon ab, und läßt sie kalt werden. Kochet Weinessig auf, mit etwas ganzen Muskatenblumen, Gewürznägerlein, Pfeffer und Lorbeerblätter. Wenn der Essig kocht, thue die Champignons hinein, und laß sie nur einmahl aufkochen, und thue sie sofort mit der Brühe und Gewürz in Konfekturgläser. Den dritten Tag gießet man frisches geschmolzenes Hammeltalg darauf, und setzet sie an einen kühlen Ort. Wenn man davon gebrauchen will, nimmt man den Talg davon ab. Man kann sie auch wenn sie gekocht und ausgedrückt sind, mit dem Gewürz melirt, in ein Konfekturglas legen; alsdann Weinessig aufkochen, selbigen kalt werden lassen, und dann darauf gießen, und auch mit Hammeltalg begießen.

Leomare Qualtinger (Hg.), Das Kochbuch der Anna Maria Stainer 1789, Wien 1978

Von Giften, die in der Küche vorkommen.

Wegen der Schwämme: thue immer einen weißen Zwifl beym Kochen von Schwammgerichten dazu. Wird er schwarz, wie es beim Bäckermeister Patritius Kling geschah, wirf die Schwammerlspeyse mitsamt dem Kochgeschirr auf dem Mist.

Wie du Trüffeln herrichtest.

Leg sie 2 Tage in Wasser. Dann schäle sie ab, thue sie mit reichlich Wasser auf ein Glutl, laß schön kochen. Brat sie dann eine Weile in Butter. So sind sie für jede Sauce zu verwenden.

Gesundheits-Suppen mit kleinen Knödeln und Champignons.

Du nimmst: beliebige Kalbsknochen, Butter, Mehl, Salz, Muskathen: Nuß oder Blüthe, Champignons, minderes Kalbfleisch oder die rohe Brust von einem alten Huhn, etwas Speck oder gutes Rindernierenfett, l in Milch eingeweichte und ausgedrückte Semmel, 2–3 Eyer, Kräuter, Milch oder Rahm, allfalls Mehl und Butter. Koch die Kalbsknochen mit Wurzeln und Salz gut und lange aus, füge auch etwas Muskathen hinzu. Das Kalbfleisch oder die Hühnerbrust schabe indessen fein, vermenge es mit dem gehackten Speck oder dem Nierenfett. Nun thue die eingeweichte und gut ausgedrückte Semmel in ein Kasserol. Die Eyer hast du indessen geteilt: aus dem Eyerweiß schlage Schnee, die Dotter, etwas Butter und feine Kräuter thue zu dem Semmelfasch und rühr es auf einem gelinden Glutl wie Rühr-Ey ab. Ist es abgekühlet, gib Fleisch und speck oder Nierenfetten dazu, thue alles in einen Mörser und stoße es fein. Nun würze mit Salz nach und Muskathen, thue auch den Eyerschnee hinzu und forme kleine Knödel, die du in kochendes Wasser sorgsam legst: erst eines, um zu sehen, ob der Fasch recht ist, nicht zu weich und nicht zu hart. Im 2. Fall gibst du noch l Löffel voll Milch, Rahm oder Suppe dazu, im l. Fall Semmelbrösel. Ist es recht, kochst du in der abgeseihten Suppen die Champignons weich, gibst die Knödel dazu, allfalls noch Milch oder Rahm und trägst auf mit gehackten Kräutern. (Willst du eine festere Suppen, thue 1 Einmach aus Mehl und Butter hinzu.)

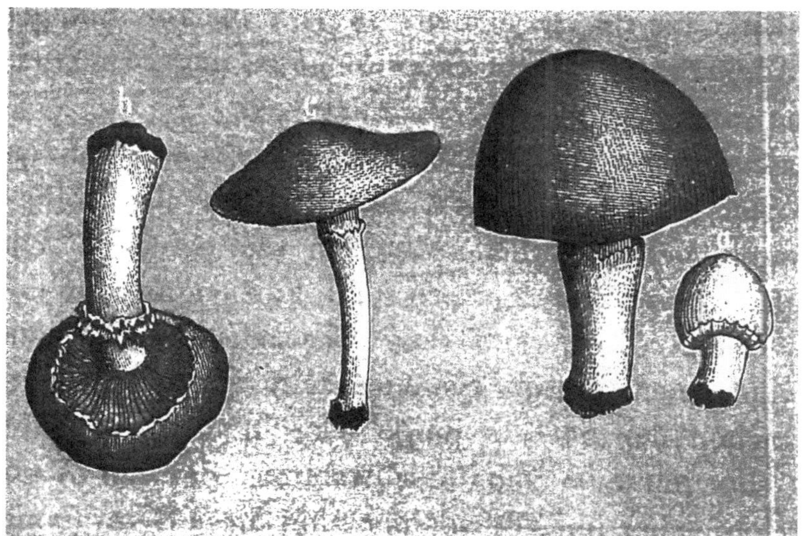

Agaricus campestris, Linné. Aus: M. H. Wagner, Der Schwämmesammler (...), Troppau 1867

Schinken in Madeirasoße.

Dem gekochten Schinken schneyde das Fett ab, bis auf eyn kleines Streifl, das du für den guten Geschmack brauchst. (Das weggeschnittene Fett kannst du in der Küche gut verwenden.) Sodann schlichte ihn auf die Anrichteschüssel, feyngeschnittene Scheibe neben Scheibe, und übergieße die Scheiben mit folgender Sauce (sie soll sehr heiß sein): Helle Kraftsuppe oder Grundsuppe nimmst du zum Aufgießen einer Einmach aus Butter und Mehl, würzest mit Salz, Lemonysaft und Kräuteressig. Laß aufkochen unter rühren. Nun thuest du Trüffeln, Morcheln und Champignons dazu, würzest noch mit Pfeffer, gießest zuletzt ½ Flasche bis l Flasche, je nach Größe, Madeira hinzu. Nun sehr heiß werden, doch nicht mehr kochen lassen. Über den Schinken gießen.

Gedünsteter Brustkern mit Schwammerln.

Du nimmst: 1 schönes Stück Brustkern, gute Rindsfetten oder Butter, Salz, Pfeffer, Zwifln, gelbe Rüben, Petersil, Körbelkraut, ganz wenig Dillkraut, Rahm, Lemonysaft und Schölerl; 2 Handvoll Pilzlinge; weiße Grundsuppe, eine Spur Mehl. Thue in ein Kasserol Rindsfetten oder Butter, die Zerschnittenen Zwifln, Rüben, Kräuter. Leg das Fleisch darauf, salz es, thue die Pfefferkörner darauf, laß dünsten, gieße mit weißer Grundsuppe nur wenig auf. Ist das Fleisch weich, thue es heraus, staube das Mehl darüber, rühr durch, gieß mit noch etwas Suppe auf, wenn nöthig. Passiere den Inhalt des Kasserols, leg die halbierten und geviertelten Pilze hinein, das Fleisch dazu, laß eine kleine Weile dünsten, thue dann den Rahm dazu und die geriebene Lemonyschölerl und den Saft. So ist es gutt.

Neues erbrobtes Kochbuch. Aus dem hinterlassenen Manuskript der Barbara Nicklin, einer berühmten Köchin. Wien 1802

Fleischbecherl.

Schneide ein kälbernes Schnitzel ganz klein, auch ein wenig Mark, in Milch geweichte Semmel und ein Eingerührtes darunter, würze und salze es gut, treibe ein wenig Butter ab, schlage ein ganzes Ey und einen Dotter darunter, und rühre das Gehackte darein, hernach mache ein Ragou von Kälberohren, Briesel, Eyterl, Obergaum, Spargelköpf, grüne Erbsen, gedünstete Maurachen und Champignon, würze dieses mit Muskatblüthe, dünste es gut mit Butter unter einander ab, beschmiere die Becherln, streiche von dem Taig oder Fasch einen kleinen Fingerdick hinein, stelle es auf einen mürben Taig, fülle es mit dem Ragou obenauf, bestreiche es auch mit dem Fasch, backe es in der Tortenpfanne, und gieb es warm auf die Tafel.

Zum Abschluß des Streifzugs durch einige Kochbücher des 18. Jahrhunderts soll der Vater der journalistischen Kulinarik, Advokat, Spötter, Kritiker und Lebenskünstler, der seine Wurzeln im Frankreich der vorrevolutionären Zeit hatte, Alexandre Balthasar Laurent Grimod de la Reynière, zu Wort kommen. In seinem 1. Band des »Almanachs für Lekkermäuler«, der 1804 in Wien und Hamburg erschienen ist, hält er fest:

Schampignons. Die Benutzung der Schampignons, als Vehikel zu Ragouts, ist bis ins Unendliche mannigfaltig; als eines Hauptgerichtes aber sehr beschränkt. Man ißt sie gekocht, gebacken, gebraten und à la Crème. Die gewöhnlichste, aber nicht die schlechteste Art, sie zu servieren, ist ein Crustade. Auch trocknet man sie. Endlich macht man aus ihnen ein Pulver für den Nothfall, und in dieser Gestalt sind sie ein vortreflicher Behelf in einer wohl eingerichteten Küche.

Leider sind die weiteren 7 Bände seines Almanachs, auch »Calendrier Nutritif« genannt, nicht auf deutsch erschienen.

Schwammerlstrudel
(nach Anna Maria Rudisch)

Dieses Rezept kann als Vorspeise oder auch als Hauptspeise nach einer Suppe serviert werden. Am besten eignet sich der Fund von gemischten Pilzen (jedoch ohne Täublinge, diese bleiben zu knackig); ganz fein wird der Strudel mit Herrenpilzen.

Für 4 Personen: 500 g gemischte frische Pilze, etwas Butter, 2 Zehen Knoblauch, Brösel, Salz, Pfeffer, 1 Paket fertiger Strudelteig, 1 verquirltes Ei, 250 ml Schlagobers

Pilze putzen, fein blättrig schneiden. In einer Pfanne Butter mit gehacktem Knoblauch aufschäumen lassen, eine Handvoll Brösel dazugeben, alles durchrösten, geschnittene Pilze hineingeben, salzen, pfeffern, durchrühren, bis das Wasser der Pilze fast zur Gänze verdampft ist. Auskühlen lassen.

Teig mit verquirltem Ei satt bestreichen, Pilzmasse aufbringen, Ränder freilassen, fest einrollen, in Schneckenform in eine Kasserolle legen, in gut gesalzenes stark kochendes Wasser legen, 15 Minuten darin kochen, herausnehmen.

Eine Form ausbuttern, etwas Schlagobers auftragen, Strudel hineinlegen, Schlagobers darübergießen, sodaß er fast bedeckt ist, im Rohr bei mittlerer Hitze noch ca. 20 Minuten backen.

Beilage: Fisolensalat, Blatt- oder Vogerlsalat

ZWEITER TEIL
1800–1850

I. Wissenswertes aus diversen Pilzfachbüchern

Das Ende des 18. Jahrhunderts brachte große politische, gesellschaftliche und wirtschaftliche Veränderungen mit sich. Das französische Volk fegte die feudal-klerikale Struktur seines Landes hinweg; die Ideen der Revolution verbreiteten sich in ganz Europa wie ein Waldbrand auf trockenem Gelände. Die Truppen Napoleons querten Europa von West nach Ost und marschierten wieder zurück.

Auf dem Gebiet der Kochkultur spielten in dieser Übergangszeit die teilweise arbeitslos gewordenen Herrschaftsköche eine wichtige Rolle. Sie waren gezwungen, verwandte bürgerliche Berufe in der Gastronomie zu ergreifen und einige benutzten die Herausgabe von Kochbüchern als zusätzliche Verdienstquelle. Vermehrt taten sich bürgerliche Köchinnen als Autorinnen von Kochbüchern hervor. Zu der erstgenannten Kategorie von Kochbüchern zählen die Werke eines Gantert oder Zenker; nicht wenige bürgerliche Köchinnen waren bemüht, ihre Kenntnisse vor allem an Hausfrauen weiterzugeben. Bemerkenswert ist, daß die Kochbücher in kurzen Abständen neue Auflagen erfuhren. Die Auflagenhöhe eines Buches in der ersten Hälfte des 19. Jahrhunderts war begrenzt – die Drucktechnik, ein Walzendruck mit einem Holzdruckstock und einem händischen Antrieb, dem sog. Rad, ausgestattet, ließ nur eine gewissen Anzahl von Druckseiten zu. Die Papierqualität war durch den Einsatz von Hadern gut, vom Rohstoffangebot aber gleichfalls begrenzt, sodaß die Bücher für einen durchschnittlichen Haushalt nicht gerade wohlfeil waren. Erst ab Mitte des 19. Jahrhunderts hat die Drucktechnik mit dem Einsatz von Dampfmaschinen und der Verwendung von Holzschliff große Fortschritte gemacht; die Auflagenhöhe stieg, die Bücher wurden preiswerter.

Zunächst soll eine Durchsicht der Lexika und Fachbücher aus der ersten Hälfte des 19. Jahrhunderts zeigen, ob und wie sich die Kenntnisse über Pilze erweitert, geändert und ihren Niederschlag in den Rezepten der Kochbücher gefunden haben.

Ein außergewöhnliches interessantes Werk des Karl von Kraph, kaiserlicher Hofrat und Leibarzt, ist in 10 Heften bereits 1782 erschienen und ursprünglich mit gezeichneten und »illuminirten« Kupfertafeln versehen gewesen. Leider waren auf der Nationalbibliothek nur wenige Hefte greifbar, es muß jedoch ein wichtiges Werk gewesen sein, hat doch Jahrzehnte später Carl Jos. Kreutzer Teile davon fast wortwörtlich übernommen. Auch auf dieses Werk wird in der Folge hingewiesen. Karl von Kraph schreibt in seiner Vorrede, die Pilze seien nicht allein »dem mühseligen Landmann« eine nahrhafte Speise, sondern dienten auch bei vornehmen Tafeln zu schmackhaften Gerichten. Er nennt auch neben den gebräuchlichen Bezeichnungen der Pilze jene Namen, die der Bauer in Österreich, Böhmen, Ungarn und im »Wälschland« den Gewächsen gegeben hat. Viele dieser Bezeichnungen sind bei Kreutzer, aber auch bei Leopold Trattinnick wiederzufinden und im Anhang (kleines Pilzlexikon) aufgelistet.

Neben den bekannten Belehrungen über den Genuß von Pilzen beschäftigte er sich in den ersten beiden Heften mit der Zubereitung von Brätlingen und Täublingen, die er in ausführlichster Form beschrieben hat. Nach der Beschreibung des Pilzes, der Plätze seines Vorkommens und dem Zeitpunkt des Marktangebots führt er aus:

Von der zur Speise gewöhnlichen Zubereitung des Brätlings.

Die beste und gewöhnlichste Art den Brätling zuzubereiten, ist folgende: Man säubert den Schwamm von allen daran klebenden Kothe, und anderen Unreinheiten. Der Stiel, der gemeiniglich am ersten wurmstichig und ausgefressen ist, wird fast bis an den Hut abgeschnitten, und als ein unnützer Theil weggeworfen, der gesäuberte Hut wird gesalzen, mit klein gehackten Petersilien, geriebener Semmel, und gestossenem Pfeffer bestreuet, sodann in einem Dreyfuß, oder andern dazu schicklichen Geschirre mit Schmalz, oder guten Oel nur so lang gedünstet, bis er vom heißen Schmalze durchdrungen ist worauf der auf die Tafel gesetzet, und als ein köstliches Leckerbißchen gegessen wird. Andere legen ihn blos mit der oberen Fläche auf einen eisernen Rost, bestreichen ihn auf der Blätterseite mit dem erstgenannten Gewürze, begießen ihn mit Butter, Schmalz, oder Oele, und braten ihn solang, bis er von der heißen Fette durchdrungen worden. Das Land- sonderlich das Waldvolk, pflegt den gesäuberten Schwamm vorher im Schmalze zu dünsten, nachher mit Eßig, Lorbeerblätter, Pfeffer, Knoblauch, Salz, in einer sauren Suppe, sowie saures Fleisch zuzubereiten. Diese Speise ist nicht ungeschmack, und mangels einer besseren für Hungrige köstlich; man muß aber um dieses Schwammgericht recht gut zu machen, allzeit darauf bedacht seyn, daß man junge, frische, von vielem Milchsaft noch strotzende Brätlinge wähle.

Von den in Unterösterreich gewöhnlichen Zubereitungen des rothen eßbaren Täublings.

(…) bedienet sich der auf dem Lande wohnende gemeine Mann, als einer für ihn köstlichen Speise auf folgende Art. Er wirft den ganz nahe vom Hute abgeschnittenen Stiel als einen unschmackhaften, oft auch von Würmern schon durchfressenen unnützen Theil hinweg, wäscht den Hut vom Unreinen, schält auch oftmals die Haut davon ab, schneidet ihn dann in kleine Stücke, und siedet sie in gesalzenen Wasser, mischt ein in Butter oder Schmalz geröstetes Mehl mit Zwiebeln und Petersilien darunter, und erhält auf diese Art eine gute Fastensuppe, ersparet auch dabey das für ihn oft theure Brod. Oder, er zerhackt den Hut ins kleine, röstet solches mit Zwiebeln im Schmalze, füllet damit einen gesalzenen und dünn ausgewalkten Teig, rollt ihn zusammen, schneidet viereckige Stücke daraus, und kochet sie in Wasser; hungrige Mägen finden eine schmackhafte Speise daran, vorzüglich wenn dieser gefüllte Teig in einer Fleischbrühe gesotten wird. (…) Noch besser schmecken die mit dem rothen eßbaren Täublinge und gehacktem Fleische gefüllten Butterkrapfel oder Hachée Pastetgen, und die damit eingemachte, frikassirte Fleisch- und Fischgerichte. Wenn man diesen Schwamm in Butter, Schmalz oder Baumoel mit Zwiebeln, klein gehackten Petersilien und gestossenem Pfeffer in einem Dreyfuß dünstet, oder auf einem Rost mit geriebenen Brod und obengesagten Gewürzen bratet, so erhält man eine wahre Leckerspeis, von welcher ein gesunder, starker Magen einen ziemlichen Theil vertragen kann (…)

Leopold Trattinnicks Fachbuch »Die eßbaren Schwämme des Oesterreichischen Kaiserstaates« erschien in Wien und in Triest im Jahr 1809. Als anerkannter österreichischer Botaniker und Mykologe gab er eine große Anzahl von Fachbüchern heraus; das erwähnte Werk erfuhr im Jahr 1830 eine 2. Auflage. Das Fachbuch, für Interessierte und Wissensdurstige geschrieben, enthält eine Systematik der Pilze mit deren damals gängigen deutschen und lateinischen Bezeichnungen, beschreibt die Erscheinungsformen und zählt auch regionale Bezeichnungen auf. Im Anhang sind die Bezeichnungen, angereichert durch weitere aus dem Werk von Kreutzer aufgelistet. Soweit aus den Sprachen der Monarchie die Namen der Pilze verfügbar waren, wurden diese gleichfalls angeführt; französische Benennungen fehlten nicht, weil Französisch die Küchensprache war.

1828 erschien in Wien das »Lexikon der Haushaltung und des Hauswesens oder der erfahrene Hausökonom« nach J. A. Do(h)n(n)dorf und anderen bewährten Schriften. Das Buch gehört zur sog. Hausväterliteratur und soll zur Vermehrung von Wissen und Wohlstand unter den Menschen beitragen, denn die »Hauswirtschaft sei der Grundstein des Glücks«. Unter dem Stichwort Champignon auf Seite 26 ff. werden dem Leser folgende Hinweise angeboten:

Champignons einzumachen. Man putzt die größeren Champignons ab, schneidet sie in Stücken, gibt Weinessig darauf, wirft ein paar Nelken und Lorbeerblätter darauf, läßt die Champignons einmahl aufkochen, gibt sie in ein Geschirr, und schmelzt solche mit Talg zu. Oder: Man nimmt dazu nur ganz kleine Champignons, sie brauchen aber nicht abgezogen, sondern nur abgewaschen werden, dann gibt man sie in einen Durchschlag, und läßt das Wasser davon ablaufen, setzt sie mit Salz (auf 2 gehäufte Teller eine gute Handvoll Salz gerechnet) und einem Stückchen Alaun in einem irdenen Topfe auf ein schwaches Feuer, da sich von selbst Feuchtigkeit genug entwickelt. So bald sie aufkochen, muß man beständig darauf sehen, daß man sie gleich vom Feuer abnehmen kann, wenn sie im Begriffe sind, überzukochen, welches sehr schnell geschieht. Wenn man sie abgenommen hat, läßt man sie mit ihrer Sauce in dem Topfe, in welchem sie gekocht sind, oder auch in einem anderen irdenen Gefäße erkalten, nimmt sie aus ihrer Sauce heraus, füllt sie in ein Glas, und gibt so viel Cideressig darauf, daß die Champignons davon bedeckt werden. (Die Sauce, in der sie gekocht sind, wird weggegossen.) Zuletzt gießt man geschmolzenen Nierentalg auf den Essig, daß derselbe etwa 1 Finger hoch über dem Essig stehe, jedoch noch Raum für einen Kork übrig bleibe, pfropfet man das Glas zu, und verbindet es mit einer Blase.

Champignons zu trocknen. Man wäscht die Champignons ganz rein ab, zieht sie auf einen Faden, und läßt sie in der Sonne, oder im Backofen trocknen. Ersteres ist jedoch vorzuziehen, nur müssen sie vor den Fliegen bewahrt werden.

Champignonspulver. Die Champignons werden abgezogen, und von denen so offen sind, wird das Braune abgemacht. Man läßt sie wohl waschen, und das Wasser rein ablaufen, dann trocknet man sie in der Ofenröhre, oder auf dem heißen Ofen, und stößt sie dann in einem Mörser recht fein. Man mengt fein gestoßenen Ingwer und Pfeffer, nebst etwas getrocknetem Salze darunter, und verwahrt es an einem trockenen Orte.

Champignonsaft (Champignons-Extract). Man macht von den Champignons den Sand rein ab, schält sie, läßt das Inwendige und die Stiele daran, schneidet sie in Scheiben, bestreut sie mit etwas Salz, thut sie in einen Steintopf, läßt sie darin 9 Tage zugedeckt stehen, und rührt sie täglich mit einer Kelle um. Hiernächst kocht man sie meist gahr, läßt das Wasser davon rein ablaufen, legt sie dann in ein reines Tuch, drückt den Saft in ein reines Geschirr, und läßt ihn, nebst Muskatblumen, Nelken, ganzen Pfeffer und Lorbeeren einigemahl aufkochen, drückt ihn nun wieder durch ein Tuch, und hebt diesen Saft zu Ragouts in einem Glase auf. Das zurück gebliebene Gewürz ist noch zu mancherley zu gebrauchen. Der dick eingekochte Saft hält sich 4 bis 5 Jahre, am besten in kleinen Bouteillen, die fest verstopft werden.

Über Pilze im allgemeinen, deren Genießbarkeit oder Schädlichkeit wird unter dem Stichwort »Schwämme« bereits oft Gesagtes und Gelesenes wiederholt. Ein Satz fällt mit folgender Aussage auf: »Leider ist aber die Kenntnis sowohl der schädlichen, als der eßbaren Schwämme, nur noch sehr unvollkommen.« Ausdrücklich wird darauf hingewiesen, »daß es ein Irrthum ist, wenn man glaubt, daß eine Zwiebel mit Champignons gekocht, bey guten weiß bleibe, und bey giftigen schwarz werde. Die Zwiebel kann weiß bleiben, und es können dennoch verdächtigte Champignons unter den guten seyn.« Von den eßbaren Pilzen werden einige der »gewöhnlichsten« angeführt und zwar:

1. Der Mouceron (Rußling, Agaricus alliaceus L.) der gewürzhafte, knoblauchartige, aber doch angenehme Geruch dieses kleinen Blätterschwammes, der hier und an mehreren Orten unter dem Nahmen Champignon, Krösling, Kreuzling, bekannt ist (…) dies ist der Schwamm, der häufig mit Fleischbrühe und Butter gekocht wird, und den man im Frühjahre, im Spätsommer und im Herbste häufig findet. Man trocknet sie auch, und bewahrt sie zu allerley Speisen auf, besonders die im Herbst wachsenden.

2. Der gemeine Champignon (Heiderling, Truschling, Dreischling, Agaricus campestris L.) (…) Der Geruch dieser Schwämme ist angenehm, obgleich nicht stark, der Geschmack vorzüglich angenehm und gewürzhaft. Sie wachsen mehrentheils einzeln, gemeiniglich aber entstehen da, wo man sie an einem Tage pflückte, an den folgenden Tagen mehrere, besonders wenn man von unteren Theile der Strunke etwas in der Erde läßt. Die zum Einmachen geschicktesten findet man vorzüglich im Spätsommer und im Herbste (…) Will man sie frisch zur Speise anwenden, so schabt man die Blätter ab, und zieht oder schneidet überhaupt die äußere Haut herunter. Dann schneidet man sie in Stücke und kocht sie mit Fleischbrühe und Butter. Für den Winter bewahrt man sie als Speisewürze, indem man sie auf die angegebene Art reinigt, in Essig legt.

3. Der Krösling (Kreuzling, Nagelschwamm, Agaricus esculentus L.) (…) Dieser Schwamm wird häufig zur Speise angewendet. Er wird entweder roh oder wie die Moucerons (Nr. 1) mit Fleischbrühe und Gewürzen gekocht. Findet sich sowohl im Frühjahr wie im Herbste.

In diese Zeit fällt die Erscheinung eines singulären Buches des weitgereisten Privatgelehrten, Schriftstellers und Reiseberichtschreibers Karl Friedrich von Rumohr. Im Jahr 1822, zunächst anonym unter dem Titel »Königs Geist der Kochkunst«, beschrieb der Autor einen unverfälschten Kochstil, beklagte die französische Art der Vermengung allzuvieler Zutaten, vertrat die Ansicht, den natürlichen Geschmack der Nahrungsmittel durch Kochen zu erhalten und nur durch die passende Würzung zu unterstreichen, was sein Buch heute noch modern erscheinen läßt. Der Erfolg der 1. Auflage veranlaßte ihn, sich zu seinem Buch als Autor zu bekennen. Von Gastrosophen wird es als wichtiges Werk geschätzt, das neben dem des Jean Anthelme Brillat-Savarin, drei Jahre später in Paris gedruckt, bis heute von Bedeutung ist. Bemerkenswert ist, daß die Autoren einander nicht persönlich gekannt haben. Im ersten Teil des Buches beschreibt Rumohr tierische Nahrungsmittel; pflanzliche Nahrungsstoffe und die Würzstoffe bilden den 2. Teil; im Abschnitt »Schwammgewächse« hält der Autor fest:

Allen eßbaren Schwammgewächsen steht billig die Trüffel voran. Sie ist, wie niemand in Zweifel stellt, die erste Zierde reichbesetzter Tafeln. Doch sind nicht alle Trüffeln gleich wohlriechend und schmackhaft; aus der Landschaft Périgord und aus dem Tale der Etsch, gegen Trient hin, bezieht man die leckerhaftesten. Auch kommt es darauf an, daß die Trüffel ihre völlige Reife erlangt habe, doch dabei nicht überzeitig sei. Angefaulte Trüffeln muß man wegwerfen, sollte auch noch etwas Gesundes daran sein.

Die Trüffeln werden insgemein in siedendem Weine von der anklebenden Erde befreit. Einige schälen die Trüffel; allein der beste Geschmack ist gerade in ihrer etwas holzigen Schale enthalten.

Trüffeln in einer Mischung von Wein und Fleischbrühe mit ganzen Pfefferkörnern abgesotten, reinlich herausgenommen, auf einem Tuch angerichtet und mit frischer Butter zum Eingange gegeben.

Trüffeln auf italienisch, fein gehobelt mit etwas Öl, Salz, Pfeffer, auf einem Teller erhitzt, zuletzt Zitronensaft darüber gedrückt; auch wohl mit Parmesankäse bestreut. Dasselbe auf abgebackenen Brotschnittchen angerichtet.

Was die Trüffel, als Würze betrachtet, in Tunken, in Pasteten, in Füllungen leiste, weiß nunmehr die ganze gesittete Welt. Denn seitdem man erkannt hat, daß Mahlzeiten auf die Stimmung des menschlichen Herzens einen entscheidenden Einfluß ausüben, mithin von köstlichen Mahlzeiten in öffentlichen Sendungen häufig Gebrauch gemacht, ist die Diplomatie eine wahre Propaganda alles Schmackhaften, Leckeren und Seltenen geworden, so daß man kaum mehr für einen rechten Gesandten hält, wer nichts versteht, als seinem Herrn redlich zu dienen. Leider ist aber hierdurch jenes zweideutige Gebilde der Natur an der Quelle selbst verteuert worden, was denn manchem stillen Verehrer des Schönen und Anmutigen jeglicher Art seinen Genuß verkürzen mag.

Eine kleine Art von Holzschwämmen, die Prunjoli, ist mir nur in Italien vorgekommen. Diese Schwämme weichen den Trüffeln weder an Wohlgeruch noch an würzender Kraft, sind aber lange nicht so fleischig. Man gibt sie in Gehäckseln aller Art z.B. mit etwas animalischem Stoffe vermischt auf gerösteten Brotschnittchen.

Gartenschwämme – Champignons –, welche in künstlichen Beeten erzielt werden oder frei auf Pferdeweiden wachsen, verbinden unter den deutschen Schwammgewächsen das zarteste Fleisch mit der reichlichsten Würze. Aus alten Gartenschwämmen wird vorzüglich von den Engländern eine sehr gewürzte Sülze bereitet, welche deutsche Kochbücher mit der indischen Soya verwechselt haben.

Die eßbaren Schwammgewächse sind übrigens sehr zahlreich und mannigfaltig. Doch ist es leicht, sich zu vergreifen und anstatt eines eßbaren Schwammes einen ganz ähnlichen giftigen zu erfassen. Viele, welche ihr Leben lieben, enthalten sich deshalb der Schwämme ohne einzige Ausnahme.

Wir besitzen vortreffliche Schriften über die Schwammgewächse überhaupt und insbesondere, aus denen Hauswirte und Köche manche Kenntnis schöpfen könnten. Doch gefällt sich die Natur, auch in den scheinbar gleichartigen Bildungen bald ein unheilbares Gift, bald eine bezaubernde Würze hervorzubringen. Zur Giftprobe der Schwämme wird vorgeschlagen und in Anwendung gesetzt: Zwiebeln, Eintauchen silberner Löffel und anderes. Einige glauben die Heilsamkeit der Schwämme am Geruche zu unterscheiden.

Ein weiterer Autor, Joseph Hayne, »Doktor und Professor der Naturgeschichte und Thierheilkunde« stellt in seinem Büchlein »Gemeinnütziger Unterricht über die schädlichen und nützlichen Schwämme«, Wien 1830, fest, daß die »Schwammkunde in den letzten Dezennien ein gelehrtes Ansehen erhalten habe«. Wichtige Persönlichkeiten wie Persoon, Greville, Fries und Link haben ihre Zeit diesem Wissensgebiet

Boletus edulis, Bulliard. Aus: M. H. Wagner, Der Schwämmesammler (...), Troppau 1867

gewidmet. Seine »Schwammkunde« beschäftigt sich sowohl mit »fungi«, den Großpilzen, wie auch mit den kleinen Formen, den »myci«.

Kulinarisches Wissen über Pilze bietet das in Wien 1830 anonym erschienene »Appetitlexicon«. Das Buch wird dem Autor Franz Gräffer, Schriftsteller, Herausgeber zahlreicher Zeitschriften und Almanache, zugeschrieben; sein bekanntestes Werk, das er gemeinsam mit J. J. H. Czikann in den Jahren 1835–1837 herausbrachte, war die »Oesterreichische National-Encyclopädie«. Im »Appetitlexicon« werden die Pilze im allgemeinen und nur die gängigsten Arten behandelt.

> *Die eßbaren Schwämme stehen fast allgemein in dem üblen Rufe, eine nahrlose, schwer verdauliche Speise zu seyn. Chemische und diätetische Versuche haben indessen gelehrt, daß sie jenen Mißkredit wenigstens nicht ganz verdienen. Erfahrungen bestätigen es, daß die Schwämme, besonders die Stockschwämme, bey mäßigem Genusse wohl bekommen. Sind sie freylich alt, oder nicht vorsichtig genug zubereitet worden, so müssen sie allerdings eben so schwer verdaulich wie zähes, altes Fleisch seyn. Die gebräuchlichsten Arten sind:*
>
> *1) Der Champignon, der allgemeinste und bekannteste unter den eßbaren Schwämmen. Er schmeckt, besonders wenn er noch jung ist, und sich die Kugel zu Bildung des Hutes noch gar nicht, oder nur so eben erst geöffnet hat, angenehm, hat einen etwas erdhaften Geruch, und empfielt sich durch ein wohlschmeckendes, weißes und saftiges Fleisch. Es finden sich aber auch noch mehrere, zum Theil wirkliche Spielarten*

des Champignons, die schädlich sind, und doch mit einer guten eßbaren Sorte leicht verwechselt werden können; daher man der Sicherheit wegen in das Gefäß, worin die Schwämme gekocht werden, eine geschälte Zwiebel werfen soll. Wird diese blau oder schwarz, so sind giftige Schwämme darunter; behält sie aber ihre natürliche Farbe, so kann man sie ohne Bedenken essen.

2) Der Tammling. Dieser Schwamm wächst gegen den Herbst häufig in Wäldern, besonders da, wo viel Heide steht; man kennt ihn an dem safrangelben Safte, der aus den Blättern quillt, wenn man sie verletzt.

3) Der Brätling. Das Fleisch dieses Schwammes ist fest und besitzt einen angenehmen Geruch. Man findet ihn am meisten nach einem starken warmen Regen, im Herbste auf Weideplätzen, Flußrändern und neben einzeln stehenden Bäumen.

4) Die Pilze, Pilslinge. Die besten Pilze sind diejenigen, welche einen dicken, in eine runde Kugel auswachsenden fleischigen Stiel haben, welcher schmackhafter als der Hut selber ist. Das Fleisch ist weiß, trokken, und hat einen angenehmen Geruch.

Unter dem Stichwort »Morchel« ist folgendes notiert:

Für einen schwachen Magen sind die Morcheln überhaupt schwer zu verdauen, besonders wenn man sie wie Gemüse verspeist. Sie haben etwas narkotisches an sich, und es ist daher gut, sie mit vielem Wasser zu kochen und es abzugießen, wiewohl hierdurch viel von ihrem eigenthümlichen Geschmacke verloren geht.

Beim Stichwort »Trüffel« wird festgehalten:

Die Trüffeln wachsen vorzüglich im lockeren sandigen Boden der Wälder, die nicht allzu dicht sind, an Steineichen, Rüstern, Buchen, unter der Erde. Frisch geben sie einen nicht unangenehmen, doch etwas geringeren Geruch von sich, sie besitzen einen süßlich gewürzhaften Geschmack. Man findet sie von der Größe einer Walnuß bis zur Größe eines Apfels. Sie besitzen nicht allein stärkende, sondern auch nährende Kraft. Die im Herbst gegrabenen Trüffeln werden den Frühlingstrüffeln vorgezogen. Die Italiener halten diejenigen für die besten, welche auswendig schwarz und mit tiefen Rissen und Beulen versehen, inwendig aber weiß sind, und einen knoblauchartigen Geruch haben. Nach den schwarzen kommen die erdfarbigen, welche im Innern, gleich den Muskatnüssen, bräunlich marmoriert sind. Die schlechtesten sind die weißen, oder weißröthlichen und glatten. Die Trüffeln werden entweder frisch oder getrocknet zu Potagen, Ragouts, Pasteten ec. benutzt.«

Das Gräffer'sche »Appetitlexicon« erreichte nicht jene Popularität wie das von Robert Habs und Leopold Rosner Ende des 19. Jahrhunderts veröffentliche Lexikon gleichen Namens.

Besehreibung und Abbildungen
sämmtlicher
eſsbaren Schwämme
von
Carl Jos. Kreutzer.
Neue Auflage
mit 8 Tafeln ausgemalter Abbildungen
WIEN, 1849.
Bei L. W. Seidel.

Carl Jos. Kreutzer, Beschreibung und Abbildung sämmtlicher eſsbaren Schwämme (…), Wien 1839 und 1849

II. REZEPTE AUS AUSGEWÄHLTEN KOCHBÜCHERN

Wie bereits erwähnt, hat Carl Joseph Kreutzer in seiner »Beschreibung und Abbildung sämmtlicher eßbaren Schwämme, deren Verkauf auf den Niederösterreichischen Märkten gesetzlich gestattet ist«, auf bestehende Literatur zurückgegriffen. Ein Rundschreiben der Regierung war ein weiterer Anlaß, um die Bevölkerung über Pilze und ihre Verwendung als Nahrungs- und Genußmittel zu informieren und um »Unglücksfälle« zu vermeiden. Die Erstauflage erschien im Jahre 1839 in Wien, eine weitere 1849. Auf den ersten Seiten des Buches ist das »Circulare der k.k. Landesregierung im Erzherzogthume Österreich unter der Enns« abgedruckt. Sowohl in der k.k. Haupt- und Residenzstadt Wien, als auch außer derselben auf dem Lande durften nach dem Tag des Rundschreibens, dem 17. Juli 1838, künftig auf den Märkten nur die dort angeführten Pilze verkauft werden. Eine entsprechende Auflistung findet sich im Anhang. Carl Jos. Kreutzer reichert seine im Jahr 1849 erschiene Ausgabe mit Kochrezepten für die gehobene Küche an und vergißt nicht, bei den Gerichten die französischen Bezeichnungen anzugeben.

Champignons à la Cussy.

Man wäscht, bürstet und schält schwarze, gute und mittelgroße Trüffeln, nimmt dann gut riechende und feste Champignons, und schneidet sie, so wie die Trüffeln, in messerrückendicke Schnittchen, gibt hierauf Alles in eine Casserolle, mit einem der Menge der Schwämme verhältnismäßigen Stücke Butter, stellt sie über ein Feuer, und drückt, wenn die Butter geschmolzen ist, den Saft von einer oder zwei Citronen hinein. Man läßt sie nun noch einigemal aufwallen, und mengt dann Salz, grob gestoßenen Pfeffer, geriebene Muskatnuß, vier Eßlöffel voll von grande espagnole (einer braunen, von Kalbfleisch bereiteten Brühe) und eben so viel von einer andern Brühe (Sauce) darunter; läßt dann das Ganze kochen, und gießt, wenn es zu sieden beginnt ein Glas guten Weines hinzu, setzt das Kochen noch durch 25 Minuten fort, und trägt dann auf.

Champignons-Gehacktes *Hachis aux Champignons.*

Man hackt zwei Dutzend geschälter, ausgewaschener und dann abgetropfter Champignons sehr klein, und gibt sie in eine Casserolle mit guter Butter über Feuer. Wenn diese geschmolzen ist, fügt man unter beständigem Umrühren einen Eßlöffel voll Mehl, zwei Gläser Fleischbrühe, Salz, grob gestoßenen Pfeffer, einiges andere Gewürz und ein Lorbeerblatt hinzu, läßt es bis zur Hälfte einkochen und gießt dann die Brühe auf ein Gehäcksel von Schöpsenkeule, gebratenem Kalbfleisch oder Geflügel. Das Ganze wird wohl gemischt und sehr heiß mit in Butter gerösteter Brotrinde aufgetragen.

Champignons-Mußß *Purée de Champignons.*

Man nimmt kugliche, fleischige und schön weiße Champignons, schält sie, wäscht sie in kaltem Wasser und trocknet sie ab; hierauf hackt man sie so klein als möglich; drückt sie in einer Leinwand aus, gibt das Gehäcksel in eine Casserolle mit einem Stück Butter und grob gestoßenem Pfeffer, setzt das Ganze einige Minuten über ein lebhaftes Feuer, und wenn die Butter geschmolzen ist, drückt man den Saft einer Citrone hinein. Nun setzt man Kraftbrühe (consommé) oder abgesottenen Milchrahm, Rahmmuß (du velouté) im Verhältnis zur Menge der Schwämme hinzu, läßt es bis zur Breidicke einkochen, und hält es dann über Kohlen oder heißem Wasser warm. Man kann hiermit Geflügel, Fische, gesetzte Eier u.s.w. auftragen.

Torte mit Champignons *Tourte aux Champignons.*

Man schneidet Butter in Scheiben, legt sie in eine Tortenpfanne, bedeckt sie dann mit einer Lage recht feiner Brotkrumen, und diese mit einer Lage von Champignons, die man geschält und ihnen die Stiele weggenommen hat. Auf die Champignons bringt man nun in Scheiben geschnittene Butter, setzt Pfeffer, Salz und feine Kräuter, wie Petersilie und andere dazu, und bildet dann eine dicke Lage von Brotkrumen, auf die man eine zweite Schichte von Champigons legt, wieder mit Butter u.s.w. bedeckt. Man macht drei solche Lagen, so daß die Champignons unmittelbar auf einer Schichte Brotkrumen und unter einer Schichte Butter liegen, und Alles von einer dicken (etwa der eines Fingers) Lage von Brotkrumen bedeckt ist. Die Tortenpfanne deckt man nun mit einem Deckel zu, und hitzt sie durch glühende Kohlen von unten nach oben. Nach einer Stunde ist die Torte fertig und wird dann in der Tortenpfanne angerichtet.

Gefüllte Champignons *Champignons farcis*.

Man schält mittelgroße, gezogene Champignons oder noch besser, Wiesenchampignons; gleichzeitig bereitet man eine Art Fülle oder Gehäcksel aus einem Stücke Butter, geriebenem Specke, etwas Brosamen, feinen Kräutern, einem Stück Zwiebel oder Knoblauch, Salz, grobem Pfeffer und etwas anderem Gewürze. Sobald dies Alles gut durcheinander gemischt ist, werden die Schwämme, deren Stiele man weggenommen hat, umgekehrt, und der hohle Theil derselben damit gefüllt; hierauf werden sie in Papierdüten auf dem Roste gebraten, oder noch besser, in einer Torten-Casserolle auf einem Windofen mit einigen Löffeln feinen Oels, mit dem man sie von Zeit zu Zeit auch begießt. Man kann nach Belieben der Fülle Gehäcksel von Geflügel, Rebhühnern und Fasanen zusetzen.

Brotkruste mit Champignons *Croute aux Champignons*.

Man schält die Oberfläche sehr frischer und nicht zu sehr entwickelter Champignons ab, entfernt ihre Stiele, gibt sie in eine Casserolle mit frischer Butter und stellt diese auf ein lebhaftes Feuer. Sobald die Butter geschmolzen ist, nimmt man die Casserolle vom Feuer, preßt den Saft einer Citrone hinein, gibt sie auf den Windofen, und läßt sie noch durch einige Minuten aufwallen; dann gibt man Salz, Pfeffer, etwas anderes Gewürz und einen Löffel voll Wasser, in dem durch eine halbe Stunde eine geviertheilte Zwiebel- oder Knoblauchzehe gelegen war, hinzu, und läßt sie durch eine Stunde kochen. Vor dem Auftragen mengt man 3 Eierdotter, mischt sie zu den Schwämmen, und gießt dann das Ganze auf die vorher in Butter gerösteten und gehörig auf der Schüssel geordneten Brotkrusten. – Statt der Brotkrusten kann man den Obertheil eines, von seinen Brosamen befreiten, abgeriebenen Weißbrotes nehmen, den man in- und auswendig mit Butter bestreicht, und über einem mäßigen Feuer braun werden läßt.

Die Beschreibung der Champignons wird durch eine Anweisung, die sogenannte »Soja von Champignons« herzustellen, abgeschlossen; sie sei geeignet, lange zu halten und für Brühen zu verwenden. Ferner folgt eine ausführliche Anleitung, Champignons in Gläsern einzumachen:

Soja von Champignons.

Man nimmt eine Maß Champignons, wäscht sie, ohne sie vorher zu putzen, reinlich ab, und schneidet sie einigemal durch. Dann gibt man solche, nebst 3 Eßlöffel voll Salz, 12 Stück grob gestoßenen Gewürznelken, einmal so viel Pfeffer und 3 Eßlöffeln voll sehr guten Essig in ein irdenes Gefäß, und läßt sie eine Stunde lang auf gelindem Feuer nicht gerade kochen, sondern nur recht ausziehen. Darnach nimmt man sie wieder vom Feuer weg, damit sie etwas abkühlen, und drückt den Saft durch eine Leinwand. Dieser wird nun, nach Gutdünken, so lange eingekocht, bis er sich etwas verdickt hat, und, wenn er abgekühlt ist, in eine Flasche gefüllt. Hievon geben 2 Eßlöfel voll einer Brühe starken und kräftigen Geschmack.

Champignons einzumachen.

Man wählt hiezu nur junge Stücke, schneidet bei jenen, deren Hut sich schon geöffnet hat, die Blättchen weg, entfernt die Oberhaut des Hutes und den unteren Theil des Stieles, wäscht sie in in kaltem Wasser ab und trocknet sie in einem Tuche. Die einfachste Art ist nun, sie durchschnitten in Essig zu legen, ein anderes Verfahren ist aber folgendes: Man nimmt 4 Maß oder Kannen Champignons und 3 Loth Salz und setzt Beides, gemengt, in einer Casserolle zum Feuer. Es entwickelt sich nun viele Brühe aus den Champignons, die man jedoch so lange kocht, bis sie ganz trocken sind; sie nachher vom Feuer wegnimmt und abkühlen läßt. Nun kocht man einige Minuten lang in einem zugedeckten Topfe 12 Stück geschälte Chalotten, ¼ Loth Pfeffer, ¼ Loth Ingwer, ⅛ Loth Nelken, etliche Lorbeerblätter, einen Zweig Thymian, 2 Stängel Esdragon und eben so viel Basilikum in 1 ¼ Maß des allerfeinsten und reinsten Weinessigs, welcher dann auch abkühlen muß. Die abgeschmorten, kalt gewordenen Champignons werden darauf in Gläser oder steinerne Büchsen gethan und mit dem abgekühlten Essig, welcher durch ein Haarsieb gestrichen sein muß, in dem Maße übergossen, daß sie damit bedeckt sind. Auf den Essig in den Gläsern gießt man geschmolzenes Rindstalg oder Fett, überbindet sie mit Blase und Papier und bewahrt sie auf. Beim Putzen der Champignons lege man dieselben unmittelbar darnach in frisches Wasser, worin sich eine halbe Citrone befindet.

Carl. Jos. Kreutzer wendet sich als nächstes dem Röthling, dem Eierschwammerl, zu. Er dürfte diesen Pilz nicht sehr geschätzt haben, denn nur Weniges berichtet er über seine Zubereitung in der Küche. Er stellt jedoch fest: weicht man diese Pilze vor ihrer Zubereitung in Fleischbrühe oder Milch ein, so gewinnen sie an Schmackhaftigkeit. Er empfiehlt ferner, sie in Butter, Mehl und Zwiebel zu braten oder mit Butter, Sahne, geriebenen Semmeln zu dünsten und nach Belieben mit Salz,

Pfeffer, Sardellen, Zwiebel u. dgl. zu würzen. Auch ist das Trocknen oder das Haltbarmachen durch Einlegen in Salzwasser möglich, was »ein wenig kostspieliges, nährendes und gesundes Essen für das Landvolk« gäbe.

Über den Bilzling oder Herrenpilz schreibt er unter anderem, daß dieser roh verzehrt werden kann und daß das Trinken von etwas gutem Wein bei dem Genusse dieses Pilzes sehr zuträglich sei. Neben der Festellung, daß man ihn häufig als Zusatz zu verschiedenen Fleisch- und Mehlspeisen verwende, wartet er mit einigen besonderen Zubereitungsarten auf:

Bilzlinge auf Bordelaiser-Art *Ceps à la Bordelaise*.
Man nimmt sehr junge Stücke, oder wenigstens solche, deren Fleisch weiß, fest und angenehm riechend ist, schneidet die Röhrenlage und die Stiele weg und legt sie auf einige Augenblicke auf den Rost, um die überflüssige Feuchtigkeit aus ihnen zu entfernen; hierauf drückt man sie leicht in einem Küchentuche, trocknet sie und kocht sie mit Olivenöl, Petersilie, gehackter Zwiebel oder Knoblauch, Pfeffer und Salz. Wenn sie bald fertig sind, gibt man etwas Citronensaft hinzu. Diesem Verfahren ähnlich kann man sie auch folgendermaßen zubereiten: Man macht aus einem Theile der schönsten Stiele mit Knoblauch oder Zwiebel, Petersilie, Pfeffer und Salz ein Gehäcksel, läßt es im frischen Olivenöle sich einsaugen, gibt dann die vom Roste genommenen Hüte hinzu und kocht das Ganze.

Bilzlinge mit Kräutern *Ceps aux fines herbes*.
Nachdem man die Bilzlinge geschält hat, läßt man sie durch einige Zeit mit Pfeffer und Salz im Oele liegen, und kocht sie sodann in einer Schüssel oder Tortenpfanne mit frischer Butter, Zwiebel (Zibollen), Schaloten, Petersilie und Estragon, sämmtlich fein gehackt, grob gestoßenem Pfeffer, Salz und geriebener Brotrinde.

Bilzsuppe *Potage aux ceps*.
Man schneidet ein halbes Dutzend mit Sorgfalt geschälter Bilzlinge in Stücke, gibt sie in eine Casserolle, mit Salz, grob gestoßenem Pfeffer, etwas Muskatnuß, einem Pfund von, in dünne Scheiben geschnittenen Magern einer Schinke, einem halben Pfund Brotrinde und 8 Loth frischer Butter, läßt das Ganze durch eine Stunde über einem lebhaften Feuer kochen und benetzt es mit einer guten Fleischbrühe. Nun preßt man es durch ein Beuteltuch, gibt das Muß, dem man, um es zu klären,

Fleischbrühe zugefügt hat, an ein schwaches Feuer, und läßt es durch 20 Minuten brodeln. Hierauf gießt man das Ganze in einen Suppentopf, worein man in Butter getränkte Brotrindchen gegeben hat, und trägt die Suppe nun heiß auf.

Auf den letzten Seiten des informativen Büchleins werden die Morcheln und Lorcheln in einem Atemzug genannt und auch beschrieben, auf welche Art sie in der Küche Verwendung finden. Diese Pilze erfreuten sich besonderer Beliebtheit, waren sie doch wegen des Zeitpunktes ihres Wachstums nicht mit anderen zu verwechseln. Im allgemeinen werden sie mit fein geschnittenen Zwiebeln und Petersilie in Butter gerührt, bis alle Feuchtigkeit vergeht. Sodann wird Mehl und Fleischbrühe daran gegossen und verkocht. Beim Anrichten empfiehlt sich etwas Muskatnuß und Salz dazuzugeben. Sie werden als Zutaten zu Brühen, Suppen, Eingemachtem, Ragouts und Pasteten verwendet. Man pflegt die Morcheln auch zu trocknen und zwar auf die übliche Art, sie auf Fäden aufzuziehen und luftig aufzuhängen. Besondere Zubereitungsarten sind jedoch folgende:

Morcheln auf italienische Art *Morilles à l italienne.*

Man schneidet die Morcheln, je nach ihrer Größe in 2 oder 3 Stücke, und stellt sie in einer Pfanne mit Olivenöl, Pfeffer, Salz und Kräutern einige Zeit auf das Feuer, gibt dann gehackte Petersilie, Schnittlauch und Zwiebel oder Knoblauch hinzu, setzt bei mäßigem Feuer das Kochen fort, benetzt sie zeitweise mit Fleischbrühe und schüttet ein Glas weißen Wein dazu; wenn sie gekocht sind, trägt man sie mit Citronensaft und gebräunter Brotrinde auf. In Deutschland pflegt man sie statt des Oeles mit Butter zu braten und während desselben mit Fleischbrühe allein zu befeuchten. Sind sie gebraten, so versieht man sie mit einer Sauce aus Eidottern, wozu Manche noch etwas Sahne geben.

Gefüllte Morcheln *Morilles farcies.*

Man öffnet größere Morcheln am Ende der Stiele und füllt sie, nachdem man sie ausgewaschen, abgeklopft und abgetrocknet hat, mit einem Gehäcksel von Brotrinde, Geflügelfleisch, Sardellen, Krebsen und ähnlichen Dingen und bratet sie zwischen Speckscheiben. Man richtet sie in einer ähnlichen Sauce an, wie die nach italienischer Art zubereiteten. Diese Zubereitungsart ist hier sehr üblich.

Der Beschreibung der letzten Pilzart, der Trüffel, widmet der Autor viel Aufmerksamkeit und viel Platz. Abgesehen von den Fundorten, von den Geschmacks- und Geruchseigenschaften der diversen Trüffelarten kommt er nicht umhin, festzustellen, daß Trüffeln nur auf den Tischen der Reichen »erscheinen«. »Zu uns werden die Trüffeln aus Ungarn, Mähren, Steyermark und selbst aus der Umgegend gebracht, die besten kommen aus Piemont, Montferat und aus Mailand.« Die Trüffeln spielen bei vielen Gerichten eine wichtige Rolle, seien es die Hühner à la Marengo, die Beigerichte von Nerac oder die Pasteten von Straßburg und Toulouse. Von den besonderen Zubereitungsarten soll in der Folge nur eine Auswahl aus den im Büchlein angeführten geboten werden; die Rezepte für Trüffelpudding, für Trüffellikör sowie weitere verlangen den Einsatz von mehreren Trüffeln und heutzutage aus Kostengründen kaum umsetzbar.

Trüffel-Ragout *Ragout de Truffes.*

Nachdem man wohlriechende Trüffeln gewaschen und gut gebürstet hat, läßt man sie in Oel sich ansaugen, schneidet sie hierauf in messerrückendicke Scheiben und gibt sie dann in einer Schüssel oder einer Casserolle mit Oel oder Butter, Salz, grobgestoßenem Pfeffer und etwas weißen Wein auf das Feuer. Einige setzen noch Sardellen und kleine Zwiebeln dazu. Wenn die Trüffeln beiläufig eine Stunde gekocht sind, gibt man Citronensaft oder Eigelb daran und trägt sie auf.

Trüffeln nach italienischer Art *Truffes à l italienne.*

Man nehme Trüffeln von mittlerer Größe, reinige sie, schneide sie in Scheiben und gebe sie in eine Casserolle mit Oel, Salz, Pfeffer, Petersilie, gehackten Schalloten, Zwiebel oder Knoblauch. Man läßt sie nun etwas über heißer Asche stehen, koche sie dann bei gelindem Feuer und gebe vor dem Anrichten noch Citronensaft hinzu. Einige finden sie weit angenehmer, wenn man weißen Wein und gute Fleischbrühe zusetzt; in diesem Falle muß vor dem Anrichten das Fett von der Brühe abgeschöpft werden.

Trüffeln à la Rossini *Truffes à la Rossini.*

Man mischt in einer Salatschale feines Oel, Senf, Essig, etwas Citronensaft, Pfeffer und Salz sehr gut unter einander, und mengt dann fein geschnittene Trüffeln darunter. Man kann noch das Gelbe von 2 Eiern, und eine Zwiebel- oder Knoblauchzehe hinzufügen.

Trüffeln aufzubewahren.

Sie halten sich gut, wenn man sie mit der sie umgebenden Erde in trokkenen Sand, oder am besten, in trockenen gepulverten Mergel in eine Kiste legt, doch so, daß keine die andere berühre, und diese dann gut verschließt. Sie lassen sich auch gut in Oel aufbewahren, nachdem man ihnen vorher bei einem gelinden Feuer ihre Feuchtigkeit entzogen hat. So wie das Oel aber in den Gefäßen zu schäumen beginnt, müssen sie herausgenommen und verbraucht werden. Diese so eingemachten Trüffel verlieren zwar ihren Wohlgeruch, dagegen hat ihn aber das Oel angenommen, und Salat, Fische, Spargel, kurz Alles, was man mit ihnen bereitet, erhält den Trüffelgeschmack. Auch gut gereinigt und in gewöhnliches oder in Wachs getränktes Papier eingewickelt, hebt man sie in verschlossenen Gefäßen auf.

In den Kochbüchern des frühen 19. Jahrhunderts werden nach wie vor – wegen des Angebotes auf den Märkten – die überkommenen Rezepte mit Champignons, Morcheln sowie mit getrockneten Pilzen angeführt. Die nun folgenden Kochbücher sind mehr oder weniger nach ihrem Ersterscheinungsjahr auf dem Buchmarkt chronologisch geordnet; im allgemeinen sind, wie bereits erwähnt, rasche Auflagenfolgen üblich gewesen und diese tragen regelmäßig den Zusatz: »verbessert und vermehrt«. Gesucht wurde auch in Büchern, die in Kleinstädten veröffentlicht wurden, denn diese versprachen zunächst mehr Beschreibungen von Zubereitungsarten der regionalen Viktualien, so auch der Pilze.

O. A., Die wirthschaftliche Prager Köchin, Prag 1819

Suppe von jungen Schwämmen.

Man übersiede feine Schwämmchen in Erbsenbrühe, seihe sie dann ab, wasche sie fünf bis sechs Mahl in heißem Wasser, damit der Sand herunter gehe, dünste sie dann in Butter mit Petersilie und Semmelbröseln, gieße frische Erbsenbrühe darauf, und brenne sie mit guter Einbrenn zu einer gehörigen Dicke ein. Endlich lasse man sie noch ein Mahl aufsieden, würze und salze sie, und richte sie über geröstetes Brot an.

Gerstel mit gedörrten Schwämmen (Schwammerln).

Man koche auf 12 Personen ein Viertelpfund Ulmer Gerstel in Wasser weich, und gebe dabey ein Stückchen Butter daran. Zugleich koche man in einem anderen Topfe zwey Hände voll gedörrte Schwämme, seihe sie ab, und schneide sie fein zusammen. Ebenso verfahre man mit etwas grüner Petersilie. Jetzt mache man von Butter und Mehl eine lichte Einbrenn, gebe Schwämme und Petersilie darein, schütte, wenn sie angezogen haben, das Gerstel dazu, salze es gehörig, würze es mit Pfeffer und Muscatenblüthe, und lasse es mitsammen verkochen.

Maria Elisabetha Meixner, Das neue, große, geprüfte und bewährte Linzer Kochbuch in 10 Abschnitten, 3. Auflage, Linz 1815

Sie war Köchin am Kremsmünsterer Stiftshaus in Linz und hat die ersten Auflagen dieses überaus erfolgreichen Kochbuches unter ihrem Mädchennamen Niederederin veröffentlicht. Die Pilzrezepte sind zahlenmäßig beschränkt; neben einer Schwammerlsuppe, einer Maurachensuppe mit Krebspfanzel und einem Schwammenstrudel, dessen Zubereitungsart bis auf wenige Worte identisch mit dem Rezept der Rudisch ist, sind folgende Ausführungen erwähnenswert:

Gerollte Gerste mit Schampion.

Siede ein Seidel fein gerollte Gerste schön weich, schütte ein wenig Essig daran, daß es schön weiß wird, grünen Petersil, abgesottene Schampion, schneide sie klein zusammen, gieb in ein Reindel ein Stückel Butter, laß sie darin eine gute Weil dünsten, ein wenig Milchram, salze es, richte die Gerste an, und gieb die Schwammerl darauf.

Schwammen einzusieden.

Nimm Schwammen, Champion oder Maurachen, putze selbe rein, und lasse sie im Salzwasser ein Paarmahl aufsieden, dann nimm die Schwammen heraus, lasse sie ein wenig auskühlen, und richte sie in ein Einmachglas, gieb ein wenig ganzen Pfeffer und Salz dazu, schütte einen guten Weinessig darüber, damit aber der Essig oben keine Haut machet, schütte man einen Eßlöffel Baumöhl darauf, verbindet das Glas gut, und stellet sie an einen kühlen Ort.

Gedörrte Schwämme vor den Würmern zu erhalten.

Man muß erstlich darauf sehen, daß die Schwämme oder Maurachen gut getrocknet sind, dann läßt man sie von dem Zwirne herab, besäet eine reine Schachtel oder Einmachglas mit trockenen Salz und etlichen ganzen Pfefferkörnern, giebt eine Lage Schwämme hinein, dann wieder ein wenig Salz und Pfefferkörner, und so Lagweis fort, bis die Schwämme gar sind, dann wird das Glas mit einem Papier verbunden, mit einer

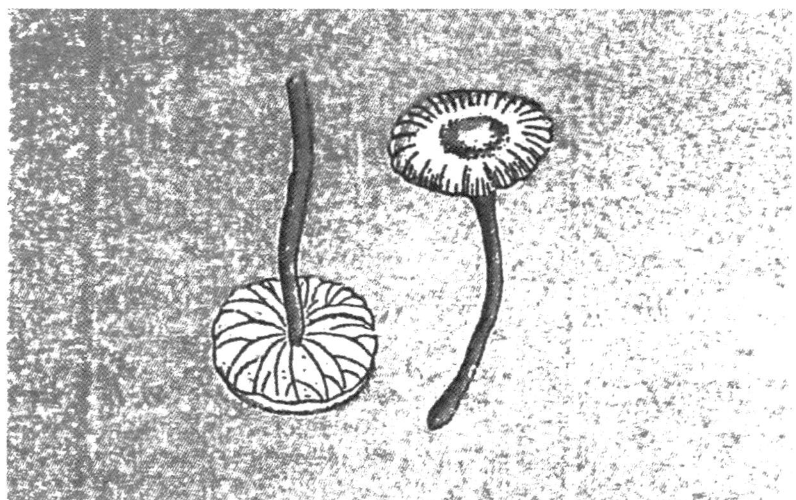

Agaricus scorodonius, Fries. Aus: M. H. Wagner, Der Schwämmesammler (...), Troppau 1867

Spenadel etliche Tupfen darauf gemacht, und an einen trocknen Ort gestellet. Bevor man die Schwämme brauchet, müssen sie zuvor mit siedendem Wasser abgebrennet werden, weil sie sonst zu sauer wären.

Maria Anna Steinbrecher, Vortreffliches Kochbuch, Wien 1820 anonym, 2. Auflage 1821 in Wien bereits unter dem Namen der Autorin und 1823 in Wien als »Vollständiges Kochbuch oder Was kochen wir heute? Was morgen?« erschienen

In diesem Buch fallen Bezeichnungen für Zutaten und Mengenangaben auf, wie sie in Deutschland gebräuchlich, in Österreich und im Raum von Wien, dem Erscheinungsort des Buches, nicht üblich waren. Dies läßt den Schluß zu, daß die Autorin nicht in Österreich aufgewachsen ist oder daß sie – was gleichfalls gängige Praxis war – die Rezepte aus anderen Kochbüchern übernommen hat. Unter anderem wird am Beginn des Buches über Gifte, die in der Küche vorkommen, geschrieben und auch über Pilze. »Ein Schwamm wird aber verdächtig, wenn derselbe schwarzbraun, grün oder buntscheckig aussieht, einen faulen Geruch hat, im Kochen hart wird, sehr klebrig anzufühlen ist und einen hohlen Stiel hat. Zur Vorsicht muß man eine weiße Zwiebel beym Kochen hinzugeben; wird diese schwarz, so ist es Zeit, die Schwämme sammt dem Geschirre wegzuwerfen, weil gewiß giftige dabey sind.«

Königspulver zu fricassirten Speisen.

Hierzu nimmt man drey Löffel voll Spitzmorgeln, eben so viel Champignons, einen Löffel voll Thymian, zwey Löffel voll Schalotten, einen Kaffehlöffel voll Gewürznelken, und einen Löffel voll weißen Pfeffer, pulverisirt alles fein und verwahrt es zum Gebrauche im Glase.

Trüffel-Soß.

Sind die Trüffeln frisch, so bringt man sie in Wasser, damit der Schmutz, Erde und Sand erstlich abweicht, dann werden sie aus einem Wasser ins andere gewaschen und mit Bürsten so lange gebürstet, bis nichts Unreines daran zu spüren ist. Hierauf schält man die harte Rinde dünne ab, schneidet die Trüffeln in Scheiben, gießt 1 Glas Wein darauf, und so viel Coulis, als man Soß bedarf. Zum Ueberfluß und damit nichts weggeworfen wird, kann man den sämmtlichen Abputz mit ein paar Löffel voll brauner Brühe auskochen, das dünn Durchgelaufene zu der Soß thun, und ½ Stunde kochen lassen, zuletzt von 1 Citrone den Saft daran drücken und im Falle die Soß von weißer Coulis seyn soll mit etlichen Eyerdottern ablegiren.

Moos- oder Erdschwammen-Soß.

Mousserons ist eine pilzartige aber strenge Erdfrucht. Wenn solche frisch sind und gewaschen, hackt man sie ganz fein, rührt sie auf dem Boden des Casseroles mit etwas Wein feucht an, thut so viel braune Coulis darauf, als man benöthigt ist, und drückt von 1 Citrone den Saft dabey, läßt es durchkochen, und richtet solche unter Feldhühner, Rebhühner oder in Pasteten von Wildpret an. Will sie jemand weiß haben, so nimmt man statt brauner, weiße Coulis, und legirt solche mit 3 oder 4 Eyergelb zuletzt ab.

Soß oder Ragout von Spargel, Krebsschweifeln und Maurachen.

Man schneidet den kleinen jungen Spargel von der Länge eines Fingergliedes, und kocht solche in Wasser ziemlich weich. Dieß muß aber in vielem Wasser geschehen, sonst behalten die Spargelspitzen einen bitteren Geschmack. Mit den Maurachen verfährt man eben so. Wenn sie rein gewaschen, kocht man sie in Wasser gar, und gießt beides auf Haarsiebe zum Ablaufen; setzt die Spargel und Maurachen dann mit etwas Butter in einem Casserole auf, thut gleich etwas Salz, Pfeffer und Petersilie dazu, und läßt es zugedeckt schwitzen, füllt es hernach mit Coulis an, und wenn es ¼ Stunde langsam durchgekocht hat. So thut man zuletzt die Krebsschweifel und ein Stück Krebsbutter dazu, legirt es mit 4 oder mehreren Eyerdottern ab, und gibt es zu Hühner oder Tauben.

Glasirte Kalbskeule gespickt mit Champignons-Soß.

Wenn die Kalbskeule gespickt ist, legt man auf den Boden des Casserols, worin die Kalbskeule gar gemacht werden soll, ein wie das innere Casserole groß geschnittenes Stück Kalbsnetz oder Speckscheiben, damit sich das Fleisch auf dem Boden nicht fest ansetze, leget dann die Kalbskeule hinein und ein paar Zwiebeln, ganze Wurzeln und ein paar Citronenscheiben darüber; dann macht man nach Proportion des Fleisches ¼ oder ½ Pfund gelbbraune Butter, gießt solche heiß über die gespickte Kalbskeule, und salzet sie; sodann thut man auch ein paar Körner Pfeffer und ein Lorbeerblatt, 1 Löffel Saft der braunen Brühe und 1 Löffel Brühe darunter, decket es gut zu, macht Feuer unten und oben, und begießt es alle ¼ Stunden. Sollte es kurz werden, so ersetzt man den Mangel mit frischer Brühe und Saft der braunen Brühe, bis die Keule gar ist. Unter dieser Zeit macht man sich die Champignons-Soß weiß oder braun. Ist sie braun, so kann man viel von diesem Satz mit zu der Soß nehmen; allein bey weißen Soßen weniger. Wer eine andere vorziehen sollte, kann sich auch eine der übrigen Soßen nach Gefallen wählen.

Pastete von jungen Hühnern mit Trüffel-Soß.

Wenn die Hühner wohl gereinigt sind, tranchirt man solche, passirt (Anm. d. Verf. Anrösten) sie in einem Casserole mit Butter, Kräutern, etwas Pfeffer und Salz auf gelindem Feuer ... Unter der Zeit, daß die Hühner passiren und schwitzen, macht man einen Butterteig von 1 Pfund Butter und 1½ Pfund Mehl, 2 Eyern und 2 bis 3 Kaffehbecherln voll kalt Wasser auf folgende Art: die Butter knetet man mit den Händen auf dem Backtisch mit kaltem Wasser so lange, bis sich keine Körner mehr in der Butter merken lassen, dann thut man sie wieder in frisches kaltes Wasser, damit sie hart wird. Hierauf legt man erst 1 Pfund Mehl auf den Tisch, macht in dessen Mitte eine Höhlung, schlägt 2 Eyer ganz darein, gibt von der ausgewaschenen Butter so viel als ein Ey groß dazu, und gießt nach und nach die 2 Kaffehbecherln voll kalt Wasser hinzu, schlägt es erst mit dem Messer, zuletzt mit den Händen durch, und arbeitet das Pfund Mehl, welches auf dem Tisch gelegt war, auf diese Art zusammen, streuet von dem halben Pfund, welches zurückgeblieben, beym Ausrollen des Teiges nach und nach unter, trocknet nun die ausgewaschene Butter mit einer Serviette ab, legt solche in den Teig, schlägt die Kanten und Ecken desselben über die Butter, und fährt mit dem Ausrollen fort, sieht aber öfter darnach, daß der Teig nicht auf dem Tisch festsitzen bleibt; wenn der Teig nicht mehr dünner gerollt werden kann, schlägt man von beyden Seiten eine Hand breit den Teig so oft über einander, bis beyde Seiten zusammen kommen, streuet frisches Mehl unter, und rollt den Teig wieder so dünne, als das erste Mahl, schlägt den Teig wiederum, wie zuvor, zusammen, und rollt solchen zum dritten Mahle aus. Bey diesem dritten und letzten Mahle läßt man den Teig etwas dicker, etwa einen halben Finger dick, schneidet nun ein solches Stück Teig zum Boden auf die zur Pastete bestimmte Schüssel, bestreicht diesen Teigboden mit Fasch einen Finger dick und rangirt die passirten Hühner hinein, überstreicht solche mit noch zurückgelassenem Fasch, schneidet einen Bogen Papier rund und so groß, daß derselbe über den Rand heraus reicht, bestreicht das Papier mit kalter Butter, und deckt es über den Fasch und Hühner. Dann bestreicht man den Teigrand mit Eyer, und schlägt ein anderes Stück Teig über die Pastete, drückt es auf den Rand fest, und schneidet mit einem trocknen Messer den überhängenden Teig rund herum ab, rollt denselben wieder aus, und belegt davon auf dem Deckel einige Blätter oder Zierrathen, in der Mitte aber läßt man ein kleines Luftloch. Wenn alles dieß geschehen, so läßt man die Pastete gar backen, sodann schneidet man solche oben hinlänglich auf, damit der Vorlegelöffel darin Platz hat und gibt eine Trüffelsoß darein. Außer Trüffeln können auch Champignons, Maurachen, Krebse u.s.w. in dergleichen Pasteten genommen werden, auch kann man sie auf die vorgeschriebene Art von Tauben, Indian, Kalbfleisch, Lammfleisch, Wild, und anderem Flügelwerk machen.

Rietzchen zu braten.

Die Rietzchen, eine Art Pilze (Anm. d. Verf.: Edelreizker), putzt und wäscht man, dann passirt man in Butter etliche Zwiebeln oder Chalotten, thut die gewaschenen und rein abgelaufenen Rietzchen dazu, etwas Salz und Pfeffer daran, und läßt sie zugedeckt auf mäßigem Feuer schwitzen, bis sie kurz eingekocht sind, und in bloßer Butter braten. Beym Anrichten gießt man noch einen Löffel voll Schü dazu. N.B. [Nebenbemerkung:] Wem die Rietzchen auf diese Art zu strenge schmekken, der kann solche erst mit Wasser blanchiren, und dann auf die vorgenannte Art braten. Es gibt auch mehrere Arten solcher Pilze, die alle so, wie die Champignons geschwitzt werden.

Omelets-Rollés mit Champignons.

Man schlägt durch ein Sieb 8 ganze Eyer, gibt etwas Salz und fein gehacktes Schnittlauch dazu, und damit es beym Backen geschwinde gehe, bedient man sich 2 oder mehrerer Pfannen, läßt Butter gelbbraun werden, füllt von dieser Eyermasse einen Anrichtslöffel voll hinein, und läßt auf raschen Feuer es so backen, daß der Omelet nur unten etwas hart wird, und Couleur bekommt, oben aber feucht und dünn bleibt; schüttet solchen dann gleich auf einen Bogen Papier, und wenn man das Papier an einem Ende aufhebt, so rollt sich der Omelet von selbst auf; hat man nur erst einen auf diese Art aufgerollt, so wird es einem bey mehrerer Uebung nicht fehlschlagen; nun eilet man, damit die Omelets einer neben dem anderen auf der Assiette zu liegen kommen, deckt sie dann mit einer anderen Assiette zu, und setzt sie warm. Die gekochten und gewürzten Champignons streicht man vor dem Abrollen mit dem Papier auf die Omeletten; Zu den zurückgebliebenen Champignons gibt man Coulis, schärft solche ab, und richtet es heiß über den Rollés an.

Omelets von Haché mit Morgeln.

Von ½ Pfund Mehl, ¼ Kanne Milch, und 6 ganzen Eyern backt man Plinzen. Eine gute Parthie rein gewaschene und blanchirte Morgeln hackt man ganz fein, und läßt solche mit einem Stückchen Butter in einem zugedeckten Tiegel mit wenig Salz schwitzen, dann gibt man einen Löffel Coulis darauf, und läßt die Morgeln etwas kochen. Wenn sie abgekühlt sind, rührt man ein ganzes Ey und 1 Eydotter roh hinein, gibt etwas Muskate dazu, und füllt die Plinzen damit an, rangirt sie auf einer mit Butter bestrichenen Schüssel oder Casserole, bestreicht die aufgerollten Plinzen überall mit Butter, deckt einen passenden Deckel darauf, läßt die Plinzen ¼ Stunde im Ofen durchhitzen, und nur wenig backen. Beym Anrichten wird etwas braune Butter darüber gegeben, oder auch eine klare Schü à la Restaurant. – Auch kann man einen Rand auf der Schüssel oder Assiette von Wasserteig aufsetzen, die Plinzen hinein rangiren, eine Crème von 6 ganzen Eyern, ½ Pfund Butter, etwas Muskate und Salz machen, und ungefähr eine halbe Kanne Brühe oder Schü darüber geben, und gar backen gelassen.

Morgeln von Kalbsgeschlinge.

Ein Kalbsgeschlinge kocht man mit Wurzelwerk, Salz und Kräutern weich, wenn dasselbe von allen Drüsen und Unrath abgeputzt ist, hackt man es wie Haché klein; dann passirt man in einem Casserole fein gewürfelten Speck, wenn solcher gelbbraun ist, gibt man eine Hand voll geriebene Semmel, ein paar Zwiebeln, 1 Löffel voll feine Kräuter dazu, thut das Gehackte mit etwas Pfeffer, nöthigem Salz, 2 ganze Eyer und von 2 Eyern nur das Gelbe, und noch eine Hand voll geriebene Semmel daran, so, daß man mit den Händen längliche Knödel, wie Spitzmorgeln tressiren kann, dann stößt man ½ Pfund Mehl, 1 ganzes Ey und von einem Gelben mit einer Nuß groß Butter an, rollet diesen mürben Teig aus, schneidet mit einem Backrade dreyeckige Stücken, solche wikkelt man rund auf, tunkt die Spitzen des Teigs in Eyer, schiebt solche statt der Stiele in die früher gemachten Morgeln, bestreicht die tressirten Morgeln nun mit Eyern, bannirt sie mit geriebener Semmel, bäckt sie in heißer Butter oder Braise aus, und gibt eine Haché-Soß Nr. 109 darunter.

Mehlspeise von Champignons, Semmel und Parmesan-Käse.

Man nimmt so viel Champignons als auf der Schüssel oder Assiette, worauf man serviren will, liegen können. Wenn solche rein gewaschen sind, thut man sie mit 1 Stückchen Butter, etwas Salz, ein paar Zwiebeln und den Saft von einer halben Citrone zugedeckt in einem Casserole auf gelindes Feuer, läßt sie schwitzen; dann läßt man solche rasch einkochen, damit die Schü einzehrt und die Champignons in reiner klarer Butter liegen. Unter dieser Zeit weicht man so viel Semmel als Champignons gewesen, ein, drückt solche wieder aus, rührt ¼ Pfund Butter zu Schaum mit 16 Eyerdottern, und thut die Semmel dazu. Die Champignons hackt man mit einem Wiegemesser ganz fein, thut selbe bey erst gedachter Masse, ein halbes Pfund geriebenen Käse, Muskaten-Blumen, das Weiße von 16 Eyern zu einem Schnee geschlagen, dazu, gibt es in einem mit Butter bestrichenen Rand, und läßt es eine halbe Stunde backen.

Champignons mit verlorenen Eyern.

Man nimmt die Champignons, putzt sie, legt solche in ein Wasser, sodann in ein Casserol, hernach gibt man Citronensaft und ein Stückchen Butter darauf, läßt es dünsten, und gibt ein wenig Coulis darauf, wenn man die Champignons braucht, so nimmt man Eyerdotter, macht solche mit Citronensaft sauer, und gibt es über die Champignons, doch müssen solche ein wenig warm stehen gelassen werden, hernach nimmt man ein Casserol, gibt Essig und Wasser darein, salzet es, stellet solches auf die Gluth, und läßt es kochen, dann nimmt man Eyer, schlägt sie darein, und blanchirt sie. Alsdann werden sie heraus genommen, und in kaltes Wasser gelegt, die Champignons werden auf eine Schüssel gegeben, die Eyer darauf gelegt, so sind sie gut und fertig.

Aal mit Krebs und Champignons.

Den Aalen streift man die Häute ab, es seyen nun einer oder mehrere, nimmt sie aus, schneidet sie in beliebige Stücken, salzet sie ½ Stunde gut ein, dann abgetrocknet, oder mit dem Salze ein Mahl in kochendem Wasser überkochen lassen, nur nicht weich; dann rangirt man die abblanchirten Aale in ein dazu passendes Casserole, die ausgeputzten Krebse, Champignons, gestroßenen Pfeffer und Muskate, und so viel weiße oder braune Coulis darauf, damit selbiges bedeckt ist, 1 Glas Wein und 1 Glas Essig dazu, und läßt es kurz einkochen; zuletzt gibt man von 1 Citrone den Saft dazu. Ist das Madellot weiß, legirt man es mit dem Gelben von 2 bis 3 Eyern ab, und richtet es an. Auch kann man jedes Madellot Krebsbutter mit verkochen lassen, es sey braun oder weiß.

Bauvaise (Pofesen) mit Haché von Champignons.

Die Champignons, wenn man sie geputzt und gewaschen, setzt man mit einem Stück Butter, einer Zwiebel, etwas Salz und den Saft einer halben Citrone zugedeckt zum Feuer, läßt sie langsam schwitzen, bis alle Feuchtigkeit kurz und bis auf die klare Butter eingekocht ist; dann hackt man sie fein, wenn die Semmelscheiben mit Butter bestrichen sind, legt man so viel Champignons dazwischen als liegen können, und gießt den kalten Crème, wie bey den Lachs gedacht worden, darüber. Crème aus dem Rezept: Bauvaise von geräuchertem Lachs. Man schlägt 8 ganze Eyer zu ¾ Kanne sauren Rahm, etwas Muskate und fein geschnittenen Schnittlauch dazu, rührt es wohl unter einander, über die Semmel gegossen, und im Ofen 1 kleine Stunde backen lassen. Beym Anrichten schneidet man es in solche Stücken als anfangs die Semmel gewesen.

Ausgebackene Ritschen oder Champignons.

Man rührt eine Claire (Anm.d.Verf.: Backteig) wie zu den Bignets-Bavous Nro. 856. Man muß ein solches Modell von Ritschen oder Champignons haben, läßt das Eisen in der Backbutter heiß werden, tunkt es in die Claire, und bäckt sie aus, alsdann kann man Eingemachtes darein legen und damit anrichten.

Cottelets von Kalbfleisch.

Man macht ein Haché von Maurachen, Trüffeln und Champignons, würzt es mit Salz, Pfeffer und Muskaten-Nuß, und läßt solches mit gutem Brühsaft und Brühe kurz und kräftig kochen. Wenn nun die Cottelets abgeschwitzt sind, schneidet man mit der Hand große Stücken vom Kalbsnetze, und belegt die Cottelets unten und oben mit einem Löffel voll von gedachtem Haché, wickelt jede in ein Stück Netz, bestreicht solches gut mit Eyer, gibt etwas geriebene Semmel darüber, und läßt sie 1/3 Stunde im Ofen backen. Einen Löffel voll von dem gedachten Haché läßt man in der Casserolle zurück, thut Coulis und von einer Citrone den Saft darauf, und gibt diese Soß beym Anrichten über die Cottelets.

In der Zeit des Hochbiedermeier, etwa 1820–1835, erschienen eine Reihe von ausgezeichneten und auf dem Buchmarkt langlebigen Kochbüchern, die je nach Bildung und Lebenslauf der meist bürgerlichen Autorinnen die gehobene oder die einfachere Küche beschrieben. Vom Kochbuch der Josephine von St. Hilaire »Die wahre Kochkunst«, Pest 1820, erfolgten weitere Auflagen bis in die zweite Hälfte des 19. Jahrhunderts; es beinhaltet Rezepte für den städtischen, gut budgetierten Haushalt mit den entsprechenden der klassischen Speisenfolge verpflichteten Gerichten unter Verwendung von Morcheln und Champignons als gewürzhafte Geschmacksverbesserer. Auch Anna Hofbauer, »Allgemeines österreichisches oder neuestes Wiener Kochbuch in jeder Haushaltung brauchbar (…)«, Wien 1825, führt in ihrem breit angelegten Buch die bisher bekannten Pilzrezepte an. Sie selbst war viele Jahre in vornehmen Häusern tätig gewesen und hat viele Anregungen und auch Rezeptpassagen von F. G. Zenker und von der »Prager Köchin« einfließen lassen. Die rasche Abfolge von neuen Kochbucheditionen erstaunt ebenso wie die raschen Auflagenfolgen der Kochbücher von Anna Dorn, Elisabeth Stöckel und der heute weniger bekannten Josepha Kraft, deren Kochbuch bis zum Ende des 19. Jahrhunderts zuletzt unter Kraft-Nelken in Wien aufgelegt wurde. Die »Hausköchin« der Magdalena Dobromila Rettig, geb. Altmann, erschien in Prag und die Herausgeberin verspricht ausdrücklich, nicht für herrschaftliche Häuser, sondern für kleinere Haushaltungen Kochanleitungen zu bieten. In ihrem Werk fehlen daher Trüffelrezepte, sie bevorzugte den Herrenpilz, der in den böhmischen Kleinstädten sicherlich häufig angeboten wurde. Ein forschender Blick, weiter in die östlichen Regionen der Monarchie gerichtet, trifft auf ein Kochbuch von M. A. Salzmann, aufgelegt in

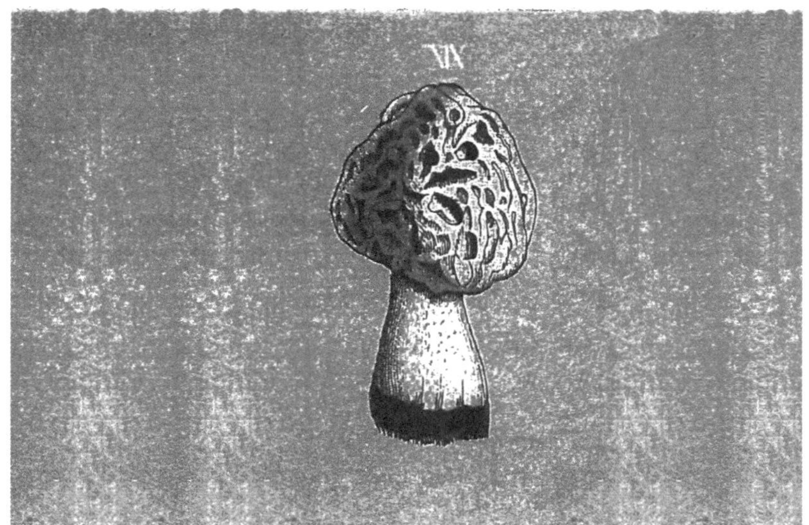

Morchella esculenta, Persoon, Fries. Aus: M. H. Wagner, Der Schwämme-sammler (...), Troppau 1867

Kaschau 1835, mit dem Titel: »Neues auf Erfahrung gegründetes leichtfaßliches Kochbuch für jede Haushaltung (...)«. Der Inhalt repräsentiert jedoch eine gehobene Küche, was sich im Küchenvokabular wie auch in den anspruchsvollen Rezepten niederschlägt. Von den mehr als 1000 Rezepten entsprechen vor allem jene, in denen Pilze zum Einsatz kommen, nicht den Erwartungen; hat man doch angenommen, daß im östlichen, bewaldeten Teil der heutigen Slowakei mehr Wildpilze Verwendung fänden. So greift der Autor/Autorin auf die bekannten Arten wie Trüffeln, Champignons und Morcheln zurück. Lediglich der Steinpilz wird zur Veredelung einer alten Henne verwendet (Rezept Nr. 351) und es werden die Steinpilze zum Zweck der Konservierung auch eingelegt (Rezept Nr. 1069). Für die darin befindlichen, eher kostspieligen Speisen seien die »Trüffelwurst«, »Sauté von Kapaun mit Trüffeln«, »Kapaun mit Trüffeln gefüllt«, »Junge Hühner mit Trüffelsauce«, »Rebhühner und Fasan mit Trüffel oder Champignons gefüllt« als Beispiele angeführt.

F. G. Zenker hat nicht nur eigene bedeutende Kochbücher herausgebracht, auf die in der Folge nicht eingegangen wird, als Herausgeber hat er das Kochbuch von Ignaz Gartler und Barbara Hikmann, das »Allgemein bewährte Wiener Kochbuch in zwanzig Abschnitten (...)«, Wien 1844, überarbeitet. Seine Anleitungen sind detailliert und minutiös ausgeführt, was zweifellos den Kocherfolg der Hausfrauen gesichert hat. Bei der weiteren Suche nach Rezeptvarianten für Pilze streift der Blick das 1846 in Wien in zwei Bänden erschienene Werk »Der Marianka, Mundköchin des Hans-Jörgel von Gumpoldskirchen durch vieljährige persönliche Ausübung und praktische Erfahrungen erprobtes Kochbuch (…).«, das sowohl für vornehme Tafeln, für mittlere Haushaltungen bestimmt war und auch die österreichische Hausmannskost nicht unerwähnt ließ. Weitere Auflagen dieses Kochbuchs sind unter Rosalia Neumann bis in die 70er Jahre des 19. Jahrhunderts erschienen. Der Text der beiden Bände dürfte aus der Feder des Joh. Baptist Weis, Redakteur der »Komischen Briefe des Hans-Jörgel von Gumpoldskirchen«, einer satirischen Monatsschrift, stammen und könnte mit Hilfe seiner Ehefrau Therese, einer Köchin von ausgezeichnetem Ruf, entstanden sein.

Josephine von St. Hilaire, Die wahre Kochkunst, 1. Auflage, Pest 1820, 10. Auflage, Pest 1851

Maurachen-Suppe

Die Maurachen müssen so oft gewaschen werden, bis selbe ganz rein sind, dann schneidet man sie in kleine Stücke, und dünstet sie in Butter mit klein gehackten grünen Petersilie; wenn sie gedünstet sind, stäubt man einen Kochlöffel Mehl darauf, und läßt es abermals ein wenig dünsten; dann gibt man so viel Erbsenbrühe darauf, als man Suppe benöthigt, salzt es, und läßt es gut versieden; vor dem Anrichten gibt man einen Löffelvoll Milchrahm dazu, und richtet es über gepfärzte Semmelschnitten an.

Schwammerl-Suppe

Man nimmt Nägerlschwämme, wäscht sie mehrmals in warmen Wasser aus, gießt Erbsenbrühe darauf, läßt sie dann kochen, wenn dies geschehen ist, gießt man die Brühe davon in einen anderen Topf, dünstet die Schwämme in etwas Butter und grünen Petersilie, dann stäubt man einen Kochlöffelvoll Mehl darein, gibt obige Erbsenbrühe darüber, salzt sie, gibt auch etwas gestossenen Pfeffer, Muskatblüthe, und einen Löffel voll guten Milchrahm dazu, und richtet sie dann über gebähte Semmeln an.

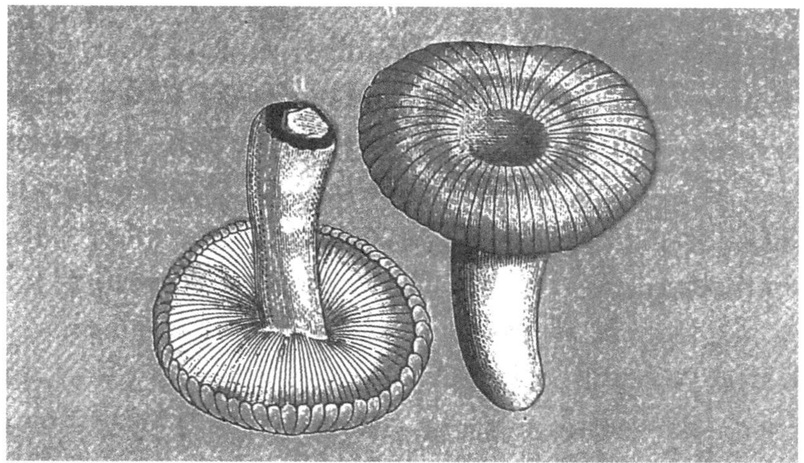

Agaricus alutaceus, Persoon. Fries. Aus: M. H. Wagner, Der Schwämmesammler (...), Troppau 1867

Faschirte Maurachen.

Man nimmt ein halbes Pfund Kalbfleisch, ein paar Handvoll Maurachen, die vorher sorgfältig gewaschen werden müssen, läßt ein Stück Butter warm werden, gibt etwas klein geschnittene Petersilie, das Fleisch und die Maurachen hinein, und läßt es dünsten; ist es gedünstet, so schneidet man es klein zusammen, gibt etwas Salz dazu, nimmt dann eine halbe Semmel, weicht sie in Milch, preßt sie gut aus, und gibt sie auch dazu, stoßt das Ganze recht fein in einem Mörser, wozu man noch ein paar Löffelvoll Milchrahm und zwei Eyerdötter gibt. Man nimmt dann große Maurachen, salzt sie, und läßt sie eine Weile im Salze liegen, nachdem man sie vorher sehr rein gewaschen hat; trocknet sie gut ab, löset den Stängel heraus, und füllt sie mit dem Fasch, schneidet den Stängel an, und gibt ihn wieder hinein, man nimmt dann in eine Kastrol klein geschnittene Stückchen Butter, etwas grünen Petersilie, gibt die Maurachen hinein, einige Löffelvoll Milchrahm darüber, eine gute Handvoll Semmelbröseln, und wieder einige kleine Stückchen Butter darauf, stellt sie in die Backröhre, und bäckt sie langsam.

Rolladen mit Champignons.

Man schneidet von einem Kalbsschlegel dünne Schnitzeln, klopft sie gut, nimmt etwas von einem übrig gebliebenen Braten, ein kleines Stück Speck, ein Stück gekochte Schinke, grünen Petersilie, Schnittlauch, etwas Trüffeln, hackt alles klein zusammen, gibt etwas Salz, Pfeffer, zwei Eyerdötter nebst zwei Löffelvoll Milchrahm dazu, und mengt dies alles gut durcheinander, bestreicht die erwähnten Schnitzeln damit und rollt sie zusammen. Dann gibt man in ein Kastrol einige Blätter Speck, legt die Rolladen darauf, deckt sie mit Speckblättern zu, legt den Deckel auf das Kastrol, gibt oben Glut, und läßt es durch zwei Stunden dünsten. Ist dies geschehen, so seihet man das Fett ab, schneidet die Rolladen in der Länge auseinander, und legt sie so auf die Schüssel, daß man das Faschirte sieht; nimmt dann kleine Champignons, wäscht sie rein aus, läßt ein Stück Butter heiß werden, gibt grünen Petersilie und die Champignons hinein, läßt es so lange dünsten, bis die Soß ganz eingedünstet ist, dann stäubt man etwas Mehl daran, läßt es abermals verdünsten, gibt endlich eine halbe Kaffeeschale weißen Wein, eben so viel Brühe, und zwei Löffelvoll Milchrahm dazu, läßt es so lange kochen bis nur sehr wenig Soß bleibt, seihet das Fett von der kleinen Soß rein ab, mit den Champignons aber wird ein Reif um den Rand der Schüssel geformt, die Rolladen werden in die Mitte der Schüssel angerichtet.

Magdalena Dobromila Rettig, Die Hausköchin, 1. Auflage, Prag 1827, 9. Auflage, Prag 1867

Reißken (Röthlinge) zum Fleisch einzulegen.

Dieser schöne orangegelbe Schwamm wächst überall und ist zum Rindfleisch sehr gut. Zum Einlegen müssen nur die kleinen gewählt werden, also gleich frisch eingelegt werden. Schneide die Wurzeln ab, die Köpfchen wasche rein, laß ein Maß Weinessig mit Salz und einem Kaffeelöffelvoll Kümmel, 12 Körnern Pfeffer, 12 Körnern Neugewürz und einem Stückchen Ingber kochen, gib die Schwämme darein, laß sie eine Viertel Stunde kochen und dann kalt werden; so können sie schon am folgenden Tag gebraucht werden. Sind selbe für den Winter zu bewahren, so nimm sie, wenn sie kalt werden, aus dem Sude heraus, koche frischen Weinessig mit dem nämlichen Gewürz, laß ihn kalt werden, und dann gieße ihn über die Schwämme, so daß sie ganz untergetaucht sind, bedecke das Gefäß mit Papier oder mit einer Blase und binde es recht zu. So dauern die Schwämme auf einem kalten, frostfreien Ort den ganzen Winter.

Eier mit Schwämmen.

Quirle einige Eier mit ein wenig Salz ab, laß auf einer Omelettepfanne ein Stückchen Butter zergehen, gieße daran die Hälfte der Eier und backe eine Omelette auf einer Seite, dann schmiere eine Schüssel mit Butter und lege die Omelette mit der gebackenen Seite darauf; mache eine Gehacke von Hechten- oder Karpfenfleisch und von Herrenpilzen oder Champignonen, und laß es mit grüner Petersilie, Salz und Muskatenblüthe auf Butter dünsten; dann schmiere die Omelette auf einen oder zwei Fingerdick, backe eine zweite Omelette wieder auf einer Seite, lege sie mit der ungebackenen Seite darauf und mit der gebackenen nach oben, beschmiere es mit Butter und laß es noch ein wenig in der Röhre abdünsten, dann trage es zur Tafel.

Schwammenpfanzel.

Schneide kleine frische Herrenpilze feinblättrig, wasche sie in kaltem Wasser, dünste sie mit Butter, Salz und grüner Petersilie, und würze sie mit Muskatenblüthe und Pfeffer. Laß in einer Kasserole ein halbes Seidel Schmetten sieden, in ein Töpfchen schlage 3 Dotter, gib dazu 2 Eßlöfel voll feines Mehl, zerrühre es recht mit einem halben Seidel kalten Schmetten, salze es ein wenig, quirle es recht ab, gieße es unter schnellem Umrühren in den kochenden Schmetten, daß daraus ein dickes Köchel werde, und treibe es auf der Gluth recht glatt ab; dann gib es auf eine Schüssel und treibe es so lange ab, bis es auskühlt; hierauf gib dazu 2 Loth entweder frische oder Krebsbutter und würze es ganz wenig mit Muskatenblüthe. Wenn die Schwämme ausgedünstet sind, laß sie ebenfalls auskühlen; in das Köchel schlage 3 Dotter, gib dazu von 2 Eiweiß den Schnee, und rühre es nur so viel, bis sich der Schnee damit vermischt: nun schmiere die Form mit Butter, gibt darein die Hälfte des Köchels, darauf streiche recht gerade die Schwämme, gieße darüber die zweite Hälfte des Köchels und laß es in der Röhre backen. Hast du Fische oder Krebse, so kannst du entweder gedünsteten Fisch auf Stückchen zerzupft oder Krebsschweifchen den Schwämmen beifügen.

Gerührte Eier mit Schwämmen.

Schneide schöne kleine Herrnpilze klein, lasse sie mit Butter, grünem Petersil und Pfeffer ausdünsten; dann quirle Eier mit grünem Petersil ab, salze sie, gieße sie auf ein Reindel in heiße Butter, mache ein Gerührtes, jedoch nicht zu fest; gebe die Eier in die Mitte der Schüssel, ist weniger, also auf einen Teller, von den Schwämmen formire einen

Kranz, oder gebe Schwämme in die Mitte, und formire aus den Eiern einen Kranz, trage es auf.

Schwammenpfanzel auf eine andere Art.

Koche ein Seidel schöne getrocknete Herrnpilze im Salzwasser, dann seihe sie ab, hacke sie ganz klein, treibe 4 Loth frische Butter ab, gib die Schwämme darein, gib dazu eine abgeriebene, in Wasser geweichte, wohl ausgedrückte Semmel, eine halbe ganz klein geschnittene Zwiebel, ein bischen Lemonieschale, 3 ganze Eier und 3 Dotter, treibe alles wohl ab, salze es ein wenig und würze es mit Muskatenblüthe; nun schmiere die Form mit Butter und streue sie mit geriebener Semmelrinde aus, gieße das Gehackte darein, und laß es schön resch oben und unten bakken, dann trage es zur Tafel. – Es kann als Nebenspeise oder als Beleg zu Grünspeisen gebraucht werden.

Erdäpfel mit Herrnpilzen.

Schneide oder hacke frische Herrnpilze fein, laß sie mit grüner Petersilie dünsten, gib darein ein wenig Pfeffer und salze sie; koche kleine Erdäpfel halb ab, dann schäle sie und schneide sie auf Blättchen; nun schmiere die Form mit Butter aus, lege darein eine Schichte Erdäpfel, darauf eine Schichte Schwämme, und hast du Krebsschweifchen, so schneide sie fein und bestreue es damit, besprenge es mit Krebsbutter, dann gib wieder eine Schichte Erdäpfel, darauf wieder eine Schichte Schwämme, und so fort, bis alles gar und die Form auf 2 Finger vom Rande voll ist; hierauf nimm 1 Seidel süßen Schmetten, schlage darein 1 oder 2 ganze Eier, quirle es wohl ab, gieße es über die Erdäpfel und laß sie ausdünsten; wenn sie bald gar sind, belege sie entweder mit frischer Butter, oder besprenge sie mit Krebsbutter, und laß sie noch eine Viertel Stunde dünsten, dann trage sie zur Tafel. Am Fleischtage kann man zwischen die Krebsschweifchen Hahnenkämme, oder Hühnerleber geben, übrigens damit so wie am Fasttage verfahren.

Schwämme zu trocknen.

Eine wirthliche Hausfrau muß stets in der Zeit, wo uns die Jahreszeit Sachen, die nicht immer sind, bietet, dieselben sammeln, z.B. Schwämme. Im Frühjahre sind die Morcheln zu haben, diese muß man trachten je kleiner desto lieber zu wählen; von denen schneide den weißen Stengel ab, wasche sie in reinem kaltem Wasser, gib sie in ein Sieb und laß alles Wasser davon abtropfen, hierauf schneide sie in runde Kränzlein, lege sie aufs Papier und laß sie an der Sonne und Luft trocknen;

wenn sie ganz trocken sind, lege sie sammt dem Papier auf einen warmen Ort, entweder in eine überkühlte Röhre oder auf eine Platte, damit sie schön resch werden; dann gib sie entweder in Säckchen von Leinwand oder Papier, oder in Gläser mit durchstochenem Papier verbunden, und laß sie im Sommer an einem trockenen luftigen Orte, im Winter aber nahe an einem warmen Ofen stehen, sonst werden sie feucht, dumpfig, schimmeln oder vermäden, so daß man sie wegwerfen muß, wogegen man sie wohlverwahrt jahrelang erhalten kann. Dann kommen die Herrnpilze, von welchen man zwei- bis dreierlei Sorten ausscheiden kann, als 1) ganz kleine zu eingemachten Speisen, 2) mittlere zu Pfanzeln und Suppen, 3) die großen zu ordinären Suppen. Sortire daher die Schwämme, den ganz kleinen schneide nur die Köpfe ab, aber so fein als möglich und mit viel Aufmerksamkeit, daß ja keines mit einem Löchelchen dazu kommt, wo leicht eine Made stecken und die ganzen Schwämme verderben könnte; wenn sie geschnitten sind, lege sie aufs Papier und laß sie an der Sonne und Luft trocknen, dann so wie die vorigen am warmen Orte resch werden; hierauf hebe sie so wie die Morcheln auf. Die größeren schneide sie eben so und laß sie auch eben so trocknen. Zuletzt schabe die reinen Wurzeln, schneide sie ebenfalls dünn, und dazu die größten Köpfchen; mit dem Trocknen und Bewahren verfahre so wie bei den anderen. Eben so kann man auch Trüffeln und Championen trocknen und aufbewahren, nur daß man diese beiden früher schälen muß; auch hier muß man darauf sehen, daß nichts madiges dazu kommt. Für den Winter, so weder Spargel noch Krebse zu haben sind, ist es eine gute Aushilfe zu eingemachten Speisen.

Schwämme-Gemisch.

Trockene kleingeschnittene Herrenpilze oder der kleinsten Gattung zuerst an der Luft, dann am warmen Ofen oder in einer nicht sehr heißen Röhre, damit sie nicht zu braun werden und sich doch gut stoßen lassen, hernach siebe sie wie Mehl durch und misch damit einen gleichen Theil gestoßene Muskatenblüthe, geriebene Muskatennuß und ein kleinwenig Ingber. Ein Kaffeelöffel voll diesen Gemisches in die Suppe oder in eine Soß gegeben, gibt einen trefflichen Geschmack. Das Nämliche kann man auch aus Trüffeln bereiten.

Anna Hofbauer, Allgemeines österreichisches oder neuestes Wiener Kochbuch in jeder Haushaltung brauchbar (...) Mit einem Anhang und Speisezettel, Wien 1825

Maurachensuppe.

Man wäscht Maurachen so oft, bis sie ganz rein sind, und dünstet selbe ganz klein geschnitten mit Butter und klein gehackter grüner Petersilie, stäubt dann einen Kochlöffel voll Mehl darein und dünstet sie nochmals, gibt dann so viel Erbsenbrühe darauf, als man nöthig hat, salzt und pfeffert es, und läßt es mit ein wenig Muskatblüthe gut versieden; vor dem Anrichten muß man noch einen Löffel voll Milchrahm dazu geben, und es über gebähte Semmelschnitten anrichten.

Schwammerlsuppe.

Man wäscht Nägerlschwämme in warmen Wasser mehrmals rein aus, und läßt sie in einer Erbsenbrühe kochen; nach dem Kochen gießt man die Brühe in einen anderen Topf, dünstet die Schwämme in etwas Butter und grüner Petersilie, stäubt dann einen Kochlöffel voll Mehl darein, gibt obige Erbsenbrühe darüber, salzt und würzt sie mit etwas gestoßenem Pfeffer, und Muskatblüthe, und richtet sie über gebähte Semmeln an, nachdem man einen Löffel voll guten Milchrahm dazu gegeben hat.

Eine falsche Maurachensuppe.

Man schneidet etliche rohe Hühnerlebern und Magen mit Petersilienkraut recht klein zusammen, rührt sie mit ein Paar Eyern ab, gibt Semmelbröseln dazu, etwas Salz und Muscatblüthe. Von diesem Abgerührten macht man dann kleine Maurachen (Morcheln), jedes in aufgeklopften Eyern umgekehrt und mit Semmelbröseln bestreut; in nicht zu süßem Schmalz gebacken, werden sie zuletzt in die Suppe gegeben, zu der man ordinäre Brühe oder etwas Schü nimmt; läßt es darin nochmals aufsieden, und gibt es zur Tafel.

Trüffelsauce.

Petersilie und Schalotten, fein gehackt und in Butter dazu gethan, Salz und Pfeffer, ein gutes Glas weißen Wein und einige Löffel voll Espagnole oder braune Coulis: das alles lasse man miteinander langsam einkochen, nehme Schaum und Fett rein hinweg, und gebe beym Anrichten Citronensaft und Muscatnuß darein.(Anm.d. V.: Trüffel wurden vergessen.)

Ragout (Raguh).

Eine aus Fleisch oder Fischen mit Gewürz, Austern, Sardellen, Limonien, Oliven, Trüffeln, Maurachen, Kapern u.dgl. gekochte gute Brühe, welche an andere Speisen, oder auch an diese Speise selbst gegossen wird, um ihnen einen höheren Geschmack zu geben.

Ragout von Trüffeln.

Man wasche die Trüffeln, schäle sie, und schneide sie in dünne Scheiben; setze in einer Casserole ein großes Stück Butter aufs Feuer, passire die Trüffeln eine zeitlang, gebe Salz und Pfeffer daran, und rühre eine weiße Coulis dazu. Beym Anrichten schöpfe man das Fett ab. Und drücke Citronensaft hinein; sonach garnire man sie mit Croutons (gerösteten Semmelscheiben).

Filet de boeuf à la mariée.

Es wird von einem ganzen Filet die Haut und das Fett abgelöset, und der Länge nach gespalten, auch wohl breit geklopft, mit Salz, Pfeffer und Gewürze bestreut, dann mit grobem Speck durchzogen, und eine feine Fasch dazu gemacht, welche aus fein geriebenem Brot, gestoßenen Champignons, Petersilie, Zwiebeln, Speck oder Kalbsbrieschen, Salz, Pfeffer, Basilicum und drey Eydottern wohl verarbeitet wird. – Diese Farce streicht man der Länge nach auf die beyden Stücke des Filets, überstreicht sie dann mit abgeklopften Eyern, rollt sie auf, bindet sie in ein reines Tuch ein, und kocht sie in einer starken Braise fertig. Bey dem Gebrauch wird das Tuch herausgelegt, losgebunden, das Filet schön glacirt, und alsdann eine Trüffelsauce darunter gegeben.

Elisabeth Stöckel, Die bürgerliche Küche oder neuestes österreichisches Kochbuch für Bürgerfamilien aus der gebildeten Mittelclasse, Wien 1833

Die Verfasserin war die Vorsteherin eines sehr bedeutenden Haushaltes und hat »nichts ausgelassen was auf den gut besetzten Tisch eines Wiener Kaufmanns oder sonstigen wohlhabenden Bürgersmann gehört«.

Champignons-Suppe.

Man dünstet in einer Kasserole in vier Loth Butter, vier große geputzte blattweis geschnittene Champignons, etwas klein geschnittene grüne Petersilie, eine Sellerie und eine Petersilienwurzel, welche in dünne Scheiben geschnitten werden, nicht gar zu weich, staube einen Kochlöffel voll Mehl daran, und gieße nachdem es wieder etwas gedünstet, eine Maß gute Fleischbrühe dazu. Nachdem dieselbe gut aufgesotten, wird sie über geröstete Semmel- oder Brotschnitten gegeben. In Ermangelung dieser Gattung Schwämme kann man auch Maurachen oder Pilze nehmen.

Champignons oder Pilzen-Sauce auf andere Art.

Fünf große Champignons werden mit etwas grüner Petersilie, einer kleinen Zwiebel und einigen kleinen Essiggurken fein zusammengehackt, dann in etwas braune Einbrenne gegeben, damit aufgedünstet, dann Fleischbrühe und etwas Essig dazu gegeben und wohl aufgekocht.

Gesulzte Gansleber.

Schöne Trüffeln werden in kleine längliche Stückchen geschnitten, dann Löcher in die Leber gestochen, dieselben hineingesteckt, eine Kasserole mit Butter bestrichen, die Leber hineingelegt, und mit einem halben Seitel guten weißen Wein begossen, eine halbe Stunde gedünstet. Nun wird sie entweder in Stücken geschnitten, oder ganz in den Model gelegt, mit Fleischsulz begossen, und dann an einem kühlen Orte gesulzt.

Weißes Ragout.

Um ein vollständiges Ragout herzustellen, braucht man Hahnenkämme, Kalbsbries, Obergaumen, Kalbsnieren, Champignons, die weiteren Ingredienzen als, Zuckererbsen, Krebsen, Trüffeln und dergleichen ungerechnet. Doch kann man dasselbe auch mit einem Theile derselben, z.B. Kalbskopf und Briesen machen. Dieselben werden, nachdem sie nicht gar zu weich gekocht, in kleine Stückchen geschnitten, die Hahnenkämme mit kochendem Wasser begossen, damit sich das äußere Häutchen ablöst, welches durch fleißiges Reiben mit den Fingern bewerkstelligt wird, und dieselben dann in Fleischbrühe mit etwas Citronensaft eine bis anderthalb Stunden gekocht, der Obergaumen aber wird in Salzwasser recht weich gekocht, dann gereinigt und in dünne Streifchen geschnitten. Die Nieren werden in guter Fleischbrühe nur ein paar Minuten überkocht. Wenn auf diese Weise alle Theile bereitet sind, wird eine Kasserole mit Butter über Glut gestellt, wenn dieselbe heiß ist, sämmtliches Ragout hineingegeben, etwas aufgedünstet, mit feinem Mehle bestäubt, und mit sehr guter Fleischbrühe verdünnt. Die Champignons werden dann blattweis geschnitten, in Butter gedünstet, in das Ragout gegeben und damit aufgekocht. Wenn dasselbe mit grünen Erbsen gegeben wird, dünste man selbe mit Butter mit etwas fein gehackter grüner Petersilie weich, und gebe sie dann darunter. Sollen Krebse dazu kommen, so koche man dieselben in Salzwasser und Petersilie, löse die Schweife und Scheeren aus, mach von dem übrigen Krebsbutter, nehme diese zur Bereitung des Ragouts, und gebe zuletzt die ausgelöseten Schweife und Scheeren dazu.

Josepha Kraft, Die wirthschaftliche Köchin oder neuestes vollständiges Kochbuch (...), Wien 1835, 2. Auflage, Wien 1838

Das Kochbuch wurde nach 45jähriger Kocherfahrung verfaßt, und in einer kurzen Abhandlung allgemeinen Inhalts hält sie von »Gedünsteten Pilslingen, Maurachen (Morcheln), Champignons, Bredlingen und Trüffeln« fest:

»Alle die Schwammen-Gattungen werden auf eine- und dieselbe Art zubereitet. Nachdem die Schwammen gereinigt sind, werden sie feinblättrig geschnitten, und in eine Rein gethan, worin man feingeschnittene grüne Petersilie in Butter hat anlaufen lassen. Die Schwämme werden zugedeckt, darin eventuell schnell gedünstet, und gut mit Salz und Pfeffer gewürzt. Die Maurachen (Morcheln) pflegt man nicht blättrig zu schneiden, auch kann man über selbe beym Anrichten eine Butter-Sauce geben, und Limoniesaft hinzuthun. Die Trüffeln werden fast niemals als Gemüse aufgetischt, wenn es aber geschieht, so muß man selbe nur einige Minuten schnell aufdünsten lassen.«

Trüffelschwammen.

Werden für eine Hauptspeise gegeben. Nimm vier Loth geputzte Trüffeln, schneide sie Spaltenweise, gib sie in eine Rein, zwey Loth Provenceröhl und zwey Loth Butter, etwas fein geschnittene Chalotten, von einer Limonie den Saft gib dazu, lasse dieses schnell aufdünsten, gib dann ferner ein halbes Seitel Wein und ein halbes Seitel Suppe, etwas Muskatblüthe und Muskatnuß hinzu, lasse es schnell aufsieden, richte es auf die Schüssel und belege es mit gebratenen Coteletten.

Trüffel-Fasch.

Bürste vier Trüffeln gut ab, wasche selbe, und schneide sie auf dem Schneidebrette mit einem Vierting Speck und zwey Ganslebern recht fein zusammen; passire durch's Haarsieb eine in der Milch dick verkochte Semmel, rühre damit in einem Weidling das Gehäck mit vier Eyerdottern, Salz und Neugewürz gut ab, so ist der Fasch fertig, der zu verschiedenen Speisen verwendet werden kann.

Maurachen-Sauce.

Nimm 10 Stücke ausgewaschene Maurachen-Schwämme, 8 Stücke Champignons, 4 Stücke Chalotten, diese schneide fein zusammen, gib 8 Loth Butter und das Geschnittene in eine Rein, wenig Suppe, lasse es weich dünsten, staube einen Löffel voll Mehl daran, von einer Limonie und einer Pomeranze den Saft und etwas Schale, Muscatblüthe und Salz, dann schütte Suppe darauf, lasse es aufkochen, seihe es durch ein Sieb. Diese Sauce ist zu allen Speisen zu gebrauchen.

Kälber-Vögel mit Trüffel-Fasch.

Schneide von einem Kalbsschlägel sehr feine Schnitzel, klopfe sie recht mürbe, salze selbe, bestreiche sie mit Trüffel-Fasch, rolle die Schnitzel zusammen, gebe ihnen beyläufig die Form von Vögeln, binde jedes mit Spagat, und spicke sie mit fein geschnittenem Speck. Sind alle fertig, so stecket man sie auf einen feinen hölzernen Spieß (zwischen zwey Vögel kommt aber ein dünnes Speckblättchen), bindet diesen an einen eisernen Bratspieß, und bratet diese Kälbervögel, in dem man selbe von Zeit zu Zeit mit dem herabträufelnden Fett benetzet.

Leber mit Kräuter-Sauce.

Schneide ein Paar Champignons, Zwiebel, Bertram- und Kuttelkraut fein durcheinander, würze es mit Salz, Pfeffer und Muscatnuß, mache ein scharfes Kohlenfeuer und stelle das Gehäck mit einem Vierting Butter in einer Rein darüber. Jetzt wird die Leber in recht feine breite Schnitzel geschnitten, in's Mehl getaucht, und schnell auf beyden Seiten in der Rein abgedünstet. Wie ein derley Leberschnittchen fertig ist, wird es bey Seit gelegt, und ein anderes dafür hineingelegt, bis alles abgedünstet ist. Nun streuet man feine Semmelbröseln in die Rein, gibt Wein und ein Paar Löffel voll Suppe hinzu, läßt es aufsieden, gibt die gedünsteten Leberspalten hinein, läßt sie in der Sauce aufsieden, und richtet dann alles zur Tafel.

Sowohl Kalbsleber, als auch Schwein- oder Lammleber kann auf diese Art zubereitet werden.

Schnitzel oder Carbonadel in Papier oder Asche.

Das Schnitzel oder die Carbonadeln werden wie gewöhnlich vorgerichtet, das heißt ausgehäutelt, gut geklopft, gesalzen, und dann aber mit folgender Fasch auf beyden Seiten dünn bestrichen, nämlich: Hacke frisches Mark, in Milch geweichte und ausgedrückte Semmel, Zwiebel, grüne Petersilie, Champignons und etwas Speck fein durcheinander, und verrühre alles mit drey Eydottern zu einem Fasch. Nun wird Papier mit Butter bestrichen, das Schnitzel oder Carbonadel darin fest eingemacht, und entweder in einer Bratröhre gebraten, oder ein Rost mit Papier belegt, dieses mit Butter bestrichen, darauf die in Papier gewickelten Carbonadeln gegeben, und bey Kohlenfeuer langsam gebraten, dann aber sammt dem papiernen Ueberwurf servirt.

Auf diese Art kann man auch das Fleisch in der Asche braten, da muß es aber in mehrere mit Fett bestrichene Papiere gewickelt werden, welche dann alle bis auf das Innerste beym Anrichten zu beseitigen sind. Es ist die Behandlung von Kalb- oder Lammfleisch dieselbe.

M. .A. Salzmann, Neues auf Erfahrung gegründetes leichtfaßliches Kochbuch für jede Haushaltung (…), Kaschau 1835 (Anm. d. Verf.: heute Kosice in der Slowakei)

Alte Henne mit Steinpilzen.

Die Henne wird, wie Nr. 349 beschrieben, gekocht. Die Steinpilze werden rein geputzt, gewaschen und in Butter mit etwas geschnittener Petersilie weich gedünstet, zur Sauce gethan und die Sauce mit vier Eidottern (aber ohne Essig und Zitronensaft) abgezogen und über die Henne angerichtet. *Nr. 349.* Man bringt die nach Vorschrift gereinigte und dressirte Henne in einem Topfe mit Wasser und einem Eßlöffel Salz zu Kochen; wenn es kocht, thut man noch eine Möhre, eine Petersilienwurzel, ein halbes oder Viertel Stück Sellerie (nach dem er groß ist), 4 Nelken, 4 Pfefferkörner, eine Zwiebel, ein Streifchen Zitronenschale, ein halbes Lorbeerblatt hinzu und läßt die Henne in einer bis drei Stunden weich kochen, welches darauf ankommt, ob sie jung oder alt ist.

Eingelegte Steinpilze.

Kleine harte Steinpilze, welche nicht madig sind, gut abgeputzt, geschält, aber auch mit der Schale eingemacht, rein gewaschen, in Wasser mit etwas Essig (damit sich der Schleim, welcher die Pilze verdirbt, gut herauszieht) blanchirt, das flüssige abgegossen, ablaufen lassen und die Pilze auf einem Tuche abgetrocknet; dann in einem Topf oder in Gläser gethan, guten Essig mit Salz, Thymian, Lorbeerblättern, Knoblauch, Pfeffer, Nelken, Neugewürz und Zitronenschale abgekocht, dieses kalt auf die Pilze gegossen, fest zugebunden und aufbewahrt. Man kann sie auch mit Schöps- oder Rindstalg zugießen. Auch kann man größere Pilze, wenn sie hart sind, nehmen und in Stücke schneiden.

Soja.

Von so vielen Champignons oder Steinpilzen wie möglich nur blos die Wurzeln abgeschnitten und weiter nicht geputzt, noch gewaschen, mit einem guten Theil Salz in ein Geschirr zerquetscht, ganzen weißen Pfeffer, Muskatenblumen, Nelken, Chalotten und Knoblauch dazu gethan und so mehrere Tage, in welcher Zeit noch mehreres hinzugethan werden kann, an einem kühlen Ort stehen lassen, dann auf ganz gelindes Feuer gesetzt, daß sich der Saft rein auszieht, und so wie es anfängt zu kochen, durch einen Durchschlag rein ausgepreßt und durch eine Serviette laufen lassen. Nach ungefähr zwölf Stunden, wenn es sich gesetzt hat, nochmals durch eine Serviette recht klar laufen lassen, kurz wie Syrup gekocht, wenn es kalt ist, in Bouteillen gefüllt, fest zugemacht und verpicht. – Wenn dieß geschehen ist, so setzt sich gemeiniglich das Salz auf dem Boden, welches getrocknet und auch nach Belieben gebraucht werden kann. Dieser Soja ist vorzüglich gut zu Hammelkeulen, Minceen, Beefsteaks, Cotelets und dergleichen, wie auch zu Ragouts und Saucen.

Trüffelwurst.

Der Farcs wird von großen Gänselebern wie der Leberfarcs Nr. 153 bereitet, aber ohne Speck, weil die Gänseleber schon fett genug ist. Frische Trüffeln werden gewaschen, geschält, kleinwürfelig geschnitten, in rothem Wein gekocht, den Wein kurz einkochen lassen, mit den Trüffeln unter den Farcs gerührt, und durch eine Spritze in Bratwurstdärme gefüllt. Aus Nr. 153 Leberfarcs: die Kalbsleber (…), würfelig geschnitten, paar Stengel Majoran, ein Viertel von einer Zitronenschale wird über dem Feuer rasch abbasirt bis die Leber weiß sieht, welches in 5 Minuten geschehen ist. Dann läßt man es kalt werden, bis das Fett geronnen ist; indessen weicht man ein halb Pfund Semmel in Wasser ein, und wenn sie durchgeweicht ist, wird sie in einem leinernen Tuche ausgedrückt, mit 4 Loth Butter über dem Feuer abgebrennt, bis sich die Semmel in der Kasserole ballt und die Feuchtigkeit verdunstet ist. Die Leber wird nun fein geschnitten, dann die Semmel mit 4 ganzen Eiern und 4 Dottern, 8 Loth geriebener Semmel, etwas Salz und Pfeffer zusammengestoßen und gerührt.

Ignaz Gartler und Barbara Hikmann, F. G. Zenker (Hg.), Allgemein bewährtes Wiener Kochbuch in zwanzig Abschnitten (...), Wien 1844

Schwammsuppe.

Bey der Schwammsuppe wird gleichfalls wie bey der vorhergehenden verfahren. Es werden nämlich die Schwämme, die frischen sogleich, die gedörrten aber erst nach dem sie einige Stunden in vielem Wasser geweicht haben, fein geschnitten, dann mit etwas Butter eine Viertelstunde lang geröstet, endlich die fertige Einbrennsuppe (Art. 67) darüber gegossen, aufgekocht und über gebähte Semmelschnitten angerichtet. Die Würze besteht aus Salz, etwas Pfeffer und geriebener Muskatnuß. *Art. 67 Einbrennsuppe.* Es wird zu diesem Behufe so viel Schmalz erhitzt, als drey Eßlöffel voll Mehl erfordern, um geröstet werden zu können, welches bis acht Loth im Gewichte, oder was man zwey Mahl mit einem Eßlöffel ausstechen kann, betragen mag. Das Rösten des Mehles muß nur langsam von Statten gehen, bis dasselbe gleichförmig dunkelbraun geworden ist; nun werden zwey Maß kochendes Wasser mit dieser Einbrenn zu einer dünnflüssigen Suppe abgerührt und eine Stunde lang gekocht, ohne das aufgestiegene Fett abzunehmen. Während diesem werden ungefähr zwey Semmeln, oder vier Loth derselben dünnblättrig geschnitten, gelb gedörrt und die Suppe von richtiger Würze aus Salz darüber gegossen. Diese Suppe erscheint jedoch höchst selten so ganz einfach, denn man pflegt sie fast immer mit Kümmel, und manchmal mit Essig zu würzen, um sie in ihrem Geschmack abzuändern. Der Essig muß jedoch bis sechs Löffel voll, früher über einem Lorbeerblatte an die Hälfte einkochen, bevor man ihn in die Suppe gibt, und der Kümmel, den man in die Einbrenn zu werfen pflegt (ein Kaffeelöffel voll), durch das Abseihen von der Suppe abgesondert werden, so daß man denselben wohl fühlt, aber nicht sieht.

Trüffeln.

Unter den Knollengewächsen werden auch die Trüffeln begriffen; dieselben werden jedoch ihrer erhitzenden und auf den Geschlechtstrieb wirkenden Eigenschaft nicht als Zuspeise gebraucht, sondern man bedient sich ihrer theils des angeführten Grundes, theils der Kostspieligkeit wegen nur sparsam, als anreizende Beygaben an Eingemachte, oder als besondere Leckerbissen. Für uns mag es hinreichen, zu wissen, daß dieselben ganz dünn geschält, dann dünnblättrig geschnitten, mit etwas Butter und Salz nur ein Paar Minuten lang zu rösten brauchen, um gar zu seyn, und daß man sie meist in dieser Gestalt an feine Eingemachte zu geben pflegt. Als selbstständiges Gericht aber werden sie nach dem vorangegangenen Rösten mit Limoniesaft, etwas Glaße (Suppenzeltchen) und ein Paar Löffel voll brauner Tunke aufgekocht, durch einander gemengt und angerichtet. Die braune Tunke besteht aus einer Einbrenn, die bis zur dunkelbraunen Farbe geröstet wird und mit Kalbsbrühe abgerührt wird.

Schampignon mit Butter.

Die Schampignon werden sorgsam geschält und dünnblättrig überschnitten, dann zwey Maß derselben mit acht Loth Butter schnell gedünstet, bis der wässrige Saft, dessen sie viel enthalten und bey der eingetretenen Siedhitze von sich geben, völlig eingetrocknet oder verdampft ist; nun werden sie mit hinreichendem Salze, etwas grüner, fein geschnittener Petersilie und bedeutend viel Pfeffer gewürzt, durch einander geschwungen und angerichtet. Rund herum pflegt man das Gericht mit gebackenen Semmelschnitten zu belegen.

Faschirte Schampignon.

Die groß gewählten und sorgsam geschälten Schampignon werden von ihrem Barte befreyt, und die entstehenden Vertiefungen mit einer Fülle aus einem Löffel voll fein geschnittenen und gut ausgepreßten Schalotten, einem halben Löffel voll Bertram, einen Viertellöffel voll Kerbelkraut, beyde sehr fein geschnitten, dann zwey Löffel voll fein geschabten Speck und zwey Hände voll weißen Semmelbröseln bestehend und mit Salz und Pfeffer gewürzt, endlich gefüllt, noch insbesondere mit Semmelbröseln bestreut und im Ofen gebacken. Bey dem Anrichten werden sie mit etwas brauner Tunke, welche mit Limoniensaft gehoben worden ist, begossen.

Morcheln (Maurachen) mit Butter.

Die rein geklaubten und mit viel Sorgfalt ausgewaschenen Morcheln werden mit zwölf Loth Butter auf zwey Maß derselben schnell gedünstet, bis die Flüssigkeit, deren sie vom Anfange bedeutend viel geben, verdampft ist; nun werden sie mit Salz und Pfeffer gewürzt, mit grüner, fein geschnittener Petersilie bestreut, mit acht Löffeln voll weißer kochend heißer Tunke begossen, und mit vier bis sechs Eydottern unter fleißigem Rühren und Schwingen gebunden und beendet. Bey dem Anrichten gibt man gerne den Saft einer Limonie hinzu. Sie werden übrigens mit gebackenen Semmelschnitten bekränzt. Zu Eingemachten verwendet, werden dieselben nach dem Reinigen nur in Butter gedämpft. Die weiße Tunke (Soß) wird aus Fett – Schmalz ergebe den vorzüglichsten Geschmack – und Mehl mit einer Fleischbrühe verrührt, mit Suppengewürz und Lorbeerblatt verkocht und abgeseiht.

Bredlinge mit Butter, Bilslinge mit Butter,

und so viele andere genießbare Schwämme werden immer nach der bei der Schampignon bezeichneten Methode zubereitet, und sie schmecken alle insgesamt sehr angenehm; nur daß man in Betreff deren Auswahl nie sorgsam genug seyn kann, weil noch immer Beyspiele der Schwammvergiftungen häufig sind. Unter den angeführten finden sich gar selten verdächtige Schwämme; allein der beste Schwamm kann durch seine Unverdaulichkeit krankhaft machen, und vorzüglich jene, die vollgewachsen sich schon dem Abstehen nahen, oder jene, die gepflückt längere Zeit liegen müssen, bevor sie verbraucht werden; bey keinem Gewächse wechselt die Natur ihren Prozeß so schnell und auffallend, denn wie die Reproduktion aufhört, tritt auch schon Verwesung ein.

Schwämme zu erhalten.

Man kann sich hiezu der Schampignon bedienen, selbige abbrechen, wenn sie unten noch zu sind, die Haut davon nehmen, das Rauhe, so unten ist, daran lassen, sie mit Wasser und etwas Pfeffer einen Sud thun lassen; aber nicht zu viel: das Wasser dann davon gießen, solche in einer Schüssel erkalten lassen, hierauf sie in einem steinernen Geschirre oder Glase mit gutem Weinessig, Baumöhl, Pfeffer und Salz verwahren, und an einen kühlen Ort setzen, so wird man ein gutes Essen zum Braten bekommen.

Anonymus, Der Marianka, Mundköchin des Hans-Jörgel von Gumpoldskirchen durch vieljährige persönliche Ausübung und praktische Erfahrungen erprobtes Kochbuch (…), Wien 1846

Der Autor beschreibt gleich auf den ersten Buchseiten die in der Küche verwendeten Nahrungsmittel, Obst und Gemüsearten und widmet ein eigenes Kapitel den Pilzen: Die Trüffel (Erdmorchel),

»der einzige eßbare Knollenschwamm, wächst unter der Erde ganz ohne Wurzeln, und zwar fast rund, von der Größe einer Erbse bis zu einer großen Kartoffel (…) Die romanischen (schwarzschaligen) werden den ungarischen vorgezogen. Vom feinsten Geschmacke sind die dünnschaligen, semmelfarbigen Turiner (…)

Der Schampion oder Feldtäubling ist der beliebteste und beste, kommt im ganzen Sommer bis zum Spätherbst auf Aeckern, Weiden und Gärten vor, und wird auch in eigenen Beeten wie in Kellern gezogen (…) Wenn man am Stiele die weiße Haut ablöst, zeigen sich die dunkelbraunen Blätter; dadurch unterscheidet er sich vom jungen Staubschwamm (Bofist), der nur als kleine weiße Kugel auf Weiden wächst (…) Der Waldtäubling kommt in Wäldern vielgeartet, als rother, blauer, grüner Täubling, als Kaiserling, Gräuling u.s.w. vor. Der rothe Täubling ist von dem beinahe karminrothen und am Stamme mit einem rothen Ringe versehenen giftigen Speitäubling, und der köstliche röthlichgelbe Kaiserling von dem am Hute weißgefleckten giftigen Fliegenschwamm wohl zu unterscheiden. Der Waldtäubling ist sehr schmackhaft, und eben so wie der Schampion zu verwenden. Die Milchtäublinge wie der röthliche Reizker mit röthlicher Milch, der blaßrothe Brätling mit weißer Milch, schmecken gebraten (letzterer selbst roh) sehr gut; auch der weiße Pfefferschwamm mit weißer, wie Pfeffer brennender Milch (zu unterscheiden von dem ähnlichen ungenußbaren großblätterigen Kriemling) wird gebraten und gut gesalzen von Vielen gegessen, schmeckt aber sehr pikant. Die Morcheln gehören nach dem Schampion zu den beliebtesten Schwämmen. (…) Der Pilzling wird am allgemeinsten gebraucht (…) Der ungenießbare Kuhpilz unterscheidet sich durch einen rauhen grau gesprenkelten Strunk, und der verdächtige Roßpilz durch die grüne Farbe, welche schnell bei jedem Eindruck mit dem Finger entsteht. Der Gebrauch der Pilzlinge ist sehr verschieden. Man kann sie zu Eierspeisen und Suppen an Fasttagen, zu Sosen, Fasche und wie die Schampions, zu Eingemachten und verschiedenen deren Speisen verwenden, wie auch mit Milchrahm und in weißer Sos, oder mit Beschamel vorsetzen. Sie kommen auch, wie viele andere Schwammgattungen gedörrt im Handel vor. Verschiedene Schwammgat-

Birken-Röhrling. Birkenpilz, Kapuzinerpilz. Eßbar.
Aus: Edmund Michael, Führer für Pilzfreunde, Zickau 1919.

> *tungen, wie die gelben Rechlinge (Nagelschwämme), die jungen Bärentatzen (Korallenschwämme), der um die Zeit des Kornschnitts vorkommende bläuliche Kornschwamm, der braune und schwarze Hirschling, der junge Semmelpilz, der Hasenschwamm und viele andere finden in der Küche gute Verwendung, werden aber selten zu Markte gebracht, und wenige Köchinnen dürften sie auch gehörig unterscheiden können. Bei allem Schwämmen, bis auf die Trüffeln, Schampions und Maurachen, ist es nothwendig, sie, nachdem sie geputzt und geschnitten, mit siedendem Wasser zu überbrühen, um dadurch jeden etwa schädlichen Stoff oder üblen Beigeschmack auszuziehen. Salz und Pfeffer dürfen bei keinem Schwammgericht fehlen.*

Bemerkenswert in diesem Kochbuch ist die Beschreibung von einigen Pilzarten, die interessierten Pilzsuchern durchaus geläufig sind. Bei den dann folgenden Rezepten finden jedoch hauptsächlich die marktgängigen Pilze in Verwendung.

Schampionsos.

Man schäle 6–8 Schampions, schneide sie blattweis, und röste sie sodann mit etwas klein gehackter grüner Petersilie im Butter, staube etwas Mehl darauf, gebe auch einen Eßlöffel voll gute Brühe und zuletzt noch etwas sauren Rahm, und so viel nöthig Rindsuppe dazu, und lasse das Ganze noch einen Sud machen. Die Schampions können auch mit kleinen Essiggurken zusammengehackt, und in brauner Einbrenn mit Rindsuppe und etwas Essig aufgedünstet werden.

Morchelsos.

Die reinigten Morcheln (Maurachen) werden sehr fein gehackt, mit gebräuntem Mehl, Citronenscheiben- und Schalen gemengt, und in Rindsuppe zur Sos versotten.

Gedünstete Schwämme jeder Art.

Jede Art Schwämme muß zu diesem Zwecke geputzt, geschält, mit siedendem Wasser abgebrüht, gut abgeseiht, gesalzen, mit Butter oder Schmalz in einer Rein oder Kasserole gedünstet, und mit Pfeffer gewürzt werden. Man pflegt sie dann mit Mehl, fein geschnittenem Petersilkraut und Schnittlauch zu bestreuen, auch mit einigen Eidottern zu binden, und dann mit Brieseln, Karbonaden u. dgl. zu belegen.

Gedünstete Pilzlinge (Pilze).

Diese werden gereinigt, dünn geschnitten, und mit siedendem Wasser überbrüht. Dann lege man etwas Butter oder Fett in eine Rein, schwitze darin einige fein geschnittene Zwiebeln, schütte die gesalzenen Pilze hinzu, und lasse sie in ihrer eigenen Sos unter öfteren Umrühren dämpfen. Sind sie weich, so gibt man fein geschnittenen Petersil und Pfeffer dazu, und bindet das Ganze mit einem Eidotter; manchmal gibt man auch etwas Milchrahm bei. Die Pilzlinge können auch früher in Salzwasser gekocht, und dann erst, wie oben, gedünstet werden.

Gebratene Schwämme.

Dazu nimmt man die rothen Brätlinge, geschälte Täublinge, Pfefferlinge oder größere Schampions, schneidet die Stängel halb ab, wälzt sie, rein gewaschen, in zerlassenem Butter und fein geschnittenen Petersilkräutern, und bratet sie, mit dem Stängel aufwärts, auf einem mit Butter bestrichenen Rost, wonach sie mit Salz und Pfeffer bestäubt aufgetragen werden.

Gedünstete frische Morcheln (Maurachen).

Sie werden gereinigt, gewaschen, abgebrüht, gesalzen, im Reindl mit Butter gedünstet, mit geschnittenem Petersilkraut, gestoßner Muskathblüh und Semmelbröseln bestreut, mit Suppe aufgekocht, und zuletzt mit Eidottern verrührt. Man pflegt dieses Gemüs zu Rind- und Kalbfleisch, zu Hühnern und Tauben zu geben. Die Morcheln können auch mit grünen Petersil in Butter kurz überdünstet, im Ganzen zu Ragus, Eingemachten, zu Faschen, zum Dekoriren und Garniren verschiedener Speisen an Fleisch- und Fasttagen, zu Eierspeisen, zu Sosen und Suppen verwendet, und frisch abgesotten, in Eier und Semmelbröseln gewalzt, sogar aus Schmalz gebacken werden.

Gedünstete Schampions.

Sie werden gereinigt, geschält, blattweise geschnitten, gesalzen, und in einer Rein etwas gedünstet, wobei sich Wasser ausscheidet, welches man wegseiht. Dann gebe man ein Stück Butter dazu, und lasse sie mit Salz und fein gehacktem Petersil weich dünsten; man kann etwas Mehl daran stäuben, und gute Rindsuppe damit verkochen, oder blos Rahm dazu geben, und sie damit aufkochen lassen. Das Pfeffern darf nicht vergessen werden. Auch kann man in Butter etwas Zwiebel oder Schalotten anpassiren.

Schampions in saurer Sos.

Diese Schwämme werden gereinigt, geschält, der Stängel etwas abgeschnitten. Dann zerläßt man ein Stück Butter in einer Kasserole, legt die Schwämme darein, drückt den Saft von einer Citrone dazu, und läßt sie recht langsam dünsten, damit sie weiß bleiben. Wenn sie weich sind, sprudelt man ½ Seitel recht kräftige Fleischbrühe mit 4 Eidottern ab, gibt Salz mit etwas fein gestoßener Muskatblüthe dazu, dann den Saft von den Schampions darein, gießt es auf eine Schüssel, und stellt die Schwämme hinein. Diese Schüssel stellt man dann gut zugedeckt auf ein Gefäß mit siedendem Wasser, bis die Sos sulzig ist, oder gibt auch vorsichtig Feuer darunter, und läßt das Gericht langsam dünsten.

Trüffeln in Wein gesotten.

Die Trüffeln werden gereinigt, gewaschen, mit Zwiebel, ganzem Gewürze, Schneideschinken, fein geschnittenen Speckscheiben, Kernfett, mit halbem Theile weißer Suppe, mit halbem Theile gutem rothen Weine, ein wenig gesalzen, weich gesotten, dann sammt der Schale gut abgetrocknet, einzeln in Papier eingewickelt, oder alle zusammen in eine zierlich gefaltete Serviette eingeschlagen, und so zur Tafel gegeben.

Schwammstrudel.

Die Fülle wird auf folgende Art gemacht: Man schneidet die geputzten und gewaschenen Schwämme klein zusammen, brüht sie mit siedendem Wasser ab, läßt in einer Rein Schmalz oder Butter heiß werden, röstet 3 Eßlöffel voll Semmelbrösel, gibt die gehackten Schwämme hinein, und dünstet sie gut aus, läßt sie auskühlen, bestaubt ein Tuch mit Mehl, zieht den Teig mittelmäßig aus, bestreicht ihn mit abgeschlagenen Eiern, streicht die Fülle darauf, rollt ihn zusammen, und siedet ihn im Salzwasser ab, seiht das Wasser davon weg, gibt ihn auf eine mit Butter geschmierte Schüssel, gießt ein wenig Rahm darüber, und läßt ihn zugedeckt eine Weile dünsten.

Faschierte Champignons

(nach Ignaz Gartler, Barbara Hikman)

Dieses Gericht stellt eine exquisite Vorspeise dar; die Champignons – auf diese Art zubereitet – können auch die Garnitur zu Naturschnitzeln (Schwein, Kalb, Pute) bilden.

Für 4 Personen: 12 große Champignons oder 16 kleinere Exemplare, 2 Schalotten, 120–150 g weißer Speck (Spickspeck), Erstragonblätter und Kerbelblätter, 1 Handvoll Semmelbrösel, etwas Zitronensaft, Salz, Butter, Knoblauchsoße: ½ Becher Joghurt, ½ Becher Crème fraîche, 2 Zehen Knoblauch (zerdrückt), fein geschnittene Kräuter, etwas Zitronensaft, Salz, Prise Zucker

Von den Pilzen Stiele und Lamellen entfernen und klein hacken, Schalotten und Speck feinst schneiden, Estragon- und Kerbelblätter fein schneiden (doppelt soviel Estragonblätter wie Kerbelblätter). In einer Pfanne Speck mit Bröseln und Schalotten anrösten, geschnittene Pilzstiele und -lamellen dazugeben, Zitronensaft dazuträufeln, ausdünsten, zuletzt feingeschnittene Kräuter dazugeben, mit Salz abschmecken. Auskühlen lassen, Champignons damit füllen, eine ofenfeste Form mit Butter ausstreichen, gefüllte Champignons einsetzen, ca. 20 Minuten im Rohr – nicht zugedeckt – bei mittlerer Hitze braten.

Für die Knoblauchsoße alle Zutaten gut vermengen.

Die Champignons mit der Knoblauchsoße besprengen und auf einigen Salatblättern servieren.

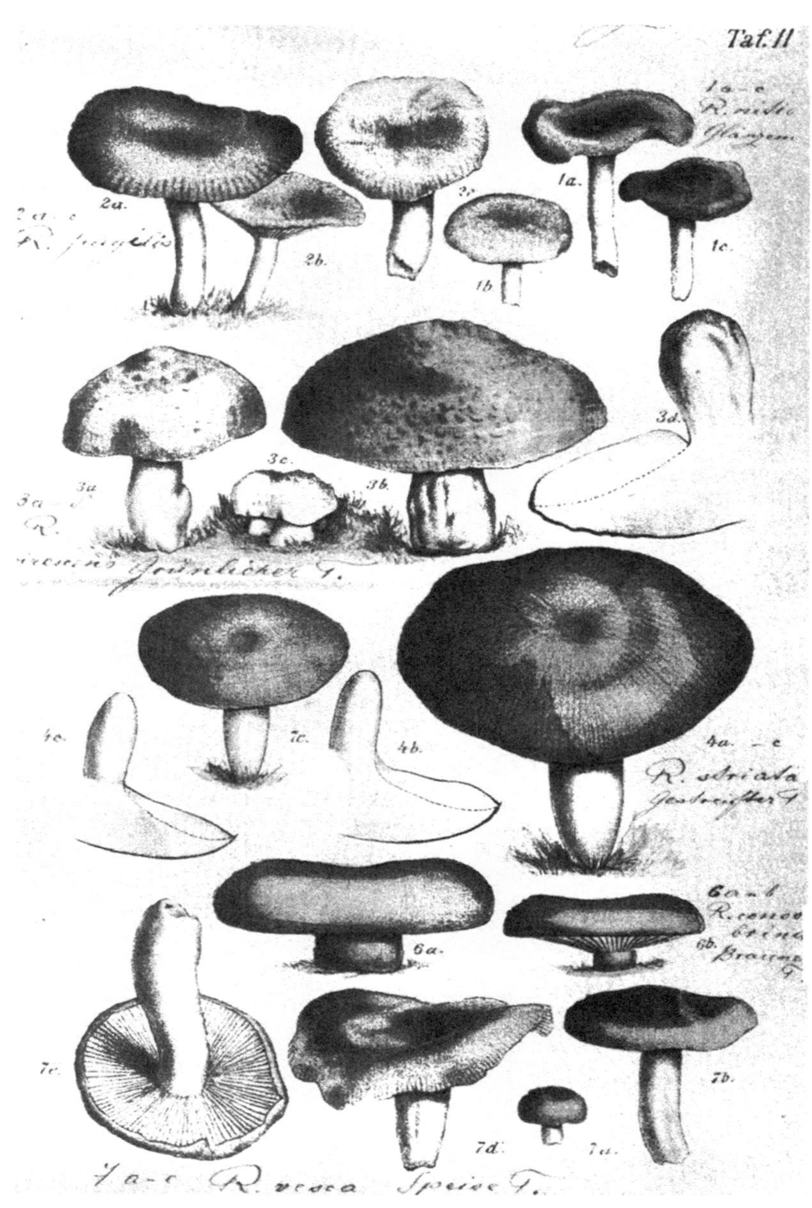

Aus: Karl Schwalb, Das Buch der Pilze, Wien 1891

DRITTER TEIL
1850–1900

I. Bemerkenswertes aus Pilzbüchern und weniger populären Kochbüchern

In der zweiten Hälfte des 19. Jahrhunderts erschienen vermehrt Büchlein und Broschüren über Pilze. Sie wurden als Lehrbücher oder Führer für Pilzesucher angepriesen und waren vorzugsweise mit Abbildungen versehen. Auch für Schüler ist im k.k. Schulbücherverlag ein Buch aufgelegt worden: die »eßbaren und giftigen Schwämme in ihren wichtigsten Formen mit Schulwandtafeln« von Johann Georg Bill, Wien 1858.

Das von Friedrich Marquart, k.k. Professor und »wirkliches Mitglied der k.k. mähr.schlesischen Gesellschaft zur Beförderung des Ackerbaues, der Natur- und Landeskunde etc.«, in Wien und Olmütz 1856 verlegte Werk trägt den Titel: »Die eßbaren und schädlichen Pilze« und enthält sowohl Beschreibungen wie auch Bildtafeln.

Ein besonders informatives Werk, detailfreudig und mit Bildern versehen, ist »Der Schwämmesammler, genießbare Schwämme und ihre Merkmale (…)«, Troppau 1867, von Dr. M. H. Wagner.

»Die nützlichen, schädlichen und verdächtigen Schwämme«, (Gotha 1868, 4. Auflage) beschreibt Harald Othmar Lenz; darin hält er fest: »Namentlich hat man in Frankreich, Italien, Österreich, Bayern und Rußland eine langjährige und vielseitige Erfahrung über den Genuß der Schwämme (…) In Österreich, wo ungeheuere Schwammmassen zu Markte kommen, habe ich überall bemerkt, daß diese an einem bestimmten Orte aufgestellt werden müssen und nicht eher verkauft werden dürfen, bis sie durch einen auf Schwammkenntniß gehörig geprüften Marktmeister legitimirt sind. Unter solcher Aufsicht kauft auch der Nichtkenner sorglos und befindet sich wohl dabei.«

Auf dem Gebiet der Kochbücher eröffnet Katharina Schreder, Wirtschafterin im Stift Schotten in Wien, mit ihrem »Praktischen Kochbuch mit 962 Kochregeln und 46 Speisezetteln, gewidmet für Anfängerinnen« die zweite Hälfte des 19. Jahrhunderts. Es war ihre Absicht, diejenigen Frauen zu unterstützen, »welche nicht in der Lage sind kochen lernen zu können jedoch kochen müssen«. Das Kochbuch wurde bis 1888 in zehn Auflagen jeweils erweitert und zuletzt von Aloisia Schneider, Köchin im erzbischöflichen Palais in Wien, herausgebracht. Überstrahlt wurde das Kochbuch von der »Süddeutschen Küche« der Katharina Pratobevera, kurz Prato genannt, das im Jahr 1858 in Graz erschien und bis in die heutigen Tage am Kochbuchhimmel ein Fixstern geblieben ist; es wurde vor einigen Jahren neu herausgebracht und kommentiert. Mit hoher Wahrscheinlichkeit befindet sich in jedem österreichischen Haushalt ein Exemplar einer der vielen und auch zahlenmäßig hohen Auflagen. Die Autorin ehelichte in zweiter Ehe den Edlen von Scheiger, auch unter diesem Namen sowie unter dem Namen ihrer Verwandten Viktorine Leitmaier wurden vermehrte, gekürzte und modernisierte Fassungen ihres berühmten Werkes veröffentlicht. Aus dem Werk wurden keine Pilzrezepte exzerpiert, denn das hieße, Eulen nach Athen zu tragen.

Im Jahr 1858 fand auch in einem anderen Teil des deutschsprachigen Raumes ein gastronomisch-literarisches Großereignis statt. Johann Rottenhöfer, der Leibkoch Maximilians II. von Bayern und auch später von Ludwig II., gab sein wuchtiges Werk mit knapp 1000 Seiten in München heraus, betitelt: »Illustriertes Kochbuch. Neue vollständige theoretisch-praktische Anweisung in der feineren Kochkunst (…)« Hat der französische Koch Antonin Carême mit seinen dekorativen Koch- und Servierelementen einen großen Einfluß auf Rottenhöfer gehabt, so lernte sein nicht minder berühmter Zeitgenosse Jules Gouffé bei Carême persönlich. Sein »Livre de Cuisine« sowie sein »Livre de Pâtisserie« erschienen in Paris 1867 und 1873, und das Erstlingswerk wurde 1872 in Leipzig als »Die Feine Küche« ins Deutsche übersetzt. 1880–1883 erfolgte die zweite deutsche Ausgabe. Das zweibändige, mit Abbildungen versehene umfangreiche Werk beinhaltet in einer für ein Kochbuch ungewöhnlichen, übersichtlichen Art Beschreibungen vieler eßbarer Pilze. Eine Faksimileausgabe der zweiten deutschen Ausgabe war vor nicht allzulanger Zeit im Buchhandel erhältlich. Aus seinem Werk seien zwei Rezepte beispielshaft angeführt; ein drittes Rezept, das einer Champignonsauce d'Uxelles, sei aus historischen Gründen angeführt, geht doch diese kulinarische Kreation auf La Varenne und dessen Kochbuch »Le Cuisinier François« aus dem Jahre 1651 zurück.

Jules Gouffé, Die feine Küche, Faksimile der 2. Deutschen Auflage aus den Jahren 1880–1883, 2009

Champignons zu Garnituren ***Champignons pour garnitures***

Zu einer für 4 Personen bestimmten Garnitur nimm 4 Körbchen Champignons, von denen jedes, wie man sie im Handel kauft, 5 bis 6 Champignons mittlerer Größe fassen kann, man schabt mittels eines Messers die Erde von den Stielen ab, legt dann die Champignons in kaltes Wasser, bearbeitet sie darin tüchtig, um aus ihnen den Sand herauszuwaschen, nimmt sie, sobald sie rein sind heraus und läßt sie auf einem Seihtuche abtropfen, denn bleiben sie zu lange im Wasser, so verlieren sie ebenso an Geschmack wie an Ansehen, gießt in ein Kasserol von 2 l Fassungsraum einen Eßlöffel voll Zitronensaft, ebensoviel Wasser und gibt 5 g Salz dazu, schneidet den Stiel von dem Champignon ab, ohne den Hut zu beschädigen, nimmt den Champignon zwischen 4 Finger der linken Hand und faßt mit der Rechten ein kleines Küchenmesser, dreht den Champignon auf der Schneide des Messers, das sich nicht bewegen darf, und schält 2 mm tief die Schale ab. (Der Champignon braucht eigentlich nicht geschält zu werden; ich mache aber auf obige Behandlung nur deshalb aufmerksam, weil er geschält den Citronensaft leichter in sich aufnimmt, durch den er eine schöne weiße Farbe bekommt), nachdem man mit dem Schälen der Champignons fertig ist, legt man sie in das Kasserol und stellt sie 3 Minuten über mildes Feuer, damit sie den Zitronensaft und das Kochsalz vollständig in sich aufnehmen, stellt das Kasserol dann über ein lebhaftes Feuer, fügt 30 g Butter hinzu, läßt 5 Minuten kochen, schüttelt das Kasserol von Zeit zu Zeit, damit alle Champignons mit der Butter möglichst gleichmäßig in Berührung kommen, und bringt sie in eine mit einem runden Stück Papier bedeckte Schüssel, wodurch das Schwarzwerden derjenigen verhindert wird, die von der Butter nicht hinreichend durchzogen sind. So zubereitet, benutzt man die Champignons zu Saucen und Garnituren.

Pilze in Muschelschalen ***Coquilles de cèpes.***

Zu diesem Gericht lassen sich vorzüglich die kleineren Pilze gut verwenden, man putzt sie zu, legt sie in Salzwasser, dem man 1/10 l Essig hinzugesetzt hat, wodurch alle etwa in ihnen befindlichen Würmer u.s.w., woran die Pilze gewöhnlich reich, zum Vorschein kommen, läßt sie 15 Minuten lang liegen, spült mit frischem Wasser ab, läßt abtropfen, schwenkt sie in einer Serviette, um alles Wasser zu entfernen, schneidet sie in kleine Stückchen, streicht eine flache Pfanne mit Butter aus,

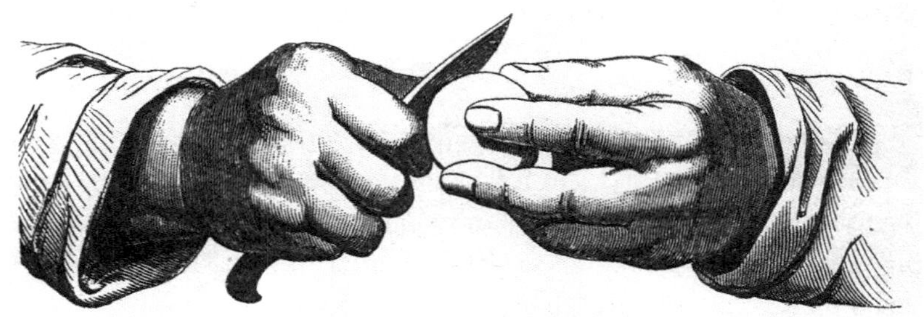

Haltung der Hände beim Schälen der Champignons.

Aus: Jules Gouffé, Die feine Küche, Faksimile der 2. Deutschen Auflage aus den Jahren 1880–1883, 2009

bringt die Pilze hinein, würzt mit Salz und Pfeffer – je nach Geschmack auch mit Zwiebel und Knoblauch – läßt die Pilze unter widerholtem Aufschütteln gar werden, füllt damit die Muschelformen, überstreut mit ein wenig gepulverter Weißbrotkrume – Semmelbröseln oder Panirmehl – beträufelt sie mit geschmolzener Butter, bringt sie einige Minuten in die Backröhre oder überfährt sie mit einer glühenden Schaufel, bedeckt die Auftragschüssel mit einer Serviette, ordnet die Muschelformen auf derselben, und trägt auf.

Champignonsauce *Sauce d'Uxelle*

Die Champignonsauce wird hergestellt, indem man 1/10 l Champignonfülle (389) mit 1 l dunkler Sauce mischt und heiß werden läßt. 389. Champignonfülle (d'Uxelles) Die Abschnitzel von 500 g Champignons werden gewaschen und ausgepreßt, damit alles Wasser entfernt wird, dann mit der gleichen Menge gewaschener Petersilie und 200 g abgebrühten Schalottenzwiebeln feingehackt, hierauf läßt man 100 g Butter heiß werden, schüttet die Masse hinein, rührt 5 Minuten lang um, und hebt dann zum Gebrauch auf. (Anm.d. Verf.: Als dunkle Sauce wird die Sauce espagnole bezeichnet, die aus gekochtem Kalb- und Rindfleisch, aus Gewürzen, Wurzelgemüsen und einer Einbrenn hergestellt wird. Das Verfahren zieht sich über Stunden hin und ist in jedem historischen Kochbuch zu finden.)

Der Blick über den Tellerrand der deutschen Kochbuchliteratur sollte nicht beendet werden, ohne bei einem populären französischen Dichter, Reisenden, Abenteurer und Gourmand respektvoll zu verweilen. Alexandre Dumas schrieb am Ende seines Lebens den »Grand Dictionnaire de Cuisine«. Seinen literarischen Ruhm begründete er vor allem durch die »Drei Musketiere« und den »Graf von Monte Christo«. Als arrivierter Schriftsteller zog er sich zurück und schrieb/diktierte sein letztes Werk, den »Dictionnaire«, von Krankheit bereits gezeichnet. Vor Fertigstellung starb er. Das Werk wurde von dem jungen Anatol France und dem Koch und Restaurantbesitzer Vuillemot fertiggestellt und ist 1872 in Druck erschienen. Die erste vollständige deutsche Übersetzung des Werkes wurde 2002 in Wien gedruckt.

Wie in jedem Lexikon werden in alphabetischer Reihenfolge Begriffe und Bezeichnungen, vielfach auch Rezepte angeführt. Bei den Rezepten dominieren – was die Verwendung der Pilze betrifft – Trüffeln und Champignons, den »gelben Blätterpilzen« (Kaiserlingen) sind zwei Zubereitungsarten gewidmet. Unter dem Stichwort »Schwämme« werden gängige eßbare Arten wie Champignons, Maischwämme, Knoblauchschwindlinge genannt; unter dem Sammelbegriff Pilze werden drei Rezepte angeführt. Unter dem Stichwort Steinpilz wird zunächst zwischen dem roten und dem schwarzköpfigen unterschieden, wobei der Kochvorschlag des Vuillemot für den schwarzköpfigen Steinpilz aus der Region Bordeaux einfach, jedoch vorzüglich klingt.

Alexandre Dumas, Grand Dictionnaire de Cuisine, Wien 2002

Pilze à la bordelaise.

Nehmen Sie die größten Steinpilze, die Sie finden können, vorzugsweise sehr trockene, sehr dicke und feste, vor allem aber frisch gepflückte. Sie waschen die Pilze, lassen sie abtropfen, schneiden die Unterseite leicht rautenförmig ein, legen die Pilze in einen Tontopf, begießen sie mit feinem Öl, salzen leicht und streuen grobkörnigen Pfeffer darüber. Die Pilze sollen zwei Stunden marinieren und werden dann auf einer Seite angebraten. Wenn sie gar sind, das heißt, wenn sie auf Fingerdruck nachgeben, werden sie auf dem Servierteller schön aufgelegt und von folgender Sauce begleitet: In eine Kasserole kommt ausreichend Öl, um die Pilze mit Sauce zu übergießen. Petersilie, Schnittknoblauch und eine Knoblauchzehe werden fein gewiegt und im Öl erhitzt. Damit die Pilze begießen und den Saft zweier Zitronen oder, noch besser, Kretzer dazuträufeln.

Pilze à la bordelaise in der Tortenform.
Die Pilze wie oben vorbereiten, ein oder zwei Stunden in feinem Öl, Salz, Pfeffer und etwas Knoblauch marinieren. Die Stiele fein hacken und in einem Tuch auspressen, um das Wasser zu entfernen, dann mit Öl, Salz, grobem Pfeffer, Petersilie, fein gehacktem Schnittknoblauch und einer Knoblauchzehe in eine Kasserole geben. Das Gemisch wird kurz angeröstet, dann werden die Pilzköpfe mit der Öffnung nach oben in eine Tortenform gelegt und mit je einer Portion der angerösteten Kräuter-Pilz-Mischung gefüllt. Mit Unter- und Oberhitze, am besten im Ofen, garen. Wenn sie fertig sind, legt man die Pilzköpfe auf den Servierteller, gießt den Kräuterfond, in dem sie gegart wurden, darüber, träufelt den Saft einer Zitrone darüber, gießt etwas Kretzer darauf und serviert.

Pilze in Röstbrot.
Die Pilze werden tourniert und gegart. Eine Kasserole mit einem Stück Butter, einem Sträußchen Petersilie und Schnittknoblauch auf den Ofen stellen und alles anrösten, mit einer Prise Mehl binden, mit Suppe aufgießen, aufkochen, köcheln lassen, salzen und groben Pfeffer sowie etwas geriebene Muskatnuß dazugeben. Ein ausgehöhltes altbackenes Brot buttern, auf dem Grill auf glühender Asche trocknen, die Pilze mit einem Gemisch aus Eidotter und Rahm binden, ein wenig dieser Sauce in die Brothöhle gießen, anrichten und servieren.

Schwarzköpfiger Steinpilz (nach Vuillemot).
Man entfernt die Stiele, hackt sie klein, gibt fein gewiegte Petersilie, Weißbrotflocken, Schalotten, frische Butter und eine fein gehackte Knoblauchzehe dazu. Aus diesen Zutaten formt man eine Paste, würzt mit Salz, Pfeffer und wenig scharfem Paprika, garniert damit die Unterseite der Steinpilz-Hüte, streut noch Brotbrösel darüber, gratiniert im heißen Ofen und serviert. Man kann sie auch auf provencalische Art zubereiten: mit Olivenöl, Petersilie und gehacktem Knoblauch. Gut anrösten, etwas Fleischglace dazugeben und schön heiß servieren.

Die nun folgenden Rezepte aus Kochbüchern der zweiten Hälfte des 19. Jahrhunderts werden chronologisch angeführt – sie wurden nach dem Erscheinungsjahr der Erstauflage der Kochbücher geordnet. Unter den Autorinnen und Autoren wurden ferner vor allem jene gewählt, die sich bereits im Vorwort der einfachen, bürgerlichen, preisgünstigen und regionalen Küche verschrieben haben – dies in der Hoffnung, vermehrt Pilzrezepte zu finden. Die üblichen und bereits bekannten Champi-

Sellerie in Knollen und Stengeln, Champignons und Kartoffeln. Aus: Jules Gouffé, Die feine Küche, Faksimile der 2. Deutschen Auflage aus den Jahren 1880–1883, 2009

gnonsuppen und -saucen wurden nur hinsichtlich weiterer Varianten der Zubereitung oder der Würzung ausgewählt. Bekannte Autorinnen und Autoren wie Seleskowitz, Bauer, Rokitansky und auch Grünzweig wurden auf Grund der starken Verbreitung in den Haushalten nicht einbezogen und deren Kochanweisungen für Pilze daher auch nicht angeführt.

Klara Fuchs, Die praktische Vorstadt-Köchin als Meisterin in der Kochkunst. Ein verläßliches Universal-Kochbuch, um bei theuern Zeiten billige und doch vorzügliche Kost herzustellen. Durch 22 jährige Erfahrungen erprobt und herausgegeben von der ehemaligen Klosterneuburger Stiftsköchin Klara Fuchs, Wien 1860

Weiß gedünstete lämmerne Brieseln mit Maurachen.

Lege 3 lämmerne Brieseln in laues Wasser, laß sie eine Zeit darin liegen, daß sie weiß werden, hernach ziehe unten durch die Rippen einen Speil durch und blanchire sie in der Rindsuppe. Belege eine Rein mit Speck, lege die Brieseln umgekehrt darauf und dazu ein ganzes blattlich geschnittenes Zwiebelhäuptel, eine kleine Petersilienwurzel, so viel Zeller, gelbe Rüben und Rindsuppe, daß es über die Brieseln gehet. Nun salze sie, nimm nußgroß Butter und gestoßene Muskatblüthe dazu, dekke sie zu, dünste sie weich, kehre sie öfters um, daß sie sich nicht anlegen. Wenn man sie umkehrt, so muß man den Speck in die Höhe auf die Brieseln legen, daß sie oben weiß bleiben; wenn sie weich sind, so lege sie auf eine Schüssel, decke sie zu, laß eigroß Butter in einer Rein zergehen, lege ein wenig grün geschnittene Petersilie und sauber gewaschene Maurachen daran, dünste sie ein wenig, salze sie, staube 3 Löffel Mehl daran, laß sie noch ein wenig dünsten, dann seihe die Sauce von den gedünsteten Maurachen, drücke von einer Limonie den Saft daran, laß sie gut sieden, richte die Sauce über die Brieseln und laß sie nochmals aufsieden.

In Klara Fuchs' Buch findet sich die Zubereitungsart der bereits bekannten gebackenen »unechten« Maurachen: Kalbslunge wird zum Haché geschnitten, geformt, paniert und in Schmalz herausgebacken. Ebenso werden gebackene Schwämme mit Haché erwähnt, wobei ein »Schwammenmodel« in Backteig getaucht und aus dem Schmalz herausgebacken wird. Sodann wird die Form mit gedünstetem Haché gefüllt.

Schwammerlsuppe.

Man nimmt Nägerl-Schwämme oder eine andere eßbare Gattung, wäscht sie mehrmals in warmem Wasser rein aus, gießt Erbsenwasser darauf und läßt sie gut sieden; dann macht man von einem Stückel Butter eine lichte Einbrenne, gibt obige Erbsensuppe mit den Schwämmen darüber, salzt sie, gibt auch etwas gestoßenen Pfeffer, Muskatblüthe und einen Löffel guten sauren Rahm, auch etwas fein geschnittenes Petersilienkräutel dazu, läßt es noch mehrmals gut aufkochen, und richtet sie über gebähte Semmel an.

Reißken, zum Fleisch einzulegen.

Dieser orangegelbe Schwamm wächst im Herbst fast überall und ist zum Rindfleisch sehr gut. Zum Einlegen müssen nur die kleinen gewählt und, weil sie leicht verderben, alsogleich frisch eingelegt werden. Die Wurzeln werden abgeschnitten und die Köpfe rein gewaschen. In eine Maß Weinessig gibt man einen Kaffeelöffelvoll Kümmel, 12 Körner Pfeffer, eben so viel Neugewürz und ein Stückchen Ingwer; läßt alles zusammen aufkochen, gibt die Schwämme hinein, läßt sie eine Viertelstunde kochen und dann kalt werden. So können sie schon den folgenden Tag gebraucht werden; sind selbe aber für den Winter zu bewahren, so nimmt man sie, wenn sie kalt sind, aus dem Sude, kocht frischen Weinessig mit den nämlichen Gewürz, läßt ihn kalt werden und gießt ihn über die Schwämme, daß sie mit Essig bedeckt sind, bindet sie recht mit Papier oder mit einer Blase zu, so dauern sie an einem kalten aber frostfreien Orte den ganzen Winter.

Weißgedünstetes Schnitzel mit Champignons.

Ein Schnitzel von einem schönen weißen Kalbfleisch häutet man ab, klopft und salzt es, gibt in ein Raindel einige Schnitze Speck, ein paar halbe Zwiebeln mit Gewürznelken besteckt, auch Pastinak und Petersilkraut, ein wenig fette Fleischsuppe und etwas Wein. Man legt dann das Schnitzel darein, läßt es bei öfteren Umkehren zugedeckt kochen, bis es sich zerdrücken läßt; sodann dünstet man kleine Champignons in Butter; staubt ein wenig Mehl darauf, gibt die Sauce von den Schnitzeln dazu und läßt sie damit aufkochen. Die Zwiebel und der Speck werden weggeseihet, die Champignons kommen auf den Boden und das Schnitzel sammt der Sauce darauf.

Feiner Fasch von Trüffeln.

½ Pfund schöne frische Trüffeln werden rein geschält, dann blattweis geschnitten und mit 8 Loth Butter 5 Minuten lang gedünstet, mit etwas Salz, weißem Pfeffer, einem Lorbeerblatt und einem halben Gliedchen Knoblauch gewürzt, endlich, wenn es ganz ausgekühlt, fein geschnitten und gestoßen. Im Stoßen kommt ein Kaffeelöffelvoll fein geschnittene und leicht abgekochte Schalotten nebst einem halben Löffel fein geschnittene Petersilie hinzu. Wenn dieses zusammen zu einem feinen Teig geworden ist, werden 12 Loth Semmelteig durch anhaltendes Stoßen hineingemengt, endlich die Butter, in welcher die Trüffel gedünstet worden, beigesetzt, mit etwas zerlassener Glace und Muskatnuß der Geschmack erhöht, das Ganze mit 3 Eierdottern gebunden und durch ein Haarsieb geschlagen. Dieß gibt einen Fasch von ausnehmender Lieblichkeit und Geschmack, der in einem Weidling, mit Butter bestrichenem Papier bedeckt, zu ferneren Gebrauche an einem kalten Orte einige Tage sich halten läßt.

Haché (Haschee) von Hasen mit Trüffeln.

Man nimmt dazu gebratenen Hasenschlägel oder sonst Abfälle von Hasenbraten, beseitigt alles Nervige und Häutige daran; schneidet das Fleisch so fein wie möglich, schält ¼ Pfund Trüffeln (auf 4 Schlägeln gerechnet), dünstet sie in Butter, schneidet sie eben so fein zusammen und läßt sie dann noch in Wein dünsten, welcher ganz eingehen muß. Man gibt dann das Haché vom Hasen dazu mit ein paar Löffelvoll guter brauner Sauce, welche man sich aus Wurzelwerk ziehen kann, säuert sie mit Citronensaft und servirt dieses Haché mit gebackenen Semmel-Croutons.

Kalbschnitzel mit Maurachen.

Man schneidet vom kalten Braten kleine Schnitzel und gibt sie in eine Casserole, läßt in einer anderen Casserole frische, zierlich geschnittene Maurachen in Butter mit grüner Petersilie dünsten, salzet und würzet sie mit Muskatblüthe, läßt sie ausdünsten, staubt sie ein wenig mit feinem Mehl, läßt sie ein bischen aufschäumen und gießt Rindsuppe daran. Dann läßt man es aufkochen und gießt es auf die Schnitzel, welche indessen mit einem Stückchen Butter und ein bischen Rindsuppe gedünstet haben. Je nach der Jahreszeit kann man auch Krebsschweife und kleingeschnitten in der Suppe gekochten Spargel beifügen; auch kann man es mit kleinen in der Suppe gekochten Faschknödeln, mit gekochten Hühnerlebern, Hühnermägen, Hahnenkämmen, Kalbsbrieseln u. dgl. vermehren; ist ebenfalls eine gute Speise.

Schwämme zu trocknen.

Im Frühjahre sind die Maurachen zu haben; und sind von diesen Schwämmen die kleinsten zu wählen. Man schneidet den weißen Stängel ein wenig ab, reihet sie an einen Zwirnfaden, und hänget sie an einen luftigen Ort, daß sie ganz trocken werden; löset sie dann von dem Zwirn ab, läßt in eine reinen Casserole Salz heiß werden und wieder auskühlen; richtet die getrockneten Maurachen in ein Glas mit Salz belegt und wieder Maurachen, dann wieder Salz, und so bis man keine mehr hat. Man gibt auch einige ganze Pfefferkörner dazu, verbindet das Glas mit Papier und durchlöchert es mit einer Stecknadel. Will man Gebrauch davon machen, muß man sie mit heißem Wasser übergießen, welches dann auch gleich wieder abgesiehen werden muß. Auf diese Art erhalten sich diese Schwämme am besten.

Franziska Leitner, Neuestes bürgerliches Kochbuch für den einfachen Haushalt bestehend in 435 der vorzüglichsten Koch- und Wirthschafs-Recepte, Wien, 1882

Ab dem Jahr 1871, dem Jahr der Umstellung der Gewichts- und Längenmaße auf das metrische System, sind in den Kochbüchern nunmehr die Angaben in Dekagramm, Deciliter und Kilogramm zu finden. Nichts desto weniger sind die alten gebräuchlichen Maßangaben wie Handvoll, Löffelvoll, nußgroße Stücke etc. weiterhin in Verwendung geblieben. In diesem Werk erstaunt, daß trotz der bereits großteils verbreiteten Kenntnisse von der Giftigkeit bestimmter Pilze immer noch eine untaugliche Bestimmungsmethode beschrieben wird.

Champignons mit Butter.

Die Champignons werden sorgfältig geschält und in dünne Blättchen geschnitten, dann ein Liter derselben mit fünf Dekagramm Butter schnell gedünstet bis der wässerige Saft, dessen sie viel enthalten und, auf den Siedepunkt gekommen, von sich geben, völlig eingetrocknet oder verdampft ist. Hierauf werden sie mit Salz, etwas grüner, feingeschnittener Peterlilie und ziemlich viel Pfeffer gewürzt, durcheinander geschwungen und angerichtet. Man pflegt dieses Gericht rundum mit gebackenen Semmelschnitten zu belegen.

Morcheln (Morauchen) mit Butter.

Die rein gewaschenen und sorgfältig ausgewaschenen Morcheln werden mit 7 Dekagramm Butter auf einen Liter derselben schnell und so lange gedünstet, bis die Flüssigkeit, deren sie am Anfange viel von sich geben, verdampft ist. Nun werden sie mit Salz und Pfeffer gewürzt, mit grüner, fein geschnittener Petersilie bestreut, mit vier Löffeln voll weißer, siedend heißer Sauce begossen, hierauf mit zwei bis drei Eidottern unter fleißigem Rühren und Schwingen gebunden und vollendet. Bei dem Anrichten pflegt man auch noch den Saft einer halben Limonie dazu zu geben. Sie werden übrigens mit gebackenen Semmelschnitten bekränzt. Zu Eingemachtem verwendet, werden die Morcheln nach dem Reinigen nur in Butter gedämpft.

Pilzlinge mit Butter.

Diese werden nach der bei den Champignons vorgezeichneten Methode bereitet; desgleichen Bredlinge und die meisten Gattungen der eßbaren Schwämme.

Faschirte Champignons.

Zum Faschiren werden große Champignons ausgesucht, diese werden sorgfältig geschält, von ihrem Barte befreit und die entstehenden Vertiefungen mit einem Füllsel (einer Fülle) aus einem halben Löffel fein geschnittenen und gut ausgepreßten Chalotten, einem Viertellöffel Bertram und einem Achtellöffel Kerbelkraut, beide sehr fein geschnitten, dann einem Löffel feingeschabten Speck und einem Handvoll weißen Semmelbröseln bestehend und mit Salz und Pfeffer gewürzt, endlich gefüllt, insbesonders noch mit Semmelbröseln bestreut und in dem Rohre gebacken. Bei dem Anrichten werden sie mit etwas mittelst Limoniesaft gehobener brauner Sauce begossen.

Eingemachtes Lammsfleisch.

Zu lämmernem Eingemachten wird gewöhnlich nur das Fleisch von dem Halse und von den Schultern genommen, weil die übrigen Theile zu feineren Bereitungsarten vorbehalten werden, wodurch jedoch nicht gesagt werden soll, daß Rücken, Lende oder Keule (Schlägel) sich weniger zum Einmachen eignen. Das Fleisch von dem Halse oder den Schultern wird zu dem Behufe des Einmachens über das Feuer gesetzt und bis zum Kochen erhitzt, dann in kaltem Wasser abgewaschen, um jedes Schaumtheilchen zu beseitigen. Hierauf wird das Fleisch auf zweifingergroße Stücke geschnitten und in einer Kasserole über lebhafter Gluth mit etwas Butter, Schmalz oder reinem Fette abgedünstet, bis alle Feuchtigkeit verdampft ist. Es wird hierauf mit einem Löffel Mehl bestäubt, durcheinander geschwungen und noch eine Weile gedünstet; endlich mit kochender Rindsuppe oder mit dem durchgeseihten Wasser, in welchem es abgekocht worden ist, aufgegossen und zur dünnflüssigen Sauce abgerührt. Mit dem Rühren muß jedoch fortgefahren werden, weil das Mehl sich sonst zu Boden setzen und leicht anbrennen könnte. Ist es dann wieder in's Kochen gerathen, so werden der vierte Theil einer Zwiebel, ein Lorbeerblatt und zwei Champignons nebst der hinlänglichen Menge Salz und Pfeffer beigegeben und bis zum Weichwerden gekocht. Während dessen müssen die Haut und das Fett an der Oberfläche von Zeit zu Zeit abgenommen werden. Das Fleisch wird hierauf angerichtet und die Sauce durch ein feines Sieb darüber geseiht. Als besondere Würze können noch etwas fein geschnittene grüne Petersilie und Muskatblüthe darangegeben werden.

Eingemachtes Lammsfleisch mit Champignons.

Das Lammsfleisch wird dem vorhergehenden gleich bereitet, nur daß man es geschwinder kochen läßt, damit die Sauce etwas dicker werde. Dann werden zwei bis drei Eidotter in ein Töpfchen geschlagen, mit einem Löffel Sauce gut abgerührt und zu dem Fleische, welches wenigstens eine Minute lang nicht mehr kochen darf, durch ein feines Sieb gegossen, aber fortwährend mit dem Gefäße bewegt, damit sich die Dotter möglichst schnell mit der ganzen Sauce vermengen, widrigenfalls sie stocken könnten. Das Ganze wird hierauf noch einmal über das Feuer gesetzt und bis zum Aufkochen bewegt. Nun werden noch 10

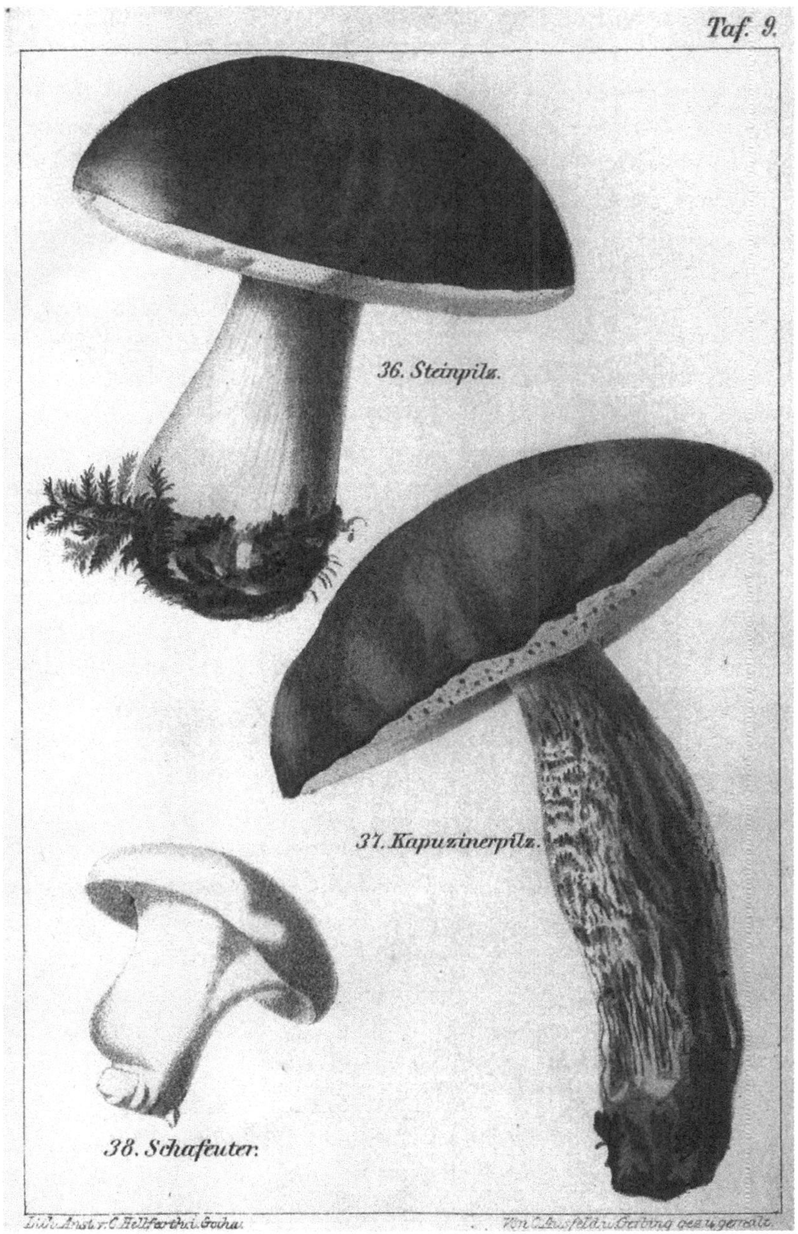

Aus: Edmund Michael, Führer für Pilzfreunde, Zwickau 1919

bis 15 schön geschälte und blättrig geschnittene Champignons in etwas Butter durch einige Minuten abgedünstet, das Lammsfleisch endlich angerichtet und die Champignons obenauf gegeben.

Fricassirtes Huhn mit Champignons.

Ein mittelgroßes Huhn wird, nachdem die Flügel abgehauen sind, über einer schwachen Kohlenflamme gesengt (flammirt) von den Stiftchen befreit, dann aufgemacht ausgewaschen und zwei bis drei Minuten lang in den kochenden Fleischtopf gelegt, damit die Haut gespannt werde, was in der Kunstsprache »blanchiren« heißt. Hierauf wird es gewöhnlich auf fünf Theile zerschnitten, nämlich die zwei Brüstel, zwei Biegel, der Steiß. Der Hals sammt dem gereinigten Kopfe bilden den sechsten Theil. Das nun derartig zerlegte Huhn wird in einer Kasserole von gehöriger Größe mit 7 Dekagramm Butter fünf Minuten lang scharf gedünstet, dann mit einem schwachen Eßlöffel Mehl gestäubt, endlich mit einem halben Liter Rindsuppe begossen, zu einer Sauce abgerührt und weich gekocht. Während des Kochens wird von Zeit zu Zeit die aufgestiegene Butter abgenommen. Die vom Fett befreite Sauce, wenn sie einige Minuten abseits von dem Feuer gestanden hat, wird mit einem bis zwei Eidottern gebunden. Man schlägt die Dotter in ein Töpfchen und rührt sie mit einem bis zwei Löffel Sauce ab, welche dann wieder in die andere Sauce zu dem Huhne gegossen und über dem Feuer so lange geschwungen wird, bis das Ganze gut untereinander gemengt ist, und aufs neue zu kochen anfängt. Nun wird die Sauce durch ein reines Tuch in ein anderes Gefäß gepreßt, mit einigen passierten Champignons vermengt und über das angerichtete Huhn gegossen.

Champignons von giftigen Schwämmen zu unterscheiden.

Kocht man Champignons, so gebe man die Hälfte einer von der äußeren Schale befreiten Zwiebel hinzu und koche sie damit auf. Verändert sich die Farbe der Zwiebel, wird sie bläulich, schwärzlich oder braun, so sind gewiß giftige Schwämme dabei; behält die Zwiebel aber, nachdem sie einige Zeit gekocht wurde, ihre weiße Farbe, so kann man die Champignons ohne Besorgniß genießen.

Gedünstete Schwämme mit Sardellen. Italienische Art.

Wenn die Menge der Schwämme (Pilze) geputzt und klein geschnitten ist, nimmt man, wenn ein gehäufter Teller voll ist, 7–9 Deka gute frische Butter und 2–3 Löffel voll feines Tafelöl in eine Kasserolle, läßt Beides zusammen heiß werden, gibt darein 3 geputzte fein zerdrückte Sardellen, 1 Löffel voll grüne gehackte Petersilie, etwas fein gestoßenen Pfeffer und Salz, läßt Alles aufschäumen und gibt die Schwämme darein, läßt es eine Weile weich dünsten, zuletzt kommt von 1 Lemonie der Saft darein, es wird noch ein wenig ausgedünstet; dann werden sie hoch angerichtet, mit Croutons (Semmelschnitten geröstet) eingefaßt, oder mit grüner Petersilie garnirt. Als Assiette vorgesehen.

Gabriele Triwald, Neue Prager Köchin, Prag 1876, 2. Auflage als Böhmische Universal-Köchin, Prag 1885

Die Autorin war in Herrschaftsküchen sowohl in Deutschland, Frankreich, Italien und Rußland tätig. Aus dem umfangreichen Werk sei auf eine ihrer Empfehlungen hingewiesen: für Hühner- und Taubengerichte ist neben der Trüffel vor allem der Champignon zu nehmen, während zu Fröschen die Morchelsauce unvergleichlich schmackhaft ist.

Schwämme als Zuspeise.

Die Schwämme (Pilze) werden rein geputzt, gewaschen und in kleine Stückel geschnitten; ein Stück Butter kommt in eine Kasserolle; wenn sie zerlassen ist, kommen die Schwämme nebst Salz, grüner gehackter Petersilie, Prise Pfeffer, dem Saft 1 Lemonie hinein, und nun werden sie weich gedünstet, endlich mit einigen Löffeln voll Buttersauce vermengt noch aufgedünstet, dann mit 2–3 Dottern legirt, und gesattelt aufgetragen. An Fasttagen werden sie aufgetischt, mit gebackenem Fisch gesattelt.

Pilzlinge (Pilze) mit Eiern.

Die Pilze werden rein geschält, die Stengel geputzt und beides klein gehackt; nun werden sie auf Butter mit grüner gehackter Petersilie, Salz und Pfeffer weich gedünstet, bis der Saft verdampft ist. Indessen wird eine feine lockere Eierspeise gemacht (auch Eierschmalz oder gerührte Eier genannt), in die Mitte der Schüssel kommt die Eierspeise, herum die gedünsteten Schwämme, und schnell servirt.

Fasch von Champignons.

1½ Liter abgeschälte, rein gewaschene Champignons werden sehr fein geschnitten, das Wasser ausgepreßt, dann noch einmal geschnitten, mit einem Ei, großen Stück Butter und 4 hart gekochten Dottern fein gestoßen, mit 2 Schöpflöffel weißer Buttersauce vermengt und unter stetem Rühren auf die Hälfte eingekocht, mit Salz und Glace gehoben und so durch ein Haarsieb gestrichen; in ein passendes Glas gegeben, die Oberfläche wird mit Glace begossen, damit es keine Haut bekommt, endlich wird es aufbewahrt und als Fasch oder Pürée verwendet.

Gabriele Triwald, Neue Prager Köchin, Prag 1876, 2. Auflage als Böhmische Universal-Köchin, Prag 1885

Frittura von Pilzen.

Man nimmt dazu die Köpfe von den großen aber doch harten Pilzen, schält sie fein ab und schneidet sie in fingerdicke Blatteln; ein Ei wird mit Salz und fein gehackter grüner Petersilie recht abgeschlagen, die Schwämme darein getunkt, mit Semmelbröseln recht eingestreut und schön roth in Butter gebacken, angerichtet und mit grüner gehackter Petersilie bestreut.

Rebhühner mit Trüffeln.

In eine Kasserolle kommt 1 Zwiebel, 1 gelbe Rübe, 1 kleiner Zellerkopf, alles in Blätter geschnitten, einige Körner Neugewürz und Pfeffer, nebst einem Stück dünnblättrig geschnittenen Schinken und Speck. Die gesalzenen, schön dressirten Rebhühner werden darauf gelegt und braun gedünstet, dann wird 1 Glas Wein und eben so viel gute Suppe darauf gegossen, die Rebhühner weich gekocht, das Fette abgenommen, davon Einbrenn gemacht, die Sauce darauf passirt, die fein geschnittenen Trüffel nebst den Rebhühnern hineingethan und gut verkocht.

Röthlinge einzulegen.

Eine Menge dieser Schwämme, die kleinste Gattung, werden rein geputzt, die Stengel bis zum Köpfel abgeschnitten, und gewaschen, in einem großen Topf wird Wasser mit etwas Salz und Kümmel gekocht, die rein gewaschenen Schwämme darein geworfen und ¼ Stunde gekocht, dann abgeseiht und die Schwämme zweimal im kalten Wasser abgewaschen, damit der Schleim von ihnen wegkommt; indeß wird Essig mit Wasser und Zwiebel gekocht, die Schwämme darein gethan und vollends weich gekocht, dann mit einem Schaumlöffel herausgenommen, in das bereit stehende Geschirr, worin etwas Neugewürz und Pfeffer (nicht gestoßen) gegeben wurde, eingerichtet, der Saft darüber gegossen, kalt verbunden und aufbewahrt. – Alle eingelegten Sachen, ob Gurken, Rüben oder Schwämme dürfen in kein fettes, viel gebrauchtes Geschirr eingelegt werden.

Pilze (Pilslinge) einzulegen.

Die kleinsten, recht harten Pilze werden rein gewaschen, die Stengel abgeschnitten, sie werden ganz so wie die Röthlinge behandelt, mit der Bemerkung, daß nur Salz und Zwiebel hinzugenommen wird, das übrige Gewürz bleibt weg.

August Mauer, Illustrirtes Wiener Kochbuch, ausschließlich berechnet für die feinste Küche und den vornehmsten Haushalt, Wien 1885

Entgegen der vorangegangenen Feststellung, vor allem die bürgerliche und gewöhnliche Küche zu Wort kommen zu lassen, reizt insbesondere dieses Kochbuch, eine Ausnahme zu machen und sich neben den Gerichten mit Champignons/Pilzen auch den nicht wenigen darin befindlichen Trüffelrezepten zu widmen – wissend, daß diese Rezepte heutzutage an ökonomische Grenzen stoßen.

Champignon-Essenz.

Die Champignons werden vorsichtig gereinigt, klein zerschnitten, mit etwas Salz in einigen Tropfen Citronensaft und guter Fleischbrühe 40 Minuten sehr kräftig gekocht, abgeseiht, in Flaschen gefüllt, etwas Provenceröl darauf gegossen, die Flaschen verkorkt, verpicht und kalt aufbewahrt.

Schwämmesuppen.

Aus Steinpilzen. Schöne junge Steinpilze (Pilzlinge) werden rein geputzt, der Stengel bis über die Hälfte weggeschnitten und wenn er angestochen wäre, ganz weggeworfen, sodann in Stücke geschnitten, in kaltem Wasser mehreremale ausgewaschen, in einer Casserole mit Butter, Petersilie und etwas Kümmel gedünstet, dann ein wenig gestaubt, mit genügend gesalzenem Wasser begossen und einigemale unter beständigem Rühren tüchtig aufgekocht. Vor dem Anrichten wird etwas Pfeffer und je nach Geschmack saurer Rahm hinzugesetzt. Sie wird mit und ohne Croutons servirt.

Suppe aus Morcheln oder anderen Schwämmen.

Es werden dieselben geputzt, mit heißem, kräftig gesalzenem Wasser ablanchirt, abgeseiht, abgefrischt, mit Butter, Zwiebel und Petersilie gedünstet, gestaubt und mit Erbsenbrühe vergossen.

Suppe von getrockneten Schwämmen.

Eine entsprechende Quantität getrockneter Steinpilze werden rein gewaschen, dann in etwas gesalzenem Wasser abgekocht, mit diesem wird eine schöne gelbe Einbrenn in welcher man Zwiebel anlaufen läßt, vergossen, etwas Thymian und Lorbeer hinzugefügt und diese Suppe ein wenig mit Essig angesäuert zur Tafel gebracht.

Fasanenwürste mit Trüffeln *Boudins de faisan aux truffes*.

Aus fein gestoßenem Fasanenfleisch mit Hinzusatz von Semmelpanade, einem Stück frischer Butter und drei Eierdottern, Muscatnuß, fein hachirten frischen Kräutern, wird eine haltbare Farce bereitet, welche noch überdies durch ein Haarsieb getrieben wird. Diese Farce wird nun beiseite gestellt. Aus den Abgängen des Fasan wird eine kräftige Essenz bereitet, welche bis auf die Hälfte reduzirt werden muß. Nun werden 200 Gramm Perigord-Trüffeln kleinwürfelig geschnitten, mit einigen Eßlöffeln Madeirawein und der Fasanenessenz gedünstet und diese Farce mit diesen Trüffeln melirt. – Diese Masse wird nun, wenn die Probe

August Mauer's
illustrirtes
Wiener Kochbuch.
Ausschließlich berechnet
für die
feinste Küche
und den
vornehmsten Haushalt.
Reich ausgestattet mit künstlerischen
Illustrationen und versehen mit
interessanten historischen Menu's.
Wien, 1885.
Verlag der Gebrüder Rubinstein.

In der Küche
liegt die Poesie des Hauses

August Mauer, Illustrirtes Wiener Kochbuch, ausschließlich berechnet für die feinste Küche und den vornehmsten Haushalt, Wien 1885

auf ihre Haltbarkeit zur Zufriedenheit ausgefallen ist, in sehr gut gereinigte Schweinsdärme mittelst Spritze gefüllt, circa fingerlang unterbunden und diese Würstchen eine Viertelstunde vor dem Anrichten auf einem langsamen Feuer auf dem Roste schön hellbraun gebraten, sodann glacirt und mit etwas Jus unterfeuchtet zur Tafel gegeben.

Suppe von Champignons.

Eine Partie schöner Champignons wird sorgfältig geschält, die Schalen mit lichter Einbrenn aufgedünstet und diese mit Fastenwurzelbrühe vergossen. Gleichzeitig werden die blätterig geschnittenen Schwämme mit frischer Butter, grüner Petersilie und etwas Zironensaft weich geschmort, die rein durchpassirte Suppe darüber angerichtet und vor dem Serviren mit einem tüchtigen Stück Krebsbutter und einem bis zwei Eigelb legirt. – Eine Garnitur gedünsteter Reis wird separat mit der Suppe auf die Tafel gebracht.

Fasan mit Trüffelsauce oder mit Champignonsauce
Faisan en sauce de truffes ou champignons.

Der Fasan wird, nachdem er gereinigt und geflammt ist, mit folgender Farce gefüllt. 400 Gramm gute Trüffeln, geschält und geformt, 10 kleine Zwiebeln, Petersilie und Thymian fein gehackt, 300 Gramm frischer Speck gehackt, gestoßene Lorbeerblätter, Pfeffer und Salz werden mit einem ½ Liter guten Bordeaux, Veltliner oder Carlowitzer zu einem dikken Brei eingekocht und der Fasan damit gefüllt. Ist das geschehen, so wird der Bauch geschlossen, mit einer Speckschwarte belegt, geschnürt, in Butterpapier gehüllt und am Spieße oder auch im Bratrohr gebraten. Dazu wird eine Trüffelsauce gegeben. Statt der Trüffeln können Champignons zur Fülle benutzt werden, dann wird eine Champignonssauce dazu gegeben werden.

Gansleber als Ragout (bürgerlich).

Eine nicht zu fette Gansleber wird einen Augenblick in heißes Wasser gestoßen und auf ein Tuch gelegt. Dann werden 1 Zwiebel, 1 gelbe Rübe, 1 Stückchen Sellerie, ein kleines Bouquetchen Petersilie und ¼ Pfund roher Schinken in kleine Würfelchen geschnitten, einige Pfefferkörner, 1 Nelke und 1 Stückchen Lorbeerblatt mit ¼ Pfund Butter, ¼ Stunde langsam gedämpft, mit ⅛ Liter guter Jus, ¼ Liter gutem dickrothen Weine angegossen und hierin die Gansleber je nach Größe etwa ¾–1 Stunde langsam weichgekocht. Dann wird dieselbe herausgelegt, die Brühe abgefettet und mit einem Schöpflöffel voll brauner Sauce (Espagnole) zur gehörigen Dicke eingekocht, auf die Leber passirt und Trüffeln oder Champignons nach Belieben dazu gethan. Die Gansleber kann in einem mit Trüffeln verzierten Reisrand oder Kartoffelrand aus dickem Kartoffelpurée servirt werden.

Gansleber mit Trüffeln *Foie d'oie à la Periqueux.*

Nachdem die Gansleber blanchirt wurde, wird dieselbe in kaltes Wasser und dann zum Trocknen auf ein sauberes Tuch gelegt, oben Einschnitte gemacht und mit rohen gesalzenen Trüffelscheiben eingelegt. Die Leber wird ganz wie ein Ragout gekocht und behandelt, dann kommen als Kranz etwa 15–20 gleiche, in Bordeaux und Salz gekochte Trüffeln dazu.

Gansleber à la Provencale.

Die rohe Gansleber wird in nicht zu dünne Scheiben geschnitten, mit Salz und Gewürzen versehen, und mit Semmelmehl und geschlagenen Eiern panirt und bei lebhaftem Feuer unter forwährendem Umwenden in ausgelassener Butter gebraten. Wenn die Leberschnitten weich sind, werden sie aus der Sauce herausgenommen und abgetröpfelt. In die Butter werden gehackte Zwiebel gebracht und darin aufgekocht, nach diesem werden einige Löffel frische oder trockene, zerhackte Champignons beigegeben, nach einigen Minuten wird eine Messerspitze voll Mehl eingerührt und mit 1 Deciliter weißem Wein und ebensoviel Fleischbrühe abgelöscht. Wiederholt aufgekocht, werden einige geschnittene Trüffeln, frisch oder trocken dazugethan, die Leberschnitten, nur um sie zu erwärmen, hineingelegt, einige Tropfen Citronensaft daran gegossen und angerichtet.

Fasanenragout *Ragôut de Faisan.*

Die hiezu zu verwendenden jungen Fasanen werden in geeignete Stükke zerlegt, in eine mit Speckschnitten belegte Pfanne gebracht, mit Salz und etwas Pfeffer gewürzt, roher Schinken, nicht zu fein verwiegt, eine in Butter gebräunte Zwiebel, Nelken und eine Citronenscheibe dazu gegeben und ½ Liter Ruster Ausbruch, oder ein anderer schwerer weißer Wein daran gegossen und gedämpft. Sind die Fleischstücke weich, so werden sie herausgenommen, die Sauce abgeschäumt und gut entfettet, 200–300 Gramm in Scheiben geschnittene Trüffeln darin weich gekocht, das Fleisch wieder hineingelegt und nachdem es noch 5–10 Minuten zusammen gedämpft, wird angerichtet.

Champignon-Pulver.

Die frischen Champignons werden gehörig gereinigt, zerschnitten, im Ofen auf Blechen getrocknet, mit Pfeffer, Salz und Ingwer zerstoßen und solange abgesiebt, bis kein Rückstand mehr überbleibt, dann wird dieses Pulver in Blechbüchsen gefüllt und dieselben luftdicht verlöthet. Man bereitet aus diesem Pulver Ragouts, Farcen, Saucen u. dgl.

Trüffel-Pulver.

Sehr schöne schwarze Trüffeln werden gereinigt, gebürstet, in Scheiben geschnitten und so rasch als möglich in einem ausgekühlten Backofen gedörrt. Wenn dieses geschehen ist, kommen sie in einen Mörser, werden sehr fein gestoßen, fein abgesiebt, mit etwas Salz und einer Prise Cayenne-Pfeffer vermischt in Blechbüchsen gefüllt und dieselben wie bei dem Champignon-Pulver luftdicht verlöthet.

Schwämme-Pulver.

Verschiedene eßbare Schwämme, als Steinpilze, Ziegenbart, Pfifferling, Maurachen, Stockschwämme werden mit aller erdenklichen Sorgfalt gereinigt, in ein Geschirr eingelegt, mit lauwarmem Wasser begossen, dann mit Kräutern, Wurzeln und verschienen Gewürzen, als: Neugewürz, geriebener Citronenschale, gestoßenem Kümmel, etwas Muscatblüte, zu einem dicken Brei eingekocht, jedoch so, daß sich derselbe nicht anlegt. Wenn er gar ist, kommt er auf ein eisernes Blech und wird auf demselben in einem mäßig warmen Backofen getrocknet und gedörrt – darauf fein gestoßen, einigemale gehörig abgesiebt und in gut verschließbaren Gefäßen aufbewahrt.

Emma Eckhart, Der häusliche Herd. Neues geprüftes Kochuch für junge Hausfrauen, erfahrene Köchinnen und solche, die es werden wollen, 2. Auflage , Wien, Pest, Leipzig 1887

Krebse mit Milchrahm.

Man schneidet grüne Petersilie, Champignons, Schalotten und etwas Grünzeug sehr fein zusammen, läßt es in Butter anlaufen, mit etwas Essig, Kümmel, Salz, Milchrahm läßt man es aufkochen, die gut ausgewaschenen Krebse kommen hinein, gut zugedeckt läßt man es ½ Stunde kochen, indem man die Casserolle öfter aufschwingt, dann legt man die Krebse auf die Schüssel, die Sauce passirt darüber.

Französischer Rostbraten.

Da wird Speck, Kapern, Limonienschalen, Champignons, Zwiebel und Petersilie mit dem Schneidemesser zusammen geschnitten, in Butter gedünstet, mit Rahm eingegossen und auf die überdünsteten Rostbraten darauf gegeben, die man zusammenrollt und weiter dünstet.

Eingemachtes Schöpsernes.

Dazu nimmt man nur den Rücken, schneidet diesen, nachdem er ausgewaschen ist, in kleine Stücke, salzt ihn ein und dünstet ihn auf Schmalz und allen Gattungen Wurzelwerk mit Suppe, daß er sich nicht anlegt und licht bleibt. Ist er weich, so giebt man noch ein Stück Butter dazu, staubt ihn fettlich, gießt ihn mit Suppe auf, giebt ein paar beliebige Schwämme hinein, läßt ihn aufkochen, mischt ihn mit gedünstetem Reis saftig ab und richtet ihn an.

Gespickte Hühner mit Schwämme-Pürée.

Zuerst dünstet man eine schöne Gansleber auf 2 spanischen Zwiebeln, giebt 2 Limonienstreifchen, 2 Gewürznelken dazu und untergießt es mit Suppe. Hierauf läßt man es auskühlen. Die Hühner werden gleichfalls hergerichtet, gespickt und gebraten. Jetzt werden von der Leber 2 fingerbreite Streifen geschnitten, die Abschnitzeln jedoch gesammelt. Hierauf putzt man Herrenpilze und schneidet die Stengel kurz ab. Die Abschnitzeln der Gansleber, dann die Hühnerleber und grüne Petersilie werden fein geschnitten und kommen in den Saft der Gansleber hinein. Die Schwämme, welche man auf Butter dünstet, werden gleichfalls geschnitten und kommen dazu; man giebt etwas Suppe zu, jedoch darf dieses Pürée nicht dünn werden, und kann auch etwas Saft von den Hühnern dazu geben; das Weiche des Magens kann man auch dazu geben. In der Mitte der Schüssel kommen die tranchirten Hühner, der Saft darüber. Dann ringsum das Schwämme-Pürée und auf dasselbe, wie auch zwischen den Hühnern und auf die Hühner, die Gansleber. Da die Leber durch langes Stehen nicht hart werden darf, so ist es selbstverständlich, daß man sie nicht zu früh dünstet und Alles zugleich fertig zu machen sucht.

Deutsche Kochschule. Sammlung von erprobten Speisevorschriften, 4. Auflage Prag 1894

Die erste Auflage erschien 1887, die Rezepte wurden von Frau Anna von Maschka aus der deutschen Kochschule in Prag zusammengestellt. Die folgenden Auflagen, von denen die zweite 2000 Exemplare umfaßte, waren bald in ganz Österreich bekannt und gesucht. Aus der vierten Auflage dieses Kochbuches stammen die nun folgenden Rezepte:

Beefsteak mit Champignons.

Man bereitet auf Butter und Zwiebel ohne jede weitere Beigabe saftige weiche Beefsteaks (für 6 Personen etwa 1½ Kilo Lungenbraten), dünstet 12–14 Champignons oder Herrenpilze auf 5 Deka Butter, worin etwas fein gehackte Petersilie aufgeschäumt hat, gießt einige Löffel dicke, weiße Tunke, aus kräftiger Suppe bereitet, darauf, gibt 2 Eßlöffel Madeira dazu, läßt die Champignons damit aufkochen und gießt dies über die Beefsteaks.

Gefüllte Schwämme.

30 schöne, gleiche Herrenpilze werden sauber abgewischt und unten an der Fächerseite etwas ausgehöhlt (das heißt die Fächer weggeputzt), dann in Butter halb überdünstet. – Die Abfälle der Schwämme werden gehackt und auf etwas Butter und fein gehackter grüner Petersilie gedünstet. – Man stößt ein Viertel Kilo Kalbfleisch mit ein Viertel in Wasser geweichter Semmel im Mörser, oder man hackt es fein, vermischt es mit den Abfällen der Schwämme, gibt 1 Ei dazu, etwas Salz, und verrührt es gut. Die ausgehöhlten Schwämme werden mit dieser Masse gefüllt. – In eine Pfanne gibt man etwas fette Suppe und 1 Löffel Glace und dünstet darin achtsam die gefüllten Schwämme, die man als Verzierung zum Rindfleisch verwendet, oder als Beigabe zu Rühreier gibt, oder als Vorspeise aufträgt. – Die Fülle ist am besten, wenn man zur Hälfte Kalbsfleisch, zur Hälfte Abfälle der Schwämme verwendet.

Geröstete Semmeln mit Champignon-Fülle (Croustade).

Man dünstet Champignons oder schöne kleine Herrenpilze auf einem guten Stückchen Butter, worin fein gehackte Petersilie aufgeschäumt hat, nimmt sie, sobald sie weich sind, aus dem Safte heraus und hackt sie so fein als möglich; den Saft läßt man kurz eindünsten und gibt die gehackten Schwämme, etwas weiße dicke Tunke und etwas Glace dazu; das Ganze muß wie Brei dick sein und nur soviel Flüssigkeit haben, um die Schwämme zu binden. Runde kleine abgeriebene Semmeln schneidet man in Hälften, bäckt sie in Schmalz, höhlt sie dann aus, füllt die gedünsteten Champignons hinein, streicht diese glatt, gibt ein überzogenes Ei darauf und trägt es warm auf.

Hasen-Schnitten mit Kräutern.

Der fleischige Rücken eines frischen Hasen wird enthäutet und das Fleisch sorgfältig vom Knochen gelöst; dann schneidet man davon schräge, längliche Schnitten, klopft sie mit einem Messer flach und gibt ihnen eine schöne Form, steckt in jede ein glatt geschabtes Rippenbeinchen, salzt und pfeffert sie und stellt sie bei Seite. – In einer Pfanne gibt man 5 Dka. fein gehackten Speck, 5 Dka. frische Butter, läßt darin eine halbe, sehr fein gehackte, weiße, mittlere Zwiebel aufschäumen, gibt einen gestrichenen Eßlöffel voll fein gehackte grüne Petersilie, dann 2 grob gehackte oder in feine Blätter geschnittene Trüffeln, 15–20 Stück eingelegte, in kleinere Stücke geschnittene Champignons dazu und läßt Alles einmal aufschäumen. In einer Pfanne läßt man 7 Dka. Butter heiß werden, legt die Schnitten hinein, bestreut sie mit rohen feinen Kräutern (grüne Petersilie, Sellerie, Zwiebel, Champignons), dünstet sie auf raschem Feuer 4 Minuten, wendet sie um, schöpft das Fett ab, gibt einen Löffel Glace, etwas kräftige Fleischbrühe und von einer Citrone den Saft dazu und läßt die Schnitten nochmals aufkochen. – Man richtet sie auf einer Schüssel im Kranz an, gibt die vorher gedünstete Zwiebel und Petersilie mit den Schwämmen in die Mitte, verziert das Ganze mit dreieckig geschnittenen, ausgebackenen Semmelschnitten, Oliven- und Citronenspalten und trägt es sehr heiß auf.

Zungen-Ragout.

Die frische Rindszunge und eine sehr fleischige Ente werden zusammen, mit etwas Wurzelwerk weich gekocht. Auf eine braune Einbrenne von 12 Dka. Butter und 3 Löffeln Mehl gießt man die ausgekochte Suppe, verkocht dies, gibt ein Weinglas guten Madeira dazu und seiht es durch. Die Zunge wird gehäutelt und in Scheiben geschnitten, die Ente von allen Knochen befreit und ebenfalls in Stücke zertheilt; 30 bis 60 große, in Butter gedünstete Champignons sammt den ausgedünsteten Saft, etwas Salz, Pfeffer und die durchgeseihte Tunke werden darauf gegeben und das Ganze noch einmal aufgekocht. Auf der Schüssel angerichtet, wird das Ragout mit Butterteigstückchen verziert und umgeben.

Kalbsnuß mit Herrenpilzen.

Eine Kalbsnuß wird abgehäutet, dicht mit feinen Speckfäden gespickt, etwas gesalzen und auf Speck und Butter, einer in Scheiben geschnittenen Zwiebel und einigen Körnern weißen Pfeffer, sowie einigen Champignons, gedünstet. Wenn sie weich ist, nimmt man sie heraus und gibt zu dem zurückbleibenden Safte ein wenig weiße, dünne Buttereinbrenne, um die Tunke etwas dicklicher zu machen. Man läßt dieselbe verkochen, seiht sie durch, und gibt etwas Glace und etwas Citronensaft dazu; sie muß recht glatt gerührt sein und kräftig schmecken. Nun schneidet man die Nuß in dünne Scheiben, läßt sie aber beisam-

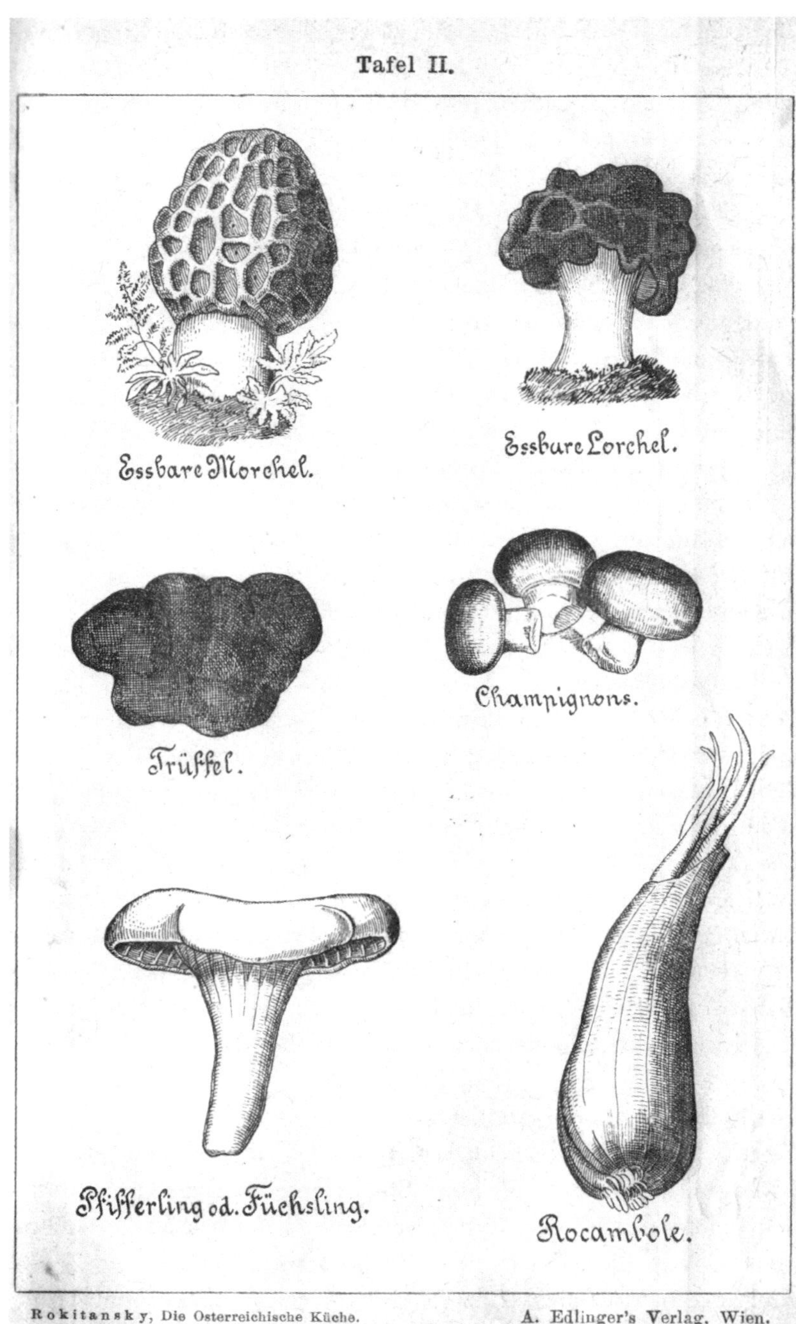

Aus: Marie von Rokitansky, Die Österreichische Küche, Innsbruck 1903

men und legt sie in die Tunke. Beim Anrichten legt man dieselben in die Mitte und gibt herum einen Kranz von fein geschnittenen, in Butter und etwas Petersilie gedünsteten Herrenpilzen.

Indian (Truthahn).

Der Indian wird geputzt, gewaschen und hergerichtet, der Kropf gefüllt und der Vogel mit 14 Dka. Butter drei Stunden in der Röhre langsam gebraten.
Feine Trüffelfülle: Ein halb Kilo rohes Schweinfleisch treibt man durch die Fleischmaschine, mengt 2 ausgedrückte Semmeln, die Leber vom Indian oder eine Gansleber dazu und streicht das Ganze durch ein Sieb; zuletzt gibt man 2 Eier, Pastetengewürz und 4 bis 6, in Stückchen geschnittene Trüffeln dazu. Noch feiner wird die Fülle, wenn man ein abgebrühtes Kalbsbries in Stückchen und einige gedünstete Champignons in Scheiben dazu schneidet.
Pastetengewürz: Man stößt 30 Körner weißen Pfeffer, 20 Körner Neugewürz, 2 Gramm Cardamon, reibt eine halbe Muscatnuß, stößt dieselbe, mengt Alles unter einander, streicht es durch ein feines Sieb und verschließt es luftdicht in einem breithalsigen Fläschchen.

Röthlinge sauer eingelegt.

Man schneidet mittelgroßen, noch halbgeschlossenen Röthlingen die Stiele ab, wäscht sie, kocht sie in gut gesalzenem Wasser nur wenige Minuten und gibt sie auf ein Sieb zum Abtropfen. – In einem gut glacirten Tontopfe läßt man weißen Essig mit ziemlich viel dünnblättrig geschnittenen Zwiebeln, etwas Pfeffer und Neugewürzkörnern ½ Stunde kochen, nimmt ihn vom Feuer, gibt die am Siebe befindlichen, ausgekühlten Schwämme in eine tiefe Schüssel, gießt den noch warmen Essigsud darauf, läßt Alles zusammen erkalten, füllt die Schwämme in Gläser, sieht zu, daß der Essig gut 2 Finger breit über den Schwämmen im Glase steht, verbindet die Gläser mit Blase und hebt sie an einem kühlen Orte auf.

Champignon-Essenz.

Der Saft, welchen man beim Kochen der frischen Champignons erhält, ist die beste Essenz, doch geben auch die Schalen und Abfälle derselben, wenn sie mit ein wenig weißer Suppe gut aufgekocht werden und man die so erhaltene Champignonsuppe auf eine kleine Menge kurz einkocht, eine gute Essenz.

Pilze in Muschelschalen

(nach Jules Gouffé)

Dieses Gericht läßt das Herz eines Feinschmeckers höher schlagen; es bildet sowohl einen geschmacklichen wie auch optischen Höhepunkt auf jedem Tisch.

Für 3–4 Personen: 300 g kleine feste Herrenpilze, Butter, 2 Zehen Knoblauch (fein gehackt), Pfeffer, Salz, einige Löffel Crème fraîche oder Obers, Semmelbrösel, etwas gehackte Petersilie

Pilze klein schneiden mit Butter und Knoblauch bei mittlerer Hitze abbraten, die Pilze sollten Wasser abgeben, Salz und Pfeffer dazugeben, zuletzt einige Löffel Crème fraîche oder Obers.

In Muschelformen füllen, mit Bröseln bestreuen, einige Butterflocken daraufsetzen, im Rohr bei großer Hitze 10 Minuten überbacken. Vor dem Servieren mit etwas Petersilie bestreuen.

Stoffservietten auf Teller legen, Muschelschalen daraufsetzen, mit getoasteten Weißbrotschnitten reichen.

VIERTER TEIL
JAHRHUNDERTWENDE

I. Einfluß des Vegetarismus

Im letzten Drittel des 19. Jahrhunderts wirkten auf den Pilzkonsum und die Kochrezepte für Pilze zwei Entwicklungen ein. Zum einen waren die Fortschritte in den Naturwissenschaften, die neben Medizin, Physik, Chemie auch Botanik betrafen, groß. Die wissenschatlichen Erkenntnisse über Pilze wurden vermehrt veröffentlicht und somit dem interessierten Publikum nähergebracht. Als Beispiel hiefür sei das in Wien 1891 erschienene »Buch der Pilze« von Karl Schwalb erwähnt. Darin werden neben der systematischen Einteilung und genauen Beschreibung auch in zeichnerischen Darstellungen die Charakteristika der Pilze wiedergegeben. Der Autor unterstreicht den Wert der Pilze als Nahrungsmittel und Eiweißlieferanten und gibt auch für deren Zubereitung folgende Empfehlung an die Leser, die bis heute von den Pilzexperten als zweckmäßig anerkannt wird:

> *»Man putze und reinige die Pilze von anhaftender Erde und anderen fremdartigen Theilen, wo möglich, ohne sie zu waschen. Letzteres geschehe nur, wenn die Reinigung ohne Zuhilfenahme von Wasser nicht möglich ist, und dann nehme man nur kaltes Wasser. Durch das Waschen gehen nämlich oft sehr nahrhafte Theile verloren. Die Stiele sind in den meisten Fällen nicht zu verwenden und daher vom Hute abzuschneiden. Von einigen Röhrenpilzen und wenigen anderen kann jedoch auch das Fleisch junger und madenfreier Stiele recht gut verwendet werden, indem man es trocknet und zur Zubereitung von Saucen u. dgl. aufbewahrt. Da das Fleisch der Stiele meist etwas zäher ist als das des Hutes, so ist es angezeigt, dasselbe nicht mit dem weicheren und zarteren Hutfleisch vermischt zuzubereiten, außer dort, wo nur der Extrakt verwendet wird. Das gilt auch inbezug auf die Zubereitung verschiedener Pilzarten, die ein verschiedenes, weiches, zartes und zäheres Fleisch haben, da jenes früher weich wird als dieses, bei zu langem Dünsten und Braten aber zähe wird. (...) Mitunter kommt es vor, dass einige Pilzliebhaber – aus Unverständnis – den Absud der gedünsteen oder gebratenen Pilze ein oder gar mehreremal weg-*

schütten. Hiedurch bezwecken solche Köche nichts anderes, als dass sie gerade die wichtigsten Nährsalze, die während des Kochens aufgelöst wurden und zur Verdauung der Speise unentbehrlich sind, entfernen, so dass sie als Speise nichts als das nur sehr geringwertige Pilzgewebe (Faserstoff) übrig behalten (...)«

Zweitens machte sich eine Reformbewegung verstärkt bemerkbar, die die natürliche Lebensweise in vielen Bereichen propagierte – beginnend mit der Befreiung des Körpers von beengender Kleidung bis zu Anleitungen für gesunde Ernährung. Sie rief auch zur Rückkehr in die unverbrauchte Natur auf und zu gemeinschaftlichen Lebensformen. Unterstützt wurde diese Bewegung von Vertretern philosophischer, anthroposophischer, religiöser und teilweise auch utopischer Lehren. Auch Künstler wurden zu Anhängern des neuen Lebensstiles und der Ernährungslehre ohne Fleischkonsum, der als der Beginn allen Übels angesehen wurde. Der Vegetarismus erlebte, ausgehend von England und Amerika, bereits in der ersten Hälfte des 19. Jahrhunderts durch die Gründung von vegetarischen Gesellschaften und Vereinen einen Zulauf, der sich in den letzten Jahrzehnten verstärkt bemerkbar machte. Als berühmte Vertreter dieser Bewegung sind u.a. Sylvester Graham (Erfinder des Vollkornweizenmehls) und Maximilian Oskar Bircher-Benner (Müsli) zu nennen.

In diese Richtung weisen die »Zukunftsküche« mit dem Untertitel: »Letzter Rettungsanker zur Verhütung völliger Entartung der Menschheit« von Josef Schmall, Wien um 1900, sowie »E. Weilhäuser's Vegetarisches Kochbuch«, Leipzig 1903, bearbeitet von E. Hering, dem Vorsitzenden des Deutschen Vegetarier-Bundes. Im »Vegetarischen Kochbuch für Freunde der natürlichen Lebensweise« von Eduard Baltzer, Leipzig 1903, werden den Pilzen nicht wenige Zubereitungsarten gewidmet.

Die Verwendung von Pilzen jenseits von Steinpilz, Champignon oder Morcheln erfuhr somit eine breitere Basis. Nationalökonomisch betrachtet erschloß vor allem in den bergigen und waldreichen Randgebieten der Monarchie das Sammeln von Pilzen und deren Verkauf eine bescheidene, aber willkommene Einkommensquelle. Ein reichhaltigeres Angebot war in den Kleinstädten von Böhmen, Mähren, Galizien, der Slowakei und auch in den alpinen Regionen vorhanden. In den großen Städten galt noch zur Jahrhundertwende das Marktgesetz von 1838, das nur den Verkauf weniger Pilzsorten vorsah. Ein Beispiel sowohl für die vegetarische wie auch für die praktische und billige Ernährung armer Bevölkerungsschichten stellt das kleine Büchlein »Neue Kartoffelküche« von Paula Kortschak dar, das im vorliegenden Buch mit zwei Rezepten vertreten ist.

II. AUS AUSGEWÄHLTEN KOCHBÜCHERN

Josef Schmall, Die Zukunftsküche. Letzter Rettungsanker zur Verhütung völliger Entartung der Menschheit, Teil I. Ungeschminkte Worte zur rechtzeitigen Umkehr, Teil II. Praktische Unterweisungen in der Zukunftsküche von Marie Schmall, Wien um 1900

Champignon-Suppe.

Entsprechend viel Champignons werden mit angelaufener Zwiebel und etwas grüner, gehackter Petersilie gedünstet. Sind sie genügend weich geworden, staubt man selbe mit Mehl, gießt das nöthige Wasser zu und läßt diese Suppe dann gut aufkochen, während dessen man gleich als vorzügliche Einlage etwas Hohenlohesche Reisflocken zugibt.

Steinpilz-Suppe.

Junge Steinpilze werden gut gereinigt, dann alles unreine Fleisch entfernt, so daß nur der feste Kern zurück bleibt. Dieser wird dann in dünne Scheiben geschnitten, mit angelaufener Zwiebel und etwas gestoßenem Kümmel weich gedünstet. Nach dem Dünsten staubt man selbe mit Mehl, gießt entsprechend viel Wasser auf, gibt grüne gehackte Petersilie zu, und läßt alles nochmals aufkochen. Beim letztmaligen Kochen wird dann gleich die Einlage, feine Butternockerl aus Gruppe VI. Art. 49, mitgekocht. *Art. 49 feinste Butter-Nockerl.* 6 Deka Butter werden recht flaumig abgetrieben, nach und nach ein ganzes Ei, ein Dotter, ein Löffel Milch und ein Löffel Mehl eingetrieben. Schließlich werden noch ungefähr acht Löffel voll Milch und ein Achtelliter Mehl hinzugefügt und das Ganze gut abgeschlagen. Nun werden in üblicher Weise die Nockerl geformt und in Suppe oder Salzwasser gekocht (Ungefähr 15 Minuten).

Schwammerl-Suppe.

Sehr junge, gelbe Schwämme, die sogenannten Nagerln, werden nach obigem Verfahren zubereitet. Zu dieser Suppe eignen sich feine Nudel aus Gruppe VI. Art 53, als Einlage, welche ebenfalls beim zweiten Kochen mitgekocht werden.

Ausgezeichnet mit dem Ehrendiplom und der goldenen Medaille Wien 1900.

Telegramm-Adr. Laureol Wien. — Telephon Nr. 12.659.

Laureol

Garantiert reines naturechtes Pflanzenfett.

Vollkommener Ersatz für jedes andere Fett und Butter. Bestes und billigstes Fett zum Kochen, Braten und Backen für Haushaltungen, Bäcker und Zuckerbäcker, sowie für den Tisch magenschwacher Personen. („LAUREOL" ist in Folge seines niederen Schmelzpunktes dem Magen besonders zuträglich.)

Zu haben in allen besseren Geschäften.

Kochproben gratis und franco durch die

„Laureol" Pflanzenfett-Fabrik

Hermann Finck,

Wien, XIX|2, Boschstrasse 12.

Man nehme von „Laureol" stets um 1/4 weniger, als von anderen Fetten.

Aus: Josef Schmall, Die Zukunftsküche, Wien um 1900

Art. 53 Feine Suppen-Nudel. Von einem ganzen Ei, einigen Löffel Mehl und etwas Salz wird ein Teig gemacht. (Ohne Wasserzusatz). Selben knetet man gut ab, walkt ihn mit dem Nudelwalker ziemlich fein aus, läßt ihn dann etwas übertrocknen. Wenn der Teig fertig ist, schneidet man aus diesem drei Finger breite Streifen und aus diesen die feinen Nudeln.

Schwammerl-Pürée.

Die Schwämme werden geputzt, ausgewaschen und zusammengeschnitten, dann in angelaufener Zwiebel weich gedünstet, hernach passiert.

Während der Dünstzeit macht man von drei Löffel Mehl und Laureol eine lichte Einbrenn, gibt die Schwämme und 4–5 Löffel voll Rahm sowie von einer halben Citrone den Saft hinein und läßt das Ganze zusammen aufkochen. Dieses Pürée kann nach Belieben mit Citronensaft gesäuert werden. Beilage: Haferflocken-Knödel aus Gruppe VI. Art. 1.

Art. 1. Haferflocken-Knödel. Ein beliebiges und entsprechendes Quantum Hohenlohescher Hafer-Flocken werden in Milch (nach Bedarf) 20 Minuten gekocht, auskühlen lassen. Inzwischen schneide man je nach Bedarf Semmeln würfelig, röste sie in Laureol und vermenge dieselben dann mit dem ausgekühlten Brei unter Zugabe von etwas Salz und Mehl, sowie der entsprechenden Anzahl Eier; hernach formt man in bekannter Weise die Knödel und läßt sie 15 Minuten in mäßig gesalzenem Wasser kochen.

Steinpilz-Strudel.

25–30 Deka frische Steinpilze werden rein geputzt, ausgewaschen, mit dem Wiegemesser zusammengeschnitten, etwas gesalzen und in 5–6 Deka Laureol, mit etwas grüner, feingehackter Petersilie, angelaufener Zwiebel fünf Minuten gedünstet. Unter der Dünstzeit gibt man zu den Schwämmen noch die Brösel von einer halben geriebenen Semmel und dünstet erstere noch fünf Minuten, dann Überleeren in eine Schüssel. Hier werden nun die Schwämme mit zwei ganzen Eiern, gutem sauren Rahm verrührt und vertheilt diese Masse gleichmäßig auf dem ausgezogenen Teige. Der Strudel wird sodann zusammengerollt und in Salzwasser gekocht.

E. Weilhäuser's Illustriertes Vegetarisches Kochbuch, bearb. von E. Hering, 6. Auflage, Leipzig 1903

Kartoffel mit Steinpilzen.

Gekochte Kartoffeln schneide man in Scheiben. Dann reinige, zerschneide und wasche man junge Steinpilze und dämpfe sie mit Butter, Salz und Kümmel, rühre sie nach einer Viertelstunde 5 Minuten lang mit 2 rohen Eiern und füge zu diesem Brei die Kartoffeln, schütte alles in eine Kasserolle und stelle diese in kochendes Wasser. Nach Verlauf einer halben Stunde stürze man das Ganze in eine Schüssel.

Kartoffel mit verschiedenen Pilzen.

Man säubere die Pilze, gebe sie in Butter, in der man Zwiebeln geschwitzt hat. Man schütte dann gekochte, in Scheiben geschnittene Kartoffeln hinzu, gebe einige Löffel Sahne daran und siede alles gut durch.

Champignons einzumachen.

Kleine noch geschlossene Pilze sind hiezu am besten. Man schneidet das sandige Stielende ab, wäscht und säubert die Pilze mit einem Bürstchen gründlich und schnell, damit sie nicht zuviel Wasser einziehen, und gibt sie gleich auf ein Sieb. Sie können ganz bleiben oder zerspalten werden; die Stiele werden würfelig geschnitten. Nun klärt man reichlich gute Butter ab, läßt sie darin zugedeckt auf starkem Feuer in wenig Minuten gar schmoren. Die Brühe muß schnell wieder einkochen, die Pilze aber werden in Gläser gefüllt und die Butter daumenbreit darüber gegeben. Nach dem Erkalten legt man weißes Papier auf die Gläser und streut auf dieses 2 cm Salz und bindet mit Pergamentpapier zu. Steinpilze können genau so behandelt werden.

Sterilisieren der Pilze.

Pilze sind bei einiger Sorgfalt ganz besonders dankbar und lassen sich dann als selbstständige Gerichte wie als Würzen vielfach verwenden. Hauptbedingung ist, daß man dieselben möglichst frisch in die Gläser bringt. Alte Pilze dürfen nicht sterilisiert werden. Man putzt die Pilze und spült sie nur ab, wenn es durchaus nötig ist, da besser kein Wasser daran kommt. Dann gibt man Butter in eine Pfanne, und sobald diese zergangen, werden die zerkleinerten Pilze hineingegeben. Nachdem man sie weich gedünstet, bringt man sie nach dem Erkalten mit etwas Salz in die Gläser und sterilisiert 15 Minuten. Man kontrolliere in den ersten Wochen die Gläser täglich, da die Pilze ihres hohen Eiweißgehaltes wegen sehr leicht gären. Ein bereits mehrere Tage geöffnetes Pilzglas ist unrettbar verloren. Die vorstehende Art der Pilzbereitung hat sich von allen Methoden am besten bewährt. Die Pilze werden bei Gebrauch erwärmt, mit Zwiebel, Petersilie, saurer Sahne ec. versehen und zu Tisch gebracht oder auch als Würze verwendet.

Eduard Baltzer, Vegetarisches Kochbuch für Freunde der natürlichen Lebensweise, 15. Auflage, Leipzig 1903

Der dem geistlichen Stand angehörige Autor dieses Kochbuches widmet ein ganzes Kapitel (Nro 14) den Pilzen. Er beschreibt die Zubereitung der marktgängigen Pilze, erwähnt jedoch am Ende des Kapitels, daß man auch von Stachelschwamm, Keulenschwamm, Haferschwamm, Hirschschwamm, Reizker, Kaiserling, Brätling, Kuh- und Butterpilz, Maronenröhrling, Ziegenlippe, Ziegenbart, Birkenschwamm u.s.w. dieselben Gerichte bereiten kann, denn die Vor- und Zubereitung sei dieselbe. Er registriert ein gesteigertes Interesse für die Pilz- und Schwammliteratur und meint, daß das Selbsteinsammeln »dieses trefflichen Nahrungsmittels heilsame, abhärtende Bewegung, vor allem eine vorzügliche Atemgymnastik bedinge«.

Champignons.

Einen Teller frischgepflückter, junger, also unten am Hut noch recht fest geschlossener Champignons wäscht man, nach dem die Stiele unten etwas gestutzt sind, wiederholt in frischem Wasser, setzt sie dann mit 150 Gramm frischer Butter, dem Safte einer Citrone, einer kleinen

Eduard Baltzer.

Vegetarisches

Kochbuch

für

Freunde der natürlichen Lebensweise

mit einem

Vor- und Nachwort

von

Eduard Baltzer.

Motto: Alles Zuviele ist der Natur zuwider.
Hippokrates.

Fünfzehnte verbesserte und vermehrte Auflage.

(51. bis 57. Tausend.)

Mit Ed. Baltzer's Porträt.

Leipzig
Verlag von H. Hartung & Sohn
1903.

Eduard Baltzer, Vegetarisches Kochbuch für Freunde der natürlichen Lebensweise, 15. Auflage, Leipzig 1903

weißen Zwiebel und etwas Wasser oder Weißwein gut zugedeckt aufs Feuer und läßt sie eine halbe Stunde langsam kochen, giebt dann einen Theelöffel in Wasser gerührtes Kartoffelmehl und, wenn es nötig ist, Salz dazu, läßt sie nochmals aufkochen, und zieht die Sauce mit einem Eigelb ab.

Auf andere Art: Bei den größeren Champignons wird die Haut vom Hut abgezogen, die Lamellen, d.h. die braunen Blättchen unter demselben, abgeschabt, die Stiele unten bis zum Ringe abgeschnitten, alles in beliebige Stücke zerteilt und sauber gewaschen. Dann läßt man Butter in einem irdenen Geschirr zergehen, thut die Stücke hinein, setzt etwas Wasser und Salz hinzu und würzt sie, wenn sie weich sind, mit feingewiegter Petersilie.

Auf andere Art: Die Champignons werden, in Stücken vorbereitet oder unzerschnitten, in Salzwasser einmal aufgekocht; dann läßt man sie abtropfen, rollt sie in Mehl oder in Eigelb mit etwas Mehl um, und siedet sie in heißer Butter oder Öl auf.

Champignonspfanne.

250 Gramm in Milch aufgeweichte Semmel, 9 Eigelb und etwas Butter werden gut durchgerührt, hierauf die gehäuteten Champignons fein zerhackt und zuletzt auch der Schnee von den Eiern unter die Masse gerührt, dann alles zusammen in eine mit Butter ausgestrichene Pfanne gethan und eine Stunde gebacken.

Pilzgebackenes (aus beliebigen Pilzen).

Man bedeckt den Boden einer Pfanne mit Butter, legt eine Lage frischer Brotkrumen darauf, dann eine Lage geschnittener Pilze, thut Salz, Zwiebelscheibchen und etwas Petersilie hinzu und wechselt so mit diesen Lagen, bis die Pfanne voll ist; die Oberfläche wird dann schließlich mit Butterstückchen belegt. Das ganze wird in zugedeckter Pfanne gebacken.

Eierschwamm oder Pfefferling.

Hat man nur nötig ordentlich zu reinigen und oft zu waschen, abgeputzt braucht er nicht zu werden; da er etwas fest ist, so thut man wohl, ihn erst mit einer Zwiebel in Salzwasser abzukochen. Wenn er im eigenen Safte weichschmort, erübrigt sich das Vorkochen in Salzwasser. Die so abgekochten Pilze zerschneide man, dämpfe sie in Butter gar und thue etwas geröstetes Mehl nebst feingewiegter Petersilie und Dragon daran. – Auch säuerlich zubereitet, also nur unter Zugabe von etwas Citronensaft, giebt es ein vortrefflich mundendes Gericht.

Morcheln.

In Butter geschwitzte, gut gewaschene und grob gewiegte Morcheln (d.h. trockene, die vorher lau eingeweicht und von den Stielen befreit wurden), thue man in Wurzelbrühe, der man etwas Weizenmehl beigefügt hat. Nachdem das Ganze eine seimige Sauce geworden ist, füge man etwas Schnittlauch, Petersilie und Salz hinzu und lasse die Masse noch einige Zeit kochen. Dann ziehe man die Morcheln mit einigen, in süßer Sahne gequirlten Eidottern ab und gebe sie als Beilage zu Reis, Gräupchen ec. – Morcheln reinige man peinlich genau, da man sonst Gefahr läuft, schlechte Exemplare, die giftig wirken, mit zu genießen.

Morchelpastete.

Aus gutem Kuchenteige mache man vier Teile und rolle jeden Teil zu einem glatten, runden Kuchen aus. In eine mit Butter ausgestrichene Form lege man einen dieser Kuchen und bestreiche denselben mit einer aus gewiegten Morcheln, geriebener Semmel, Butter, Salz und Eiern (etwas Zwiebel) bereiteten Masse, auf welche man den zweiten Kuchen legt. Dann wiederholt man dies mit dem dritten und vierten Kuchen und bäckt die Pastete in nicht zu heißem Ofen eine Viertelstunde.

Steinpilzspeise.

Man befreie den Hut von der Röhrenschicht, ziehe die Haut ab, schabe den Stiel ab und schneide den so hergerichteten Pilz samt Stiel in dünne Scheiben, dämpfe diese mit Butter, wenig Wasser, gewiegter Petersilie und Salz weich und füge eine Kleinigkeit Citronensaft hinzu.

Steinpilzgemüse.

Man koche die Steinpilze einmal in Salzwasser auf und schwenke sie mit einer sämigen Sauce, die man mit Butter, Weißmehl und Petersilie und Dragon bereitet hat, ordentlich durch.

Steinpilz als Beilage.

Zu Spinat ec. In kräftige Scheiben zerschnitten, brate man ihn auf beiden Seiten mit Butter und Zwiebeln in offener Pfanne.

Steinpilz-Omelette.

Die gesäuberten, gut mit kaltem Wasser gewaschenen Steinpilze läßt man auf dem Feuer einmal aufkochen, hierauf werden sie in feine Scheiben geschnitten, mit Butter und Salz kurz eingeschwitzt und mit einigen Löffeln in Wasser verrührtem Weißmehl nebst gewiegter Petersilie verdickt. Darauf bäckt man eine Omelette von 3 Eiern, Milch und Mehl, streicht die Pilzmasse einen Finger dick darauf, rollt die Omelette zusammen und läßt sie in der Pfanne mit Butter noch etwas backen.

Pilzgemüse (Musähnlich, sehr nahrhaft und sättigend).

Die frischen geputzten Schwämme werden zu ganz feinem Brei gestoßen. Diesem wässrigen Brei wird während des Stoßens fortgesetzt feines Weizenmehl zugesetzt, bis man eine gleichmäßige, dicke Masse erhält. In frischer Butter oder gutem Öl wird feingeschnittene Zwiebel und Petersilie gedünstet und dann unter stetem Umrühren der schwach gesalzene Schwammteig hinzugethan. Wenn nötig, gießt man etwas Wasser zu. Wünscht man eine S c h w a m m – S u p p e, so wird bei gleicher Zubereitung noch siedendes Wasser darüber gegossen und die Suppe mit gerösteten Semmelwürfeln angerichtet. Als Beilage zum Gemüse empfehlen wir Kartoffelkoteletts.

Pilzsalat.
Der liebliche Pilzgeschmack kommt am angenehmsten zur Geltung. Für diese Zubereitung sind nur ganz frische, tadellose Pilze zu verwenden. Sie werden rein geputzt, in ganz dünne Scheiben geschnitten, mit Citronensaft benetzt und mit viel feinem Speiseöl übergossen. Nach Geschmack nimmt man ein wenig Salz dazu. Am besten eignen sich Steinpilze, Champignons, Butterröhrlinge, Maronenröhrlinge und ihnen ähnliche zu diesem überaus feinschmeckenden Gericht.

Paula Kortschak, Neue Kartoffelküche, am Buchdeckel mit einer Empfehlung von Katharina Prato, 2. Auflage, Graz und Leipzig 1891

Kartoffeln mit Schwämmen.
Man legt in eine gut ausgeschmierte Casserolle eine Lage gekochter, blätterig geschnittener Kartoffeln, eine Lage mit wenig Suppe vergossener, gedünsteter Schwämme, eine Lage hartgekochter Eier in Scheiben geschnitten u.s.f., gießt sauren Rahm, mit Eiern abgesprudelt, über die letzte Lage von Kartoffelscheiben und bäckt es.

Risolen mit Pilzen.
Man passiert heiße Kartoffeln, läßt sie auskühlen und nimmt zu 18 Deka davon 14 Deka Mehl, salzt dies und bröselt es mit 10 Deka Butter ab, worauf man 1 Ei dazu knetet und den Teig ½ Stunde an einem kühlen Orte rasten läßt. Dann treibt man ihn messerrückendick aus, gibt Häufchen von ziemlich trocken gedünsteten, gehackten Pilzen, ausgekühlt mit Pfeffer und Dotter gemischt wie bei Schlickkrapfeln, darauf, bestreicht den Teig mit Eiklar wie bei solchen, damit die Krapfeln nicht aufgehen, und radelt sie halbrund ab. Man bäckt sie in Schmalz, bestreut sie mit gebackener Petersilie und gibt sie vor dem Rindfleisch oder vor Fisch.

Das fin de siècle war eine hektische Zeit: wirtschaftlich wechselten sich kurzfristigst boomende mit rezessiven Jahren ab. Künstlerisch und musikalisch wurden neue Ausdrucksformen gesucht und erprobt. An neu erschienen Kochbüchern für alle Käufer- und Gesellschaftsschichten gab es keinen Mangel, eine große Anzahl von Werken stand zur Auswahl. Für die bürgerliche, gut situierte Gesellschaft standen die bekannt-berühmten Kochbücher der am Markt eingeführten Autorinnen, jedoch in neuer moderner Aufmachung mit bunten Buchdeckeln oder in Ledereinband mit Goldschnitt zur Verfügung. Das von Elisabeth Stöckel in 26. Auflage im Jahr 1906 erschienene »Österreichische Universal-Kochbuch« gilt dafür als gutes Beispiel. Viele Kochbuchsammler halten es übrigens für das schönste Kochbuch dieser Zeit. Für das wachsende Kleinbürgertum, bestehend aus der in die wirtschaftlichen Zentren gewanderten Landbevölkerung, und die Arbeiterhaushalte gab es preiswerte »Volksausgaben« von Kochbüchern und -broschüren. Zeitschriften für die Frau erschienen in großer Vielfalt zum Thema Mode, Haushalt, Küche, Gesundheit usw. Äußerst auflagenstark mit 180. 000 Exemplaren pro Erscheinungstermin war die Frauenzeitschrift »Wiener Mode«, die 1887 gegründet wurde und 14tägig erschien. Der Erfolg – auch außerhalb Österreichs – war groß und die Zeitschrift wurde 1892 in die Form einer Aktiengesellschaft übergeführt. Die Redaktion hatte mit dem Kochbuch »Die Kochkunst der Wiener Mode mit einem Anhang für Leidende« im Jahre 1896 einen weiteren durchschlagenden Erfolg; im Jahr 1915 wurde ferner ein »Kriegskochbuch« aufgelegt.

Das sich zu Ende neigende 19. Jahrhundert, das gemäß der historischen Betrachtungsweise als langes Jahrhundert bis zum Ende der östereichisch-ungarischen Monarchie 1918 dauerte, war durch einen breiten Strom von Kochbüchern und Kochanleitungen gekennzeichnet und erschwert in dieser Fülle die Auswahl von Kochrezepten, die Pilze betreffen. Die Suche hat in diesem Dickicht von Büchern und Broschüren, die bis 1914, dem Ausbruch des Ersten Weltkriegs, erschienen sind, zu weniger bekannten Verfassern und Verfasserinnen, aber zu interessanten Funden geführt.

Anna Strobel, Die praktische Wiener Küche. Eine vollständige Sammlung von erprobten Kochrezepten für den einfachsten wie für den reichsten Haushalt (...) nebst einem Anhange für Leidende, Wien-Leipzig o. J.

In diesem Kochbuch wird in dem Abschnitt Gemüse eine eigene Unterabteilung den »Schwämmen« gewidmet. Es werden einige Pilzarten separat erwähnt und aufgezeigt, wie man sie zubereitet. Auch die falsche Maurachensuppe findet Erwähnung; die aus Kalbsbeuschel, Milz und in Milch geweichter Semmel mit Gewürzen geformte Fasch wird als »mühsam zu bereitende Suppeneinlage« zu brauner Suppe serviert. Diese Art der Zubereitung hat sich über zweihundert Jahre in den Kochbüchern erhalten. Ein Hinweis ergeht an die Köchin, diese Fasch auch

Elisabeth Stöckel, Österreichisches Universal-Kochbuch, 26. Auflage, Wien o.J. (ca. 1906)

in mürbem Teig wie Tascherl auszubacken oder kleine Kugeln zu formen und diese in Ei und Bröseln zu wenden und ebenfalls auszubacken.

Brätlinge.

Diese müssen im ganzen Zustande gewaschen, dann erst geputzt und geschnitten werden, da, sobald sie die Milch verlieren, auch ihr Wohlgeschmack verloren geht. Man dünstet sie jäh mit Butter und Kümmel ab; auch kann man ein paar Eier hineinschlagen oder ein paar Löffel sauren Rahm dazugeben.

Champignons.

Feste, frische Champignons putzt man, indem man das Erdige am Stiel wegschneidet, diesen abschabt, vom Köpfchen die Haut abzieht und, falls sie schon einen Bart haben, auch diesen entfernt. Man wirft jeden Schwamm sogleich in kaltes Wasser und wäscht, wenn man alle geputzt hat, sie nochmals heraus, lässt sie auf einem Siebe abtropfen und schneidet sie blättrig. Inzwischen lässt man Butter, Zwiebel, Salz, Pfeffer und Petersilie anlaufen, staubt Mehl daran, vergiesst es mit etwas Suppe, gibt die Champignons hinein, überdünstet sie, giesst noch Suppe und sauren Rahm nach Bedarf dazu. Ganz kleine dünstet man nach Entfernung der Haut mit Butter, Limonensaft und Petersilie auf starker Hitze, bis der Saft ganz eingegangen ist, und gibt sie so als Garnirung oder bindet sie mit etwas Buttersauce; sie müssen sehr schön weiss bleiben.

Champignonpurée.

Man bratet einige kleine Kalbs-Schnitzel ab, lässt in demselben Fett, Champignons und zwei Semmel braten, stosst Alles fein, passirt es, lässt es in heisser Butter anlaufen und vergiesst es mit Suppe.

Morcheln gedünstet.

Von frischen Morcheln schneidet man die Stiele ab, wäscht sie fünf bis sechsmal mit frischem Wasser, damit aller Sand entfernt wird, gibt sie in heisses Wasser, lässt sie aufwallen und wascht sie nochmals in kaltem Wasser ab. Dann setzt man sie mit Suppe, Salz und Pfeffer und einem Stückchen Butter zu und lässt sie kochen, bis man sie leicht durchstechen kann. Dann bereitet man aus Butter und Mehl goldgelbe Einmach, gibt fein gehackte Petersilie dazu und giesst die Morcheln sammt ihrer Brühe langsam wieder unter fortwährendem Rühren in dieselbe, lässt sie noch eine Weile kochen, reibt etwas Macisnuss daran.

Morcheln gefüllt.

Grosse Morcheln putzt und wäscht man wie die Vorstehenden, höhlt sie vom Stiel aus, hackt das Fleisch der Stiele fein, überdünstet es mit Butter, fein gehacktem Speck und magerem Kalbfleisch, hackt Alles nochmals gut durch, gibt etwas in Milch geweichte Semmeln dazu und passirt es, dann gibt man die Morcheln in ein gut bebuttertes Casserol nebeneinander mit den Stielen nach oben, füllt sie mit der Fasch, so dass dieselbe noch etwas heraussteht. Betropft sie mit etwas Citronensaft und dünstet die Morcheln langsam mit etwas Fleischbrühe, bis sie weich sind. Dann legt man sie auf die Schüssel, gibt noch etwas Butter, Petersilie und Citronensaft in die Pfanne, lässt ihn aufkochen und seiht diesen Saft über die Morcheln.

Nelkenschwämme.

Diese kleinen, wohlriechenden gelben Schwämme reinigt und putzt man und reisst sie dann vom Stiele aufwärts in längliche Spalten, siedet sie in Suppe und gibt sie in Buttersauce mit etwas Rahm als Sauce oder sehr verdünnt als Suppe, in die man kleine Semmelknödel einkocht.

Pilze.

Bei dieser Gattung Schwämme muss man besonders vorsichtig verfahren und alle, welche morsch, angefault, wässrig oder weich sind, wie alle, deren Fleisch einen unangenehmen Geruch hat oder an der Schnittfläche die Farbe wechselt, als ungesund beseitigen. Man putzt sie wie die Champignons, schneidet sie ebenfalls blätterig und dünstet sie mit Butter, grüner Petersilie und etwas Pfeffer weich; staubt sie und vergießt sie mit Suppe und Rahm und gibt sie zu gebratenem Fleisch oder mit Eiern an Fasttagen als Zwischenspeise, in welch letzterem Falle man auch den Rahm weglassen kann.

Schwammhachée.

Die festeren Gattungen von Schwämmen überbrüht man nach dem Putzen mit heissem Wasser, schneidet sie fein zusammen und dünstet sie mit Butter und Petersilie, mischt etwas Rahm bei, legirt sie mit einem Dotter und verwendet sie als Fülle von Muscheln oder kleinen Pastetchen.

Schwammlaibchen.

Ungefähr 1 Teller voll gereinigte und blätterig geschnittene Schwämme überbrüht man mit heissem Wasser, seiht es ab und hackt sie fein zusammen. Man gibt sie zu gelb angelaufener Zwiebel in Butter, mischt 2 Deciliter saueren Rahm, 2 gehackte Sardellen und in Milch geweichte Semmel, Pfeffer, Macisnuss, wenig Salz und 2 Dotter dazu und lässt es eine halbe Stunde stehen, dann formirt man über Bröseln kleine Laibchen, bäckt sie mit Butter und gibt sie an Fasttagen als Beleg zu Gemüse.

Schwammpurée.

Von Champignons oder Pilzen schneidet man Stücke, lässt sie mit etwas Wasser, Citronensaft und Salz weich kochen, schneidet sie fein zusammen, streicht sie durch ein Sieb, lässt dieses Purée in Butter und etwas von der Brühe, in der sie gekocht sind, dünsten, staubt etwas Mehl daran, rührt einige Löffel Rahm darein, lässt es dick werden und servirt es, mit etwas Butter und Limonensaft übergossen, zu Kalbfleisch oder Geflügel.

Französisches Jägerfleisch.

½ Kilo gutes, abgelegenes Rindfleisch, ½ Kilo Hirsch- oder Rehfleisch schneidet man zu Stücken wie Gulyas, dann dämpft man in Fett 2 grosse Zwiebeln und 2 Hände voll beliebige Schwämme, gibt das Fleisch, Salz und Pfeffer dazu und dünstet es weich; inzwischen lässt man ½ Liter Reis mit einem Liter Wasser in etwas Butter weich dünsten, dann quirlt man ein Gläschen Wein, 1–2 Eidotter und eine Lösung von Liebig's Fleischextract gut ab, schüttet dies über den Reis und dämpft ihn fertig. Man richtet ihn kreisförmig auf der Schüssel an und gibt das Fleisch sammt seiner Brühe in die Mitte.

Faschschnitten mit Trüffeln.

Man legt einen Flecken von Butterteig über Papier auf das Backblech, streicht rohe Wildpretfasch auf, belegt sie mit Trüffelschnittchen, gibt wieder Fasch und Teig darüber, bestreicht diesen mit Ei und bäckt es. Dann schneidet man es zu zweifingerbreiten Schnitten.

Pfannenkuchen mit Kalbfleisch und Schwämmen.

Man schneidet geschälte Pilze blätterig, dann mit dem Wiegemesser, dünstet sie mit Butter und Petersilie und kocht sie mit sauerem Rahm und Paprika auf. Dann mischt man feingeschnittenen Kalbsbraten dazu, streicht dies auf Pfannenkuchen und stellt das Casserol damit eine Vierelstunde in das Rohr. (Pfannenkuchen: ½ Liter Milch, halb so viel Mehl, etwas Salz und 2 Eier, man gibt zuerst das Mehl in den Topf, dann die Eier und nach und nach die Milch und schlägt und sprudelt den Teig sehr gut ab).

Fischschnitze mit Trüffeln.

Schöne, dünne Schnitze von Fischen feinerer Gattung spickt man mit Speck und Trüffeln, lässt mit Salz und Pfeffer bestreut eine Stunde liegen, bratet sie mit Butter ab, gibt sie sammt dem geseihten Safte auf die Schüssel und garnirt sie mit gedünstetem Reis.

Anna Marbler, Neues Praktisches Kochbuch für jeden Haushalt geeignet, 3. Auflage, Graz 1902

Dieses Kochbuch erfreute sich einiger Beliebtheit, fand es doch mit fünf Auflagen (die erste im Jahr 1886 und die letzte im Jahr 1921–1922) Akzeptanz und Wertschätzung. Wie die Autorin ankündigt, sind darin sowohl Speisen mit Trüffeln wie auch einfachere mit Champignons oder mit Pilzen enthalten. Je nach Verfügbarkeit der Pilzsorte steht somit der Köchin die Wahl frei. Auch entspricht sie mit dem Rezept einer »Vegetarier-Morcheln-Suppe« dem Trend der Zeit.

Vegetarier-Morcheln-Suppe.

8-10 Morcheln werden in 3 bis 4 Stückchen geschnitten, sehr rein gewaschen und ungefähr mit 1½ Liter guter Erbsenbrühe übersotten. Sodann schneidet man sie nach Geschmack zu einem Gehäck oder auch etwas gröber zusammen und dünstet sie mit in Butter angelaufenen Bröseln und geschnittener grüner Petersilie, vergießt sie sodann mit der Erbsenbrühe in welcher die Schwämme überkocht worden sind, und läßt alles zusammen gut sieden; sprudelt dann 2 bis 3 Dotter mit 2 Löffel voll sauren Rahm, 1 Stückchen Butter, und schüttet es sprudelnd in die siedende Suppe, salzt es und gibt, wenn man will, eine Prise Muskatblüte (das unschädlichste magenstärkendste Gewürz) dazu.

Sellerie-Suppe mit Schwämmen und Krebsen.

Man gibt in eine Rein einen Löffel voll Schmalz, läßt es heiß werden, gibt eine Selleriewurzel größerer Gattung in Würfeln, doch so klein, wie die kleinsten Suppenzweckerl geschnitten, hinein, läßt es semmelfarb werden, staubt dann zwei Löffel voll Mehl daran, läßt es auch gelb-

Anna Marbler, Neues Praktisches Kochbuch für jeden Haushalt geeignet, 3. Auflage, Graz 1902

lich werden und schüttet dann einen Liter Wasser dazu, läßt es unter beständigem Rühren aufsieden, nimmt dann beiläufig 2 Deciliter davon weg, stellt es einstweilen bei Seite, löst ungefähr 10 Krebse aus und gibt sie in die große Suppenmasse; ebenso gibt man auch einige überdünstete Champignons oder Pilze dazu, salzt Alles und rührt noch 4 Löffel voll sauren Rahm hinein und läßt es kochen. Kurz vor dem Gebrauch gibt man einen Dotter in einen Topf, schüttet die früher weggenommene Suppe dazu, sprudelt es gut und rührt es in die große siedende Masse, stellt sie gleich vom Feuer weg und gibt noch in Schmalz geröstete Semmelwürfel dazu. Diese Suppe ist ohne Krebse und ohne Schwämme auch sehr gut, nur darf sie nicht zu dick werden.

Schwämme-Sauce an Fasttagen.

Man läßt ein Stück von einem besseren Fisch (Hecht oder Karpfen) mit Erbsenwasser, 1 Stückchen Butter, etwas sauren Rahm und 1 oder 2 gereinigten, fein gestoßenen Sardellen weich kochen, passirt dieses und gibt in das Passirte abgedünstete Pilze, Morcheln oder Champignons, die mit Mehl gestaubt worden sind, hierauf läßt man das Ganze zusammen noch aufkochen.

Gansleber mit Champignons.

Man läßt ein paar Hände voll Champignons, einen Löffel voll fein geschnittenes Petersilienkraut und einen halben Löffel voll Chalotten in Butter anlaufen, gibt fingerdick geschnittene Schnittchen Leber dazu, röstet sie durch einige Minuten, so, daß sie nicht mehr roh sind, gibt die Leber auf eine Schüssel, die man warm hält und gibt zu der Champignonsauce nach Geschmack Limoniesaft, etwas Wein und einen Löffel voll in Fett gerösteter Brösel, läßt es aufsieden, salzt es und schüttet es über die Leber.

Frösche mit Morcheln.

Man brüht die Froschkeulen mit siedendem Wasser und legt sie dann in kaltes Wasser. Dünstet Morcheln in Butter mit grüner Petersilie, bereitet eine Buttersauce mit Erbsenwasser vergossen, gibt in diese die gedünsteten Morcheln und die Frösche, welche man früher recht aus dem Wasser ausgedruckt hat und läßt sie nur einigemal aufsieden. Wenn man es noch schmackhafter haben will, kann man Krebsbutter statt gewöhnlicher Butter nehmen und in die Sauce auch Krebsschweifchen geben.

Pastete von Morcheln und Fleisch-Farce.

Frische, große Morcheln überdünstet man, getrocknete werden überkocht, füllt in die Höhlung derselben eine gute Farce von Kalbfleisch, belegt eine Casserolle mit Butterteig, legt die Morcheln gefüllt eine neben der anderen hinein, streut Semmelbrösel darauf, begießt sie noch etwas mit saurem Rahm und bäckt sie in der Röhre. Der Teig wird nur fingerbreit umgeschlagen.

Kalbschnitzchen mit Trüffeln.

Man schneidet 6 Stück Kalbsschnitzchen vom Schlägel, ungefähr von ½ Kilo, etwas geklopft und gesalzen stellt man sie bei Seite und bereitet 4–5 Champignons und eine Trüffel, welche man mit Butter und Limoniensaft überdünstet, abgekühlt schneidet man sie fein mit 2 Schalotten, einer persisch eingelegten ¼ Gurke oder einer kleinen gewöhnlichen Essiggurke und noch etwas Petersilie. Die Schnitzchen werden nun mit obbenannten und mit ein paar Löffel voll vom feinsten Tafelöl langsam weich und sorgfältig, daß nichts anbrennt, gedünstet, zuletzt gibt man noch den Saft einer halben Limonie und 2 Löffel voll kräftiger Fleischbrühe dazu, nachdem noch einmal aufgekocht, werden sie, noch gänzlich entfettet, zur Tafel gegeben.

Reis mit Schwämmen.

Zu mit Zwiebel, Speck und Rindsuppe gedünstetem Reis mischt man mit grüner Petersilie, saurem Rahm und etwas Pfeffer gut gedünstete, klein geschnittene Pilze und läßt Alles zusammen noch kurze Zeit am Feuer. Wenn man Fleisch damit garnirt, kann man einen Löffel voll davon geben und einen Löffel voll abwechselnd gewöhnliches Eingerührtes von Eiern.

Trüffelfülle.

Nachdem die Trüffeln gereinigt und geschält sind, schneidet man sie fein, schneidet ebenso, doch im Gewichte etwas weniger als die Trüffeln, frischen Speck, Pfeffer und Salz und mischt dann noch ausgestreifte Geflügelleber, am besten Gansleber dazu.

Die Kochkunst. Kochbuch der »Wiener Mode«. Mit einem Anhange Küche für Leidende.

Dieses Kochbuch erschien in Wien, Leipzig, Berlin und Stuttgart und errang im Jahr 1895 die k. k. Staatsmedaille. Es wurde als Lehrbuch konzipiert und begann mit einer »Küchenplauderei« mit wichtigen, grundlegenden Hinweisen für die Hausfrau, die von K. Ansion-Hasatty zusammengestellt worden waren. Dieses Kochbuch, herausgegeben vom Verlag der Wiener Mode, deckt sich wortwörtlich und seitengenau mit dem vorherigen Werk der Anna Strobel, deren Kochbuch im Verlag Rubinstein, Wien und Leipzig, erschienen ist.

Bertha Gerold-Sauerländer, Kochrezepte, Wien 1897

Die in diesem Kochbuch beschriebenen arbeitsintensiven Kochverfahren, der Einsatz von guten, oftmals teuren Zutaten, die Verwendung von vielerlei Fleisch- und Fischsorten, auch zahlreiche Wildrezepte sind ein untrüglicher Beweis für eine gutbürgerliche Küche. Die Autorin stammt aus dem traditionsreichen Wiener Buchhandels-, Druckerei- und Verlagsunternehmen Gerold; aus der 1. Auflage des 1897 im Verlag Gerold's Sohn erschienen Buches sind einige Rezepte ausgewählt, wobei die bereits hinlänglich bekannten Verfahren zur Herstellung von Pilzsuppen und -saucen weggelassen wurden. Rezepte mit großzügigem Trüffeleinsatz wurden gleichfalls – aus Gründen der Ökonomie – übergangen.

Braune Ragout-Sauce.

Von 7 Dekagramm (4 Loth) Butter macht man eine gelbe Einbrenn, gießt sie mit guter brauner Suppe auf und rührt sie, bis sie stark kocht; dann gibt man recht viel fein geschnittene Champignons hinein, läßt die Sauce nur ganz wenig auf einer Seite fortkochen, rührt gar nicht mehr und schöpft das Fett sorgfältig ab. Dann seiht man die Sauce durch ein feines Sieb oder durch ein Tuch, gibt einige Löffel Madeira und allenfalls etwas Glace hinein, auch Gewürz nach Geschmack und läßt sie noch einmal aufkochen.

Wild-Farce mit Kalbfleisch.

40 Dekagramm Fleisch von Wild und ebensoviel Kalbfleisch wird mit Butter, Champignons, einem Stück Speck, Schalotten, 3 Nelken und Trüffeln in Rothwein gedünstet, bis Alles weich ist, dann gestossen und passirt. Dann macht man die Masse mit 4 Eidottern und etwas Bröseln an, daß sie so fest wird wie zu einer Pastete, füllt sie in eine Form und läßt sie ½ Stunde im Dunst kochen.

Gebackene Eierspeise.

Man schneidet 5–6 Champignons ganz fein zusammen, passirt 4 hart gekochte Eier, dünstet Beides zusammen in Butter, gibt 2 Löffel Rahm und Gewürz dazu, rührt 4 rohe Dotter darunter und läßt es auskühlen. Dann schneidet man eine Oblate in 4 Theile, befeuchtet sie mit Wasser, gibt 1 Löffel voll Eierspeise darauf, rollt sie zusammen, panirt sie in Ei und Bröseln und bäckt sie in Schmalz. Es ist dies eine gute Beilage zu Gemüsen. Man kann auch Petersilie darunter geben.

Schnitten.

Man gibt ein Stück Butter in eine Casserolle, Champignons, etwas Sellerie und gelbe Rübe dazu, läßt Alles zusammen anlaufen, gibt dann Fleischabfälle oder Milz oder Kalbsnieren hinein und läßt es mit einigen Schnittchen getrockneter Semmel gelb dünsten; dann stößt und passirt man das Ganze, gibt, wenn man will, etwas Wein dazu und streicht die Masse auf sehr dünne Weißbrotschnitten, welche man dann auf der Fridattenpfanne in Schmalz bäckt.

Kalbfleisch-Wandeln.

Man macht von 80 Dekagramm nicht zu stark ausgebratenem Kalbfleische eine Farce und passirt dieselbe mit ¼ in Milch geweichter Semmel; dann treibt man 5 ¼ Dekagramm (3 Loth) Butter ab, gibt 3 Dotter, etwas Salz und Pfeffer dazu, röstet etwas Petersilie in Butter, gibt 2 fein gehackte Champignons und eine feingeschnittene Trüffel hinein, läßt das Ganze anlaufen und rührt dann Alles zusammen in einem Weidling ab. Zuletzt gibt man den Schnee von 1 Klar dazu, füllt die Masse in kleine Wandeln und läßt sie ½ Stunde im Dunst kochen. Dann stürzt man die Wandeln und gibt beim Anrichten eine weiße, mit 2–3 Dottern legirte Einmachsauce darüber.

Haché-Krapferln.

Man macht einen gewöhnlichen Butterteig, walkt ihn dünn aus und sticht Scheiben von beliebiger Größe aus; an der Hälfte dieser Scheiben sticht man mit einem kleinen Ausstecher die Mitte aus; nun legt man den Ring auf die Scheibe, bestreicht es mit Ei, und bäckt es in der Röhre; die kleinen Scheibchen werden auch gebacken. Dann füllt man das Haché ein und legt den kleinen Deckel darauf. Zum Haché dünstet man Kalbfleisch mit einigen Champignons weich, schneidet es sehr fein zusammen und legt es wieder in den Saft; dann staubt man es mit Mehl und rührt, wenn man will, einen Dotter hinein. Es muß ziemlich dick sein.

Champignon-Soufflée.

3½ Deciliter (1 Seidel) Milch in einer Casserolle kochen, 7 Dekagramm (4 Loth) Butter mit 7 Dekagramm (4 Loth) Mehl abarbeiten, in der kochenden Milch verrühren, langsam 4 Eidotter nacheinander hineinschlagen und etwas salzen. Von den Champignons wird ein Theil fein mit dem Wiegemesser zusammengeschnitten, der andere Theil in viereckige Stücke und gedünstet in das Koch gemengt; zuletzt gibt man den

Honiggelber Hallimasch. Eßbar. Armillaria méllea Vahl.
Aus: Edmund Michael, Führer für Pilzfreunde, Zwickau 1919

Schnee von 4 Eiweiß darunter, füllt die Masse in eine Schüssel, die mit Butter ausgestrichen wird, und läßt sie ½ Stunde in der Röhre backen, bis sie lichtbraun wird. Für diese Masse genügen circa 20 Stück mittelgroße Champignons. (Für 8 Personen).

Champignon-Purée mit Schlagobers.

30 mittelgroße Champignons werden fein gehackt, in Butter und Petersilie gedünstet und passirt; dann macht man eine feine, ganz lichte Einbrenn, gibt die passirten Champignons nebst etwas Salz und Citronensaft hinein und mischt unmittelbar vor dem Anrichten ¼ Liter fest geschlagenes Obers darunter. Man gibt dann die Masse in eine Auflaufschüssel und läßt sie eine kleine Viertelstunde in der nicht zu heißen Röhre backen. Man servirt dazu Zunge oder Schinken. (Für 6–8 Personen).

Marie Dorninger, Bürgerliches Wiener Kochbuch, Wien o. J.

Die erste Auflage erschien 1905 und in rascher Folge drei weitere; es wurden der Autorin mehrere Auszeichnungen zuteil, die für sie wichtigste war die Silberne Medaille der Wiener Internationalen Kochkunst-Ausstellung im Jahr 1906. Die Rezepte sind bereits für einen kleineren Haushalt von 3–4 Personen gedacht und es fehlen auch nicht die Kostenangabe in Heller und Kronen für die benötigten Zutaten. Der Sparsamkeit der Hausfrau wurde damit ein großer Dienst erwiesen; was nicht bedeutet, daß nicht auch Kochanleitungen mit Trüffeln, Kaviar, Artischocken, Scampi und Wildfleisch in die Sammlung Eingang gefunden haben. Die Pilzgerichte entsprechen mit Morcheln, Champignons und Trüffeln den herkömmlichen Rezepten; der Präsentation bei Tisch wird besonderes Augenmerk gewidmet.

Gefüllte Champignons, 1. Art, Preis: 1 K 40 h

Man putzt zirka 20 Champignons, schält sie und bricht die Hüte ab. Nun bereitet man Kalbsfarce, gibt die Stengel, welche man in Butter, Suppe und grüner Petersilie dünstet, zur Farce. Dann füllt man die Hüte damit, stellt sie in eine Kasserolle, gibt Butter, Suppe, grüne Petersilie, Pfeffer und Salz daran, und dünstet darinnen die Champignons. Inzwischen schneidet man eine abgerindelte Semmel in Schnitten, taucht sie in Milch und Ei und bäckt sie aus dem heißen Schmalze heraus. Nun legt man einen gefüllten Champignon darauf. In einer Schüssel richtet man grüne Erbsen an, legt rundherum die Champignons und serviert die Speise.

Schwammlaibchen. Preis: 1 K 70 h

½ kg beliebige Schwammgattung wird geputzt und mit heißem Salzwasser abgebrüht, dann abgeseiht und sehr fein gehackt. Indessen läßt man 6 dkg Butter heiß werden, gibt die Schwämme, Salz, Pfeffer, Zitronenschale und ein wenig Suppe daran und dünstet sie weich. Der Saft muß ganz eingegangen sein. Nun hackt man 1 Sardelle fein und zerdrückt Kümmel. Wenn die gedünstete Masse überkühlt ist, rührt man 1 Ei, die Sardelle, den Kümmel, 2 Eßlöffel Rahm und soviel Brösel daran, daß sich Laibchen formen lassen, welche man einpaniert und aus heißem Schmalze herausbäckt. Inzwischen bereitet man »Fisolen Natur«, richtet diese auf einer Schüssel erhaben an und legt rundherum die Schwammlaibchen.

Pilzlingbutter. Preis: 86 h

⅛ kg Pilzlinge werden geputzt, in Salzwasser gekocht und ausgekühlt. Dann rührt man ⅛ kg Butter gut ab, gibt die feingeschnittenen Pilzlinge, grüne Petersilie, Pfeffer, Salz und Zitronensaft daran, passiert die Masse durch ein Haarsieb und bestreut die Butter mit Schnittlauch; man kann auch 2 gekochte Dotter dazumischen.

Marie Soucek, Neuestes Handbuch der böhmischen Kochkunst, verfaßt auf Grund eigener langjähriger reicher Erfahrung und wiederholt belobter Tätigkeit auf dem Gebiet der Kochkunst von einer Professorsgattin, Wien und Leipzig o. J.

Die Autorin verfaßte dieses Kochbuch in tschechischer Sprache, es wurde etwa 1907–1908 ins Deutsche übersetzt; alle darin enthaltenen Mengenangaben sind für einen 8-Personen-Haushalt bestimmt, sie empfiehlt ferner – vor allem im Winter mangels frischen Wurzelwerks – Maggi's Suppenwürze.

Trüffelknöderln.

Rohes, weißes Hühnerfleisch wird sehr fein gehackt. Zu 5 Deka feingehacktem Fleisch nimmt man 5 Deka ebenso gehackte Trüffeln, vermischt dieses mit so viel Semmelbröseln, daß es gut zusammenhält, und formt dann kleine Knöderln daraus, welche man in Eier taucht, dann in Bröseln dreht und in heißem Schmalz bäckt.

Schwammsauce mit saurem Rahm.

In ½ Liter Rindsuppe läßt man eine Handvoll geschnittener, frischer oder trockener Pilze weichkochen. Dann werden die Pilze herausgenommen, fein gehackt und wieder in die Suppe zurückgegeben. Diese wird mit gelber Einbrenn eingemacht und mit ein wenig Weinessig, 1 Deziliter sauren Rahm verschüttet, dazu ein haselnußgroßes Stückchen Zucker gegeben, nochmals gut gesprudelt, eingekocht und dann zu Tische getragen.

Graupen mit Pilzen (böhmische Volksspeise).

Man kocht ½ Liter Graupen, bis sie weich sind, salzt und vermengt sie mit etwas Kümmel. Eine den Graupen angemessene Menge fein zerschnittener frischer oder abgebrühter und gehackter trockener Pilze wird mit einem Stück Butter weichgedünstet. In einer Schüssel werden 8 Deka Butter abgetrieben, die ausgekühlten Graupen und Schwämme hineingerührt, in eine mit Butter ausgeschmierte Kasserolle gegeben und ½ Stunde lang in nicht zu heißer Röhre gebraten.

Schwammsuppe.

¼ Liter trockener Schwämme, am besten Herrenpilze, werden in Petersilienwasser weich gekocht, dann herausgenommen und fein gehackt. Die feingehackten Schwämme werden mit einem Dotter, einem ganzen Ei, einem Stückchen Butter, einer geweichten, gut ausgedrückten Semmel, einem Eßlöffel süßen Rahm, ein wenig fein gehackter Limonieschale und einer Prise Neugewürz gut verrührt; sollte es noch schütter sein, so kann man noch ein wenig geriebene Semmel dazu geben. Aus dieser Masse werden kleine Knöderln gebildet. In die abgeseihte Suppe schüttet man ¼ Liter süßen Rahm und eine Prise Neugewürz. Nun wird die Suppe ein wenig mit Buttereinbrenn eingemacht und die Knöderln eingekocht.

Semmelschnitten mit Ragout zum Wein.

Einige Herrenpilze oder Champignons und ein wenig Petersilienkraut werden fein gehackt und mit 3 Eßlöffel süßen Rahm, einer Prise Pfeffer und Salz und ein wenig fein gehackter Limonieschale gut abgerührt und mit einem Stückchen Butter 10 Minuten lang gedünstet. Dann gibt man dazu die feingehackten Reste von gebackenem Geflügel (Tauben, Hühnern, Rebhühnern usw.) und ein wenig Limoniesaft; dies wird gut verrührt und fein geschnittene und dann in Butter geröstete Semmelschnitten damit bestrichen.

Unechte Muscheln.

Ein Kalbsbries, eine Kalbszunge, einige Champignons, Trüffeln oder Herrenpilze, Geflügelleber, einige Spargelköpfchen, ein Stückchen Blumenkohl, dies alles muß gekocht oder gedünstet und dann fein gehackt werden. In einer Kasserolle läßt man nun ein Stück Butter, einen Kaffeelöffel geriebener Zwiebel, eine halbe, in Wasser geweichte und gut ausgedrückte Semmel heiß werden. Dann gibt man die Farce hinein, schüttet dazu ¼ Liter gute Rindsuppe und ¼ Liter Madeirawein und läßt es unter öfteren Umrühren dick werden. Die Muschelschalen werden mit Butter ausgeschmiert, in jede ein Eßlöffel Farce hineingelegt, mit fein geriebenen und gesiebten Semmelbröseln bestreut, mit Krebsbutter betropft, auf ein Backblech gelegt und in der heißen Röhre einige Minuten gebacken, dann mit Limonievierteln serviert. Wenn man nicht Krebsbutter hat, so kann man sich auch gewöhnlicher Butter zum Betropfen bedienen.

Unechte Muscheln.

Man hackt 14 Deka Fleisch von gebratenem Reh oder Rebhuhn, 14 Deka gekochte, geselchte Zunge und 14 Deka in Butter weich gedünstete Champignons oder Herrenpilze recht fein und mengt 20 feingeschnittene Kapern darunter. Diese Farce gibt man in eine Kasserolle, schüttet dazu ⅛ Liter brauner Rindsuppe und ⅛ Liter Rotwein und läßt es unter öfterem Umrühren zu einem dicken Brei ausdünsten. Die Muschelschalen werden mit Butter ausgeschmiert, mit der Farce gefüllt, mit fein geriebenen Semmelbröseln bestreut, mit aufgelöster guter Butter beträufelt, auf ein Backblech gelegt und ¼ Stunde in der heißen Röhre gebacken.

Eingelegte Rötlinge.

Die Rötlinge müssen sogleich, wie man sie bekommt, bereitet werden, denn dieser Schwamm wird sehr rasch unbrauchbar, da er in wenigen Stunden von Würmern gänzlich vernichtet wird. Die kleinen Köpfchen der Rötlinge werden sauber geputzt und in kaltes Wasser gelegt, damit sie nicht schwarz werden. In einem irdenen Topf läßt man nach Bedarf 2 Teile Wasser und einen Teil Essig, etwas Salz und Kümmel zum Sieden kommen, nimmt dann die geputzten Rötlinge aus dem Wasser heraus, legt sie in den siedenden Essig und kocht sie ¼ Stunde lang. Die gekochten Schwämme läßt man in dem Essig über Nacht stehen. Den zweiten Tag kocht man so viel als nötig nicht zu scharfen Weinessig mit Lorbeerblättern (auf 3 Liter rechnet man 1 bis 2 Lorbeerblätter), ein wenig Kümmel, einigen Pfefferkörnern und Salz ab. Die gekochten Rötlinge werden den zweiten Tag auf ein Sieb geschüttet (doch nicht auf ein Drahtsieb), damit der schleimige Essig abläuft. Dann werden die Rötlinge mit einem Silberlöffel in ein Glas gelegt und der gekochte kalte Essig darüber geschüttet. Die Gläser werden dann mit einer Blase gut verbunden und an einem trockenen, kühlen Orte aufbewahrt. Wenn man nach einiger Zeit bemerken sollte, daß die Schwämme Schimmel bekommen, so muß man den Essig wegschütten, die Pilze mit kaltem Wasser durchspülen, und frischen abgekochten, aber kalten Essig darüber gießen.

Eingelegte Rötlinge (polnische Art).

Kleine Rötlinge werden von den Stengeln befreit, und die Köpfchen in ein Fäßchen, ein Glas oder ein irdenes Gefäß abwechselnd mit geschnittenen Zwiebeln schichtenweise gelegt, d.h. jede Schichte Rötlinge bestreut man mit einer Lage geschnittener Zwiebel und fährt so fort, bis das ganze Gefäß voll ist. Dann gießt man darüber gekochtes, aber ausgekühltes Salzwasser, deckt sie mit einem Tuche zu, beschwert sie mit einem Steine und läßt sie gären. Wenn man die Rötlinge servieren will, so nimmt man soviel als nötig heraus, schneidet sie nudelartig und bereitet sie mit Öl, Essig und fein geschnittener Zwiebel wie Salat zu. Das Gären dauert so lange wie beim Sauerkraut.

Trüffeln in Wein.

Die Trüffeln werden gewaschen, mit einer Bürste sauber abgeputzt, in eine Kasserolle getan und hermetisch verschlossen, ½ Stunde in nicht zu heißer Röhre gedämpft. Dann legt man sie in kleine Einsiedegläser, verteilt den Saft, welcher den Trüffeln beim Dämpfen entquollen war, in dieselben und füllt sie mit Madeira- oder bestem Rotwein voll. Die Gläschen werden mit Blase verbunden und wie Dunstobst ½ Stunde im Wasserbade gekocht.

Pilze in Salz konserviert.

Die Köpfchen von Herrenpilzen werden ohne gewaschen zu werden, sauber geputzt und in ein breithalsiges, großes Glas schichtenweise mit sehr gut getrocknetem Salz eingelegt. Die erste und letzte Schichte muß von Salz sein. Die so eingelegten Schwämme werden mit Leinwand oder Pergamentpapier verbunden und an einem trockenen Orte aufbewahrt. Man benutzt diese Schwämme im Winter ebenso wie die frischen, nur muß man darauf achten, daß man durch ihren Gebrauch die Speise nicht übersalzt. 2–3 Köpfchen, fein geschnitten oder ganz, genügen vollkommen für 2 Liter ungesalzener Suppe. Will man die so eingelegten Schwämme zu einer Eierspeise verwenden, so muß man sie in kaltem Wasser auswaschen. Auch das Salz selbst kann man zum Salzen von Suppen benützen, wodurch sie einen sehr angenehmen Geschmack erhalten. Schließlich ist zu bemerken, daß das Salz, welches zum Konservieren der Pilze verwendet werden soll, in einer nicht zu heißen Röhre so lange getrocknet werden muß, bis die ganze darin befindliche Feuchtigkeit ausdünstet. Die Pilze müssen bei trockenem Wetter gepflückt und dürfen durchaus nicht feucht sein. Auf 1 Kilo Schwämme rechnet man 1 Kilo Salz.

Kalbschnitzel Maruscha.

Man schneidet vom Kalbschlegel dünne Schnitzel, die man salzt und recht dick spickt. Nun gibt man in eine Kasserolle etwas würfelig geschnittenen Speck oder Butter, eine fein geschnittene Zwiebel, einige Löffel Fleischbrühe und einen Löffel Madeirawein. Die gespickten Schnitzel werden darauf gelegt und unter fleißigem Umwenden langsam gedünstet. Wenn der Saft anfängt gelblich zu werden, wird ein Stückchen Butter mit einem kleinen Löffel Mehl abgedrückt in den Saft gegeben, etwas Fleischbrühe dazu geschüttet und aufgekocht. Nun werden die Schnitzel auf einer runden Schüssel angerichtet und in die Mitte der Schüssel folgendes Ragout gegeben: Zwei Handvoll fein geschnittener Pilze oder Champignons werden mit einem Stückchen Butter weichgedünstet und mit einem Stück – ungefähr ¼ Kilo – fein geschnittenen, gebratenen Geflügelfleisch und 1 bis 2 Eßlöffeln starker Fleischbrühe vermengt, in die Mitte der Schüssel bergartig angerichtet, mit Krebsschwänzchen belegt, und wie schon angegeben, mit den gedünsteten Schnitzeln bekränzt. Diese Art Schnitzel sind eine vortreffliche Speise.

Josefine Türck, Jubiläums-Kochbuch, Wien 1908

Zum 60. Regierungsjubiläum Kaiser Franz Josephs gab es zahlreiche Ehrungen für den Monarchen, unter anderem eine Kochkunst-Ausstellung, bei der die Köchin Josefine Türck ihr Kochbuch erstmals präsentierte. Sie errang Diplome und Medaillen in Wien und Preßburg und Mährisch-Ostrau 1908 und 1909. Dieses Kochbuch enthält bürgerliche Menüs für alle Feiertage des Jahres und auch für die Namens- und Geburtstage der kaiserlichen Familie. Der bedeutende Erfolg führte zu weiteren Auflagen und veranlaßte die Autorin, bis zum Jahr 1910 weitere drei Kochbücher zu verfassen. Im Jahr 1912 erschienen sodann alle vier Kochbücher in einem Band. Der vierte Teil wird ausdrücklich der einfachen, billigen und nahrhaften Volksküche gewidmet. Auf der Suche nach Pilzrezepten wird man mit einigen wenigen belohnt, die Champignons und auch Trüffel als Zutat erwähnen.

Kalbsbrust, mit frischen Champignons und Butter gefüllt.

Die Kalbsbrust wird geschlitzt und mit einer Fülle versehen, die aus kleinen, geputzten frischen Champignons und 10 Deka feinster Butter besteht. Butterfülle gibt dem Fleische einen feinen Geschmack, läßt es aufquellen und macht es saftig. Hat man das Fleisch gefüllt und zugenäht, gibt man in die heiße Pfanne Speckplatten, darauf den Braten, der leicht gesalzen wird, gießt kochendes Wasser seitlich daran und bratet das Fleisch unter fleißigem Begießen; wenn die Sauce hübsch braun geworden, fügt man 1 Eßlöffel voll Mehl mit Rahm hinzu.

Pilzauflauf.

Nachdem die Schwämme sauber geputzt, vom Bart befreit und gewaschen sind, läßt man sie abtropfen. Inzwischen werden in heiße Butter in eine Kasserolle fein geschnittene Petersilie, dann die blättrig geschnittenen Pilze gegeben und läßt man diese so lange dünsten, bis der Saft eingegangen ist. Nun zerquirlt man 3 Eier und 1 Löffel feinsten Grieß in ¼ Liter Milch oder Obers, gibt sodann den gedünsteten Pilzen eine Messerspitze Pfeffer und ein wenig Salz dazu und rührt alles gut durcheinander. Dann streicht man eine Form stark mit Butter aus, gibt die Masse hinein und backt sie ungefähr ¼ Stunde; ist ein sehr wohlschmeckendes Gericht und kann eine Fleischspeise ersetzen.

Marie Kratochwil, Neuestes Kochbuch, Sammlung von erprobten und bewährten Kochrezepten für die Familienküche, Böhm. Budweis o. J., ca. 1910

Dieses Buch ist im Rahmen von »Karl Kratochwil's Volksbibliothek« erschienen und entspricht in Aufmachung und Papierqualität einer preisgünstigen Ausgabe für »die Bürgersfamilie, sei es nun eine Beamtens-, Gewerbe-, Bauern- und Arbeiterfamilie«.

Warschauer Ochsenfleisch.

In Butter werden trockene Schwämme gedünstet. Nach einer Viertelstunde wird ein Stück zugerichtetes Fleisch, womöglich Hinteres, (am besten Tafelspitz) unter beständigem Zugießen, weich gedünstet. Die Soß wird durchgesiebt, mit Buttereinbrenne gemischt und klein geschnittene Schwämme hineingegeben. Dann wird das Fleisch in Portionen geschnitten und mit gedünstetem Reis oder Knödel serviert. Es soll sehr gut und ein polnisches Nationalgericht sein.

Kalbsbrust mit Schwammerln.

Die von den Knochen befreite Kalbsbrust, salze und bereite sie für die Füllung vor. Zur Fülle mache Rühreier, gieße etwas Schmetten hinein und salze es. Stelle es zur Seite und gib in Würstelchen geschnittene, in Butter gedünstete Pilze dazu und einige ganze Pistazien. Mit dieser Fülle fülle die Brust, belege sie herum mit Speck und achte auf den Braten, begieße und untergieße ihn.

Zungenragout.

2 Zentimeter groß geschnittene Würfel von übrig gebliebener Zunge gibt man in eine braune Ragoutsauce, fügt zwei Löffel weich gedünstete Champignons, nach Belieben zwei Löffel in Scheiben geschnittene Trüffel, ebensoviel weich gedünstete Kastanien, zwei volle glasierte Löffel Zwiebel, eine in haselnußgroße Stücke geschnittene Bratwurst, alles miteinander durch braune Ragoutsauce gebunden, und stellt es warm. Es wird in der Ragoutschüssel angerichtet, mit Butterteigpasteten oder Bögen garniert oder in der hohl gebackenen Butterteigkruste zu Tisch gegeben.

Koteletten mit Pilzen.

Lasse Zwiebel in Butter braun werden und lege die gesalzenen Koteletten darein. Gib etwas Kümmel zu und backe das Fleisch von beiden Seiten, gieße Wasser zu und lasse die Koteletten zugedeckt dünsten. Dann gib frische Pilze, die vorher eine Weile auf Fett bei Zutat von etwas Kümmel gedünstet haben, in die passierte Soß. Im Winter nimmt man getrocknete Pilze, die gewaschen, in Salzwasser gekocht, zerwiegt und eine Weile mit Kümmel auf Butter gedünstet und dann dem Fleische zugegeben werden.

Zickel mit Spargel und Morcheln.

Schneide junge Morcheln, den Spargel schabe und schneide in kleine Stückchen, aber nur soweit, als der Spargel grün und weich ist. Beides gib in einen Topf, gieße darein Rindsuppe und lasse es kochen. Dann schneide das vordere Fleisch vom Zickel auseinander, salze es, gib Butter dazu und lasse es dünsten. Dann nimm das Fleisch heraus und gieße in den Saft, in dem das Zickel gedünstet wurde, die Suppe, in welcher die Morcheln und der Spargel kochten, mache eine lichte Buttereinbrenne dazu, würze es mit ein wenig gestoßener Muskatblüte und lasse es überkochen. Dann seihe die Soß auf das Fleisch und gib die Morcheln und den Spargel dazu.

Zunge mit Pilzen und Reis.

Eine halbgekochte Zunge schäle ab und lasse sie in der Suppe, worin die Zunge gekocht hat, mit Zwiebel, Pfeffer und Salz weiterdünsten. Dann gib eine lichte Buttereinbrenne und Zitronensaft hinein, schneide die Zunge in Scheiben und gib gedünstete Herrenpilze dazu. Serviere die Zunge mit Reis.

Truthahn mit Trüffelfülle.

Ein Truthahn ist immer ein Festessen. Der Truthahn wird gereinigt, der Kropf gefüllt mit ungefähr 14 Dkg. Butter im Rohr 3 Stunden langsam gebraten. Die Zubereitung der Fülle ist folgend: Durch die Fleischmaschine wird ½ Kilo Schweinefleisch getrieben, dazu kommen 2 ausgedrückte Semmeln und dann die Leber vom Truthahn oder eine Gansleber, alles wird durch ein Sieb gestrichen und mit 2 Eiern, Gewürz, einigen Stückchen geschnittenen Trüffeln vermengt. Will man die Fülle noch feiner haben, so gibt man ein abgebrühtes Kalbsbries und einige in Scheiben geschnittene, zuvor gedünstete Champignons dazu.

Karpfen mit Schwammerln.

Brate einen vorgerichteten Karpfen mit Butter oder Speck. Dann dünste auf Butter feingehackte Pilze oder Eierschwämme oder Champignons und gib Pfeffer und Petersilie dazu. Den Karpfen würze mit ein wenig Pfeffer, bestreue ihn mit den Pilzen, gieße abgesprudelten Schmetten dazu, lasse alles aufkochen und serviere den Fisch mit der Soß.

Schwammerlpfanzel.

Schneide frische, kleine Herrenpilze feinblätterig, wasche sie und lasse sie auf Butter, Salz und grüner Petersilie dünsten und würze sie mit Muskatblüte und Pfeffer. Siede in einer Kasserolle 2 Deziliter Schmetten, schlage in ein Töpfchen 3 Dotter, gibt 3 Eßlöffel feines Mehl dazu, verrühre es mit 2 Dezilitern kaltem Schmetten, salze es ein wenig, quirle es gut ab und gieße es unter schnellem Umrühren in den kochenden Schmetten, damit daraus ein dicker Brei wird, und treibe es auf der Glut recht glatt ab. Dann gib es in eine Schüssel und treibe es so lange ab, bis es auskühlt. Dann gib 35 Gramm frische Butter dazu und würze es mit Muskatblüte. Wenn die Schwämme gedünstet sind, lasse sie auskühlen. In den Brei schlage 3 Dotter, gib von 2 Eiweiß den Schnee dazu und rühre es, bis sich der Schnee vermischt. In eine mit Butter bestrichene Form gib die Hälfte des Breies, darauf streife recht gerade die Schwämme, gieße die zweite Hälfte des Breies darüber und lasse die Speise im Rohr backen.

Schwarzer Jakob.

Koche kleine Graupen, mische trockene, gekochte, zerhackte Schwämme dazu, gib Pfeffer, Salz, Majoran, zerriebenen Knoblauch und ein Stück Fett zu, vermenge alles gut und lasse es in einer eingefetteten Kasserolle backen.

Pilzsalat.
Brühe die geputzten Pilze mit Salzwasser ab, schneide sie in kleine Stükke und mache mit Essig und Öl einen Salat an, der gesalzen und gepfeffert wird.

J. M. Heitz Die Wiener Bürger-Küche, Illustriertes Kochbuch, 2. Auflage, Wien 1911

Als Besitzer einer und Lehrer an einer bürgerlichen Kochschule heimste der Autor zahlreiche Diplome und Ehrungen ein; sein Universalkochbuch gehobener Art mit deutschen und französischen Bezeichnungen der Speisen soll als Lehrbuch und als Kochbuch für »die Anforderungen der bürgerlichen Küche als auch jenen größerer Kreise« gesehen werden. Auf rund 760 Seiten sind Abbildungen beigegeben, die u. a. Küchengeräte, jedoch vor allem Garnierungen und Anrichtemöglichkeiten von Gerichten darstellen. Am Ende des Buches sind einige Seiten der Hausmannskost – jedoch ohne Pilzrezepte – gewidmet.

Über Pilze (»Kapitel von den Schwämmen«) wird Grundlegendes festgehalten: Trüffel, Champignon, Stein- oder Herrenpilz, Morchel, Mousseron sowie den Pfifferling, Ei- oder Nagerlschwamm beschreibt der Autor, soweit dies für den Einkauf der Hausfrau von Bedeutung ist.

Gedünstete Pilzlinge *Cèpes sautés*.
Die Schwämme werden, nachdem das sandige Käppchen des Stieles abgeschnitten und die erdigen Teile abgeschabt wurden, auseinandergebrochen. Das Weiche, Moosige unter dem Hute der Schwämme schneide man zum Teile ab, weil die Speise sonst schleimig schmeckt, dann werden die Schwämme dünn geschnitten, mit gehackter grüner Petersilie, etwas Salz, Pfeffer und Butter eine halbe Stunde langsam gedünstet, dann staubt man Mehl daran, vergießt mit Rindsuppe oder sauren Rahm und läßt die Speise dicklich eindünsten. Mit Spiegeleiern obenauf oder mit Semmelknödeln anrichten.

Steinpilze nach Florentinerart *Cèpes à la Florentine*.
Einige weichgekochte Kartoffeln werden durch ein Sieb passiert und mit einem Stück Butter am Feuer in der Kasserolle abgerührt. Unterdessen hat man eine Reifenform stark mit Butter ausgefettet und die Kartoffelmasse hineingepreßt. In diese Kartoffelkruste werden mit Paradeissauce zubereitete Pilzlinge gefüllt. Das Ganze wird stark mit geriebenem Parmesankäse und Semmelbröseln bestreut, mit einigen Stückchen

Butter belegt und im Ofen etwa eine Viertelstunde gratiniert (krustig gebacken).

Toulouser Steinpilze *Cèpes á la Toulousienne.*

Eine Partie schöne Steinpilze werden sauber geputzt und einige Minuten sautiert, d.h. in Butter auf einer Flachpfanne geröstet. Dann mischt man denselben ein Salpicon von würfeligen, mit etwas gehackten Schalotten geröstetem Schinken hinzu, bindet das Ganze mit einer guten Demiglace (Halbsaftsauce) und etwas Tomatenpüree. Läßt das Gemenge noch einige Minuten dünsten, richtet es in der Schüssel an und garniert sie an der Oberfläche mit kleinen glasierten Zwiebeln.

Gefüllte Mocheln *Morilles farcies.*

Die Morcheln werden gut gereinigt und zweimal in Salzwasser blanchiert. Reste von Kalbsbraten oder Geflügel werden fein gewiegt und aus einer eingeweichten und wieder ausgedrückten Semmel, feingewiegter Petersilie, etwas Obers, 2 Eigelb, 15 Tropfen Maggi's Würze, Muskatblüte und Salz eine Farce bereitet. Eigelb und Maggi's Würze werden erst zugegeben, wenn die Farce vom Feuer genommen ist. Mit dieser Farce füllt man recht vorsichtig die Morcheln und kocht sie 20–25 Minuten in kräftiger Fleischbrühe, die man vorher mit etwas Einbrenn dicklich gemacht hat. Zuletzt zieht man die Sauce mit einem Eigelb ab und würzt noch mit zwölf Tropfen Maggi´s Würze und etwas Zitronensaft.

Pilzlinge, Nagerlschwämme und Champignons *Cèpes, airelles et champignons.*

Für 4–5 Personen genügen ⅛ Kilo obiger Schwämme. Dieselben werden gereinigt und blattlich geschnitten. Jetzt läßt man einen Eßlöffel Zwiebel mit Schweinefett oder Butter blond anlaufen, doch darf der Zwiebel keine Färbung bekommen und nicht hart werden. Nun gibt man die ausgepreßten Schwämme dazu und läßt sie so lange dünsten, bis die Feuchtigkeit verschwunden ist. Dann werden sie gestaubt und mit ⅛ Liter gutem saurem Rahm aufgegossen sowie auch mit etwas Suppe und einem halben Kaffeelöfferl Maggi's Würze, so daß sie dickflüssig sind. Nun werden sie mit Zitrone oder Essig gesäuert und durch Petersilie und Dillenkraut sowie Pfeffer und Salz im Geschmack gehoben; gut verkochen lassen. Die Schwämme können mit pochierten oder gebackenen Eiern, Ochsenaugen, Eiern à la Polignac usw. garniert werden.

Aus: Stöckels Universal-Kochbuch, 26. Auflage, Wien um 1906

Duxelle.

Verhältnis: 3 Eßlöffel feingehackte Champignons, 2 Eßlöffel feingehackter Zwiebel, 1 Eßlöffel Schalotten, 1 Kaffeelöffel Petersilie, etwas Glace oder aufgelöste Maggi's Rindsuppenwürfel, 1 Eßlöffel Paradeismark, 3 Deka Butter

Behandlung: Butter, Zwiebel, Schalotten läßt man in einer Kasserolle leicht anlaufen, setzt dann die Champignons zu, läßt das Ganze einen Augenblick verdunsten, dann werden die Petersilie, Glace und Paradeis zugesetzt, Salz, Pfeffer nach Geschmack sowie etwas Bröseln. Einen Augenblick verkochen lassen. Dieselbe Sauce soll dicklich sein und kräftig schmecken.

Mürbe Teigtimbales à la financière. *Timbales financières.*

Kleine Becherformen werden mit Butter ausgestrichen, mit mürbem Teig ausgelegt und blind gebacken. Nun füllt man sie mit einem kleinen Salpikon von würfelig geschnittener Gansleber, Champignons, Trüffeln, Hahnenkämmen, das mit einer kräftigen Madeirasauce gebunden ist, schließt die Formen mit mürben Teigdeckel und richtet sie über einer Serviette auf einer Schüssel an. Heiß servieren.

Geschwungene Kalbsleber mit Champignons.
Foie de veau sauté aux champignons.

Die Leber wird von Flechsen befreit, in kleine, fingerdicke Scheiben geschnitten, in Mehl getaucht, gesalzen, gepfeffert und in Butter schnell abgebraten, auf einem Teller beiseite gestellt. Dann werden 2 Eßlöffel feingeschnittene Zwiebel in der rückständigen Butter blond anlaufen gelassen, mit etwas Mehl leicht gestaubt, mit Suppe zu einer sehr dünnen Sauce aufgegossen und nach Geschmack mit Zitronensaft gesäuert. Dann wird die Leber mit der dünnen Sauce aufkochen gelassen, nachher im Kranze angerichtet und heiß serviert. Nach Belieben kann auch Majoran zugesetzt werden. Leber, die zu lange bratet, wird hart und zähe. Der vorhergehenden Lebersauce werden weißgedünstete Champignons zugesetzt und damit die Leberschnitten übergossen.

Eveline Wolf, Kleines Menu- und Kochbuch, Wien 1913

Dieses brochierte Kochbuch enthält Menuvorschläge für den Alltag, bestehend aus Suppe, Hauptspeise und süßer Nachspeise; es folgen Feiertagmenus mit 4 Gängen, ein Kapitel über Vorspeisen, Abendspeisen, Torten und Bäckereien zum Tee. Bei den Rezepten, denen Champignons zugesetzt werden, verwundert deren geringe Anzahl. Sie lassen sich an den Fingern einer Hand abzählen.

Suppe.

Das geputzte und gewaschene junge Huhn wird mit Ausnahme der Leber in einem Häfen mit kaltem Salzwasser, eventuell mit etwas Suppengrün zugestellt und je nach Alter des Huhnes 1–1½ Stunden gekocht. Die Leber kommt erst später hinein. Das junge Huhn wird dann herausgenommen und gestückelt. Eine lichte Einmach von 10 Dekagramm Butter und fein gehackter Petersilie wird mit der abgeseihten Hühnersuppe aufgegossen, das gestückelte Fleisch, der Karfiol und die 2–3 Champignons, welche geputzt, gewaschen und separat 20 Minuten gekocht wurden, hineingegeben und gut verkocht. Die Suppe wird mit in Fett gerösteten Semmelschnitten serviert.

Champignonfilets mit Makkaroninudeln.

Das Fleisch – 80 Dekagramm Rindszapfenschnitzel – wird von der Haut befreit, abgewischt, geklopft, gesalzen, gepfeffert, gespickt – 10 Dekagramm Speck – und auf beiden Seiten rasch abgebraten. In dem zurückgebliebenen Fett röstet man feingehackte Zwiebel und Petersilie an, gibt 6 Champignons, welche geputzt, gewaschen und fein gehackt wurden, hinein und läßt sie eine Weile mitrösten. Dann werden die Filets hineingegeben, mit etwas Wasser angegossen und zugedeckt 2 Stunden gedünstet. Oefter nachgießen. Der Saft wird gestaubt und unpassiert über das Fleisch gegossen.

Hühnerragout.

2–3 Brathühner, 3 große Champignons, eine kleine Rose Karfiol

Die zum Braten hergerichteten Hühner legt man in eine Pfanne und überbratet sie, mit Stückchen Fett belegt, auf beiden Seiten ½ Stunde. Sie werden tranchiert, eventuell die Haut abgezogen und in acht Teile geteilt. – Der Magen, die Leber werden separat gekocht, scheibig geschnitten, ebenso kocht und schneidet man Karfiol und Champignons. Eine Buttereinmach von 7 Dekagramm Butter, mit Petersilie und Mehl wird mit der Suppe, worin die Leber gekocht wurde, oder mit Rindsuppe aufgegossen, das Huhn und alles übrige dazugetan, gesalzen und verkocht. – Gekochte Erbsen, Spargelköpfe, blanchiert, geschnittenes Bries, Trüffel, gekochte Hahnenkämme, gebratene Gansleber können ebenfalls klein geschnitten darunter kommen. Es wird auf runder Schüssel serviert.

Graupen mit Pilzen

(nach Marie Dorninger)

Dieses Gericht entspricht den Anforderungen an die vegetarische Küche. Mit frischen Salaten serviert sättigt es und ist gesund.

Für 3–4 Personen: 250 g Tarhonya (oder Bulgurweizen), Weißwein, 1 Zwiebel oder 2 Schalotten (fein geschnitten), ca. 100 g Butter, 300 g frische gemischte Pilze (oder 100 g getrocknete), Salz, Pfeffer, gehackte Petersilie

Tarhonya in etwas Butter unter ständigem Rühren anrösten, dann mit Weißwein (oder Suppe oder Wasser) aufgießen und köcheln lassen, immer wieder nachgießen, Graupenkörner sollten weich werden und leicht sämig bleiben. Zwischenzeitlich in einer Pfanne die Schalotten in restlicher Butter anschwitzen, geschnittene Pilze dazugeben, weich dünsten, salzen und pfeffern, zuletzt Petersilie dazugeben.

Gedünstete Pilze mit Tarhonya mischen und noch 20 Minuten bei mittlerer Hitze im Rohr ausdünsten lassen.

Bei Verwendung von getrockneten Pilzen: diese zuerst in Wasser einweichen, evtl. etwas aufkochen, Pilze ausdrücken, klein schneiden und mit dem Pilzwasser zu den Graupen geben.

FÜNFTER TEIL
1914–1918

I. Kriegs- und Pilzkochbücher

In den folgenden Jahren bis zum Ende der österreichisch-ungarischen Monarchie 1918 waren neu auf dem Markt erscheinende Kochbücher weniger zahlreich. Es schien, als müßten die Druckereien, Journalisten, Verleger und auch Kochbuchautoren Atem schöpfen, um zu sehen, was kommen wird. Am Beginn des großen Krieges war die gesamte Presse mit Werbeschriften, Aufrufen, Ankündigungen und Rundschreiben patriotischen Inhalts ausgelastet; die wenigen neuen Kochbücher, wie die »Gute Küche«, herausgegeben von der »Illustrierten Kronen-Zeitung«, bestanden entweder aus eingesendeten Kochrezepten der Leserschaft oder sie erschienen, wie das Kochbuch der Helene Reitter »Moderne Wiener Küche«, in Heften. Sparsamkeit war die Devise der Tage, Kochanleitungen wurden meist in broschierter, wenige Seiten umfassender Form veröffentlicht; ab dem Jahr 1914 gab es erstmals die Bezeichnung »Kriegskochbücher«, die es im ganzen Jahrhundert davor trotz manchmal schlechter Zeiten, auch Kriegs- und Hungerzeiten, nicht gegeben hatte.

Der sparsame Umgang mit Brennmaterial wurde propagiert und schlug sich in der Erfindung der »Kochkiste« nieder. Der Vorratshaltung wurde mehr Raum gegeben, die Verwendung von günstig-preiswerten Nahrungsmitteln empfohlen und für Nahrungsersatzprodukte wurde geworben. Bereits im ersten Kriegswinter 1914 machten sich Mängel in der Nahrungsmittelversorgung bemerkbar, die auch die Zivilbevölkerung zu spüren bekam. Die Soldaten an der Front sollten in erster Linie versorgt werden. Rezepte für Kriegsbrot, Kriegsgugelhupf, hergestellt aus Mehlmischungen, dem sogenannten Kriegsmehl, wurden der Bevölkerung schmackhaft gemacht, die »Kriegsküche« der »Illustrierten Kronen-Zeitung«, Wien 1915, gab eine große Anzahl von praktischen und billigen Speisen aus Gerstenmehl, Maismehl, Kartoffeln und anderen Ersatzmehlen wie Heidenmehl (Buchweizen) zur Auswahl. Kartoffeln, Mais, Hirse, Buchweizen und Kastanien sowie Hülsenfrüchte bestimmten die Menus der Durchschnittsbürger. Maggi's Würze scheint

Kriegsküche, Illustrierte Kronen-Zeitung, Wien 1915

das Allerweltsgewürz gewesen zu sein. Fett und Eier sparende Rezepte sowie Gemüserezepte aus der heimischen Landwirtschaft waren an der Tagesordnung. Den Pilzen, einem importunabhängigen Produkt, galt gesteigerte Aufmerksamkeit, und alle Arten von Pilzen fanden in die Kochvorschläge Eingang. Ebenso erschienen erstmals Brochüren, betitelt »Pilzkochbuch«.

II. AUSGEWÄHLTE REZEPTE

Aus einigen dieser »Kriegskochbüchlein« und auch den Pilzkochbüchern stammen die nachfolgenden ausgewählten Rezepte.

O. A., Erprobte Rezepte für 30 teils fleischfreie Menus für den bürgerlichen Mittagstisch, Wien 1914

Die Menus sind gemäß dem Vorwort der Verfasserin, einer Wiener Hausfrau, für die Wintermonate bestimmt und sollen Abwechslung bringen. Das schlanke Büchlein enthält u.a. Rezepte für eine Schokoladentorte ohne Dotter, Kriegsschnitzel aus geselchtem Rindskamm, Sauerampfersuppe, Leberpudding, Polentapudding usw. und auch die beiden nachfolgenden Rezepte:

Böhmische Suppe.

1 Kohlhäuptel sowie Champignon schneiden und in Fett oder Butter dünsten, Bratwürste hineingeben und steif werden lassen. Aus der Haut drücken, fein schneiden und mit dem Kohl weiter dünsten. Stauben, mit Wasser aufgießen. Gebähte Semmelscheiben dazu auftragen.

Spinatknödel mit Schwammerlsauce.

½ kg Spinat durch die Fleischmaschine roh treiben, auf Fett und Zwiebel dünsten, mit 2 Eiern und einer in Milch geweichten Semmel vermengen, salzen und pfeffern und soviel Brösel als aufgenommen werden, dazugeben. In der Serviette in Dunst kochen. ¼ kg Schwämme in Butter und feingewiegter Petersilie weich dünsten, mit Mehl stauben, etwas Wasser und ⅛ Liter Rahm aufgießen, salzen und pfeffern. (Wenn man getrocknete Schwämme verwendet, weicht man sie einige Stunden vorher in lauwarmem Wasser.)

Rosa Contessa Miari, Kriegskochbuch, Wien 1915

In dem Vorwort mahnt die Autorin zu äußerster Sparsamkeit, auch so könne man – laut ihren Worten – zum Sieg beitragen: der wirtschaftliche Sieg sei eine Vorbedingung für den militärischen. Im Buch ist die Zubereitung einer einzigen Speise mit Pilzen enthalten, nämlich die Bereitung eines »Schwammschnitzels«, inhaltlich ident mit einem gleichnamigen Rezept von Marianne Stern, aber nicht wortgleich. Die Verwendung der Kochkiste wird wärmstens empfohlen.

Marianne Stern, Kriegskochbuch der Frauenzeitschrift Wiener Mode, Wien 1915

Die damals omnipräsente Werbung für Maggi's Würfel zeichnet das schmale Büchlein mit 64 Seiten Umfang aus, ebenso die Empfehlung, diesen Würfel oft einzusetzen, man erspare sich das Aussieden des »teuren Suppenfleisches«.

Pilzlingschnitzel.

Pilzlinge werden geschnitten und gedünstet. (Wenn man getrocknete verwendet, werden sie über Nacht ins Wasser gelegt und dann getrocknet und wie frische zubereitet.) Auf je 1 Achtel Kilogramm Pilzlinge kommen 2 ganze Eier, etwas Salz, Pfeffer und feingewiegte Petersilie. Diese Masse läßt man am Herd stocken, wälzt die Schnitzel in Semmelbröseln und bäckt sie in Schmalz aus.

Spinat-Pfannkuchen mit Schwämmen.

Man treibt vier Eidotter flaumig ab, gibt 1 halbes Kilogramm durchgedrückten, dick eingekochten, aber bereits erkalteten Spinat, ferner 3 Dekagramm Mehl, 4 Klar Schnee und etwas Salz hinzu, backt aus dieser Masse im Rohr 2 Pfannkuchen und füllt sie mit gedünsteten Schwämmen.

Reisschnitzel.

Reis wird gedünstet mit gedünsteten grünen Erbsen und geschnittenen Champignons vermengt, gesalzen und in kleine Häufchen auf ein Brett zum Auskühlen gelegt, dann zu Schnitzel geformt, in Semmelbröseln eingekrustet und in Schmalz herausgebacken.

Helene Reitter, Kochbuch für fleischlose, fettlose und eiersparende Kost, Wien 1915, 2. Auflage, Wien 1917

Gemüse mit Eierspeise.

10 Deka Schwämme schneiden und mit Butter und Wasser weich dünsten. Auch grüne Erbsen, Karfiol und Spargelspitzen jedes für sich weich kochen. 2 Eier mit 3 Eßlöffel Milch versprudeln, salzen. 2 Deka Butter in eine Eierspeispfanne geben, das Abgesprudelte hinein geben, leicht durch rühren und wenn es anfängt, dick zu werden, Schwämme und Erbsen darunter mischen. Karfiol oder Spargel häuft man in der Mitte auf und bringt die Speise in der Pfanne zu Tisch.

Gemüse-Pudding.

5 blattlich geschnittene Champignons, 5 kleine gelbe halbierte Rüben, 12 Deka Erbsen, 1/8 Kilo Spargel oder Schwarzwurzeln, 1 kleine Karfiolrose, 1/8 Kilo geschnittene Fisolen. Jedes für sich dünsten oder kochen. Unterdessen bereitet man einen Beschamelteig von 1/4 Liter Milch, 5 Deka Butter, 5 Deka Weizenmehl, 3 Dotter, 3 Schnee. Eine Puddingform mit Butter ausstreichen, wird zur Hälfte mit dem Teig angefüllt, darauf kommt das Gemüse, dann der übrige Teig. 1 Stunde in Dunst kochen.

Kartoffeln mit Champignons.

Kartoffeln werden geschält, in nicht zu dünne Scheiben geschnitten und mit grob gehackter, in Fett angelaufener Zwiebel gedünstet. Wenn sie halbweich sind, werden sie ein wenig gestaubt und damit etwas verdünstet. Nun werden sie mit ein wenig guter Suppe vermischt, dann gibt man in Scheiben geschnittene Champignons nebst grüner Petersilie dazu; hierauf läßt man die Erdäpfel zugedeckt fertig dünsten, bis alles weich geworden ist. Sie dürfen nicht stehen bleiben, sondern müssen gleich zu Tische gegeben werden.

Kartoffeln gefüllt.

Die weich gekochten Kartoffeln werden ausgehöhlt, gefüllt und mit Butter und wenig Wasser überdünstet. Fülle: 2 Deka Butter, Salz, 1 Ei, 2 Löffel sauren Rahm, Petersiliengrün und etwas Bröseln. Gut mischen. Oder man füllt sie mit dicker Champignons- oder Tomaten-Soß.

Aus: Kriegsküche, Illustrierte Kronen-Zeitung, Wien 1915

Pilzauflauf.

¼ Kilo kleine Eierschwämme (Pfifferlinge) mit Butter weich dünsten und sobald sie weich sind, grüne, gehackte Petersilie und wenig Salz dazu geben. In eine Form gibt man gedünsteten Reis oder Hirse, darauf die Schwämme, bedeckt sie mit Reis oder Hirse, versprudelt 1 Ei mit 2 Löffel Milch, gießt dies darüber und bäckt den Auflauf ½ Stunde im Rohr.

Pilzfridatten.

Aus Fridattenteig bäckt man dünne Fridatten, bestreicht jede mit in Butter gedünsteten Schwämmen, rollt sie ein, bestreut sie mit fein geschnittenem Schnittlauch und bringt sie sofort zu Tisch. Oder: Man bereitet Fridatten und füllt sie mit gedünsteten Schwämmen, die mit ein wenig gedünstetem Reis vermengt wurden. Die Palatschinken werden eingerollt, in eine feuerfeste Form gegeben, mit Rahm übergossen und in der Röhre gebacken.

Pilzgemüse.

In Kraftbrühe kocht man in Streifen geschnittene Schwämme vollkommen weich, gibt 1–3 Löffel Einbrenn dazu, salzt nach Geschmack und kocht das Ganze gut auf. Dazu kann man Nocken oder Knödeln reichen.

Pilzkartoffeln.

In eine Auflaufform gibt man eine Lage gedünstete Pilze und eine Lage gekochte zu Scheiben geschnittene Kartoffeln. Sprudelt 2 Löffel Pilzsaft mit 3 Löffel sauren Rahm ab, gibt dies über die Kartoffeln, legt Butterflöckchen darauf und bäckt die Speise im Rohr.

Pilzknödeln.

2–3 geschnittene in Butter gedünstete Pilze, 1 erweichte Kriegssemmel, 2 Eier, feingewiegte Petersilie, Bröseln. Zu den ausgekühlten Pilzen mischt man alles so, daß ein Teig entsteht, aus dem man lockere Knödeln formen kann. Diese entweder in Salzwasser kochen oder in heißem Fett backen.

Pilzpudding.

Feingeschnittene Zwiebel läßt man in Butter hellgelb rösten, gibt 3 erweichte, leicht ausgedrückte Semmeln dazu und dämpft dies am Feuer ab. Sobald es kalt ist, mischt man 25 Deka gedünstete, fein gewiegte Pilze, 2 Dotter, 2 Schnee, 1 Löffel Milch und Salz dazu, mischt es gut, füllt es in eine gebutterte Form und siedet den Pudding 1 Stunde in Dunst. Wird gestürzt und mit heißer Butter überbrannt zu Tische gebracht.

Schwämme gebraten.

Geputzte gewaschene Eierschwämme dünstet man im eigenen Saft, bis sie weich sind und der Saft vollständig eingedünstet ist. In einer Pfanne läßt man ein Stück Butter braun werden, gibt die Schwämme, etwas Kümmel und Salz dazu und bratet sie rasch auf. Sogleich anrichten.

Herbstschüssel.

Mit Zwiebel geröstete Kartoffelwürfel und gedünstete Rollgerste werden gemischt und kranzartig auf die Schüssel gegeben. In die Mitte können gedünstete Pilzlinge oder Pfifferlinge gegeben werden. Außerhalb der Gerste kann man in Viertel gedünsteten, abgeschmalzenen Kohl, den man in kleinere Stücke durchschneidet, legen.

Kroaten-Speise.

Eine Puddingform streicht man dick mit Butter aus, gibt eine Lage feingeschnittenes Kraut darauf, eine Lage in feine Scheiben geschnittene Kartoffeln, darüber blattlig geschnittene Pilze, dann gehackte Zwiebel und Salz, auf dieses wieder Kraut u.f.f., bis die Puddingsform gefüllt ist, oben müssen Kartoffel sein, darauf tut man Kümmel und sauren Rahm, sowie Butterflöckchen und läßt die Speise 1½–2 Stunden in Dunst kochen. Wird gestürzt angerichtet.

Champignonskuchen.

Gedünstete Champignons fein hacken, dazu gibt man 1 Scheibe erweichtes Brot, 1 Ei, 1 Löffel süße oder saure Milch und soviel Bröseln oder Mehl, daß ein lockerer Teig entsteht. Man füllt ihn in eine ausgebröselte Form, bestreicht ihn oben mit etwas zerlassenem Fett und bäckt ihn.

Schwammfleisch.

Pilzlinge weich dünsten, Kartoffeln kochen und dann blattlig schneiden. Unterdessen schneidet man beliebiges Fleisch zu feinen Blättern und dünstet es mit ein wenig Zwiebel weich. Salzen und pfeffern nach Geschmack. In eine Kasserolle legt man abwechselnd Fleisch, Schwämme und Kartoffeln und kocht sie durch ½ Stunde in Dunst.

Rothaut-Röhrling. Eßbar. Boletus rufus Schaeff.
Aus: Edmund Michael, Führer für Pilzfreunde, Zwickau 1919

Helene Klingemann, 125 neue Gemüse-, Pilz- und Tomaten-Gerichte unserer Zeit, Chemnitz 1917

Die ehemalige Leiterin der Hildesheimer Lyceums-Kochschule hat in diesem kleinformatigen Spezialkochbüchlein Rezepte gesammelt. Das Buch kann durch den sparsamen Umgang mit Fett, Fleisch und Fleischbrühe auch als Kriegskochbuch bezeichnet werden kann.

Leipziger Allerlei.

Hierzu nimmt man Pilze und alle Sorten Gemüse, mit Ausnahme von Kohl, erbsengroß geschnitten. Nachdem sie einzeln weichgekocht sind, werden sie vermengt. Man gibt eine Mehlschwitze oder auch nur Butter daran, würzt das Gemüse und schmeckt es gut ab.

Pilze und Gurken.

Die Pilze und die geschälten Gurken werden in kleine Würfel geschnitten und mit Salzwasser ¼ Stunde gekocht. Eine Mehlschwitze füllt man mit der Kochbrühe auf und rührt eine glatte Tunke und gießt diese über die Pilze und Gurken. Etwas gehackte Petersilie, Salz und eine Prise Pfeffer gibt man zuletzt hinzu. Man umlegt mit harten Eiervierteln.

Pilzkoteletts.

Gekochte Pilze jeder Art hackt man ganz fein und vermengt sie mit gekochten, geriebenen Kartoffeln in gleicher Menge. Dann formt man kleine Bällchen, drückt diese breit wie Koteletts, steckt ein Holzstäbchen von oben hinein und paniert in Zwieback oder Paniermehl. Das Braten geschieht bei geringer Hitze und die Holzstäbchen werden mit einer Papiermanchette beim Anrichten geziert. Anstelle der Kartoffeln kann man auch steifen Hülsenfruchtbrei, aufgequellte Haferflocken oder Gries nehmen.

Pilzkartoffeln.

Gekochte, nicht zu mehlige Kartoffeln höhlt man aus, vermischt diese Kartoffelbröckel mit einem Ei und gehackten Pilzen, sowie gehackter Sardelle, füllt mit dieser Masse die Höhlung wieder aus und bindet ein kleines Scheibchen Speck obenauf. Man bäckt die Kartoffeln in der Pfanne im Backofen und gibt Salat dazu oder auch Spinat.

Tomaten mit Pilzfülle.

Von schönen großen Tomaten schneidet man oben ein Deckelchen ab, löst mit einem Löffelchen das Kernhaus heraus, röstet in einer Pfanne gehackte Pilze mit Butter, mischt diese unter einen steifen Eierkuchenteig, sodaß eine ganz dicke Masse entsteht und füllt die Tomaten hiermit. Dann bindet man den Deckel darauf, setzt die Tomaten in einen Tiegel mit etwas Butter und dünstet sie langsam. Hierzu reicht man Bratkartoffel oder geröstetes Brot.

Pilzragout mit Spargel für 4 Personen.
Ein Pfund Pilze werden geputzt und in Stücke geteilt, ein Pfund geschälter Spargel ebenfalls, dann kocht man beides in wenig Salzwasser eine ½ Stunde. Eine Mehlschwitze von 50 Gramm Fett und 50 Gramm Mehl füllt man mit der Kochbrühe auf und gießt die Tunke über die Stücke. Vier hartgekochte Eier teilt man in Viertel und umlegt das Ragout hiermit. Einige Zitronenscheiben kann man auch dazulegen.

Pilzeierstich für Suppe.
2 Eier, ⅛ Liter Fleischbrühe, 2 Eßlöffel gehackte Pilze, 1 Eßlöffel gehackte Petersilie, etwas Salz und Pfeffer verquirlt man und läßt den Eierstich im Wasserbad zugedeckt erstarren.

Grüne Pilzbohnen.
Junge Bohnen bricht man halb durch und kocht sie in Salzwasser gar, dann gießt man sie ab und dünstet sie mit Salz, Pfeffer, Butter und kleingehackten Pilzen noch ½ Stunde. Salzkartoffeln oder Brot bilden die Beilage.

Pilzreis.
Der Reis wird 5 Minuten in kochendem Wasser gebrüht, dann mit Fleisch- oder Pilzbrühe und Salz weich und trocken gedünstet. Zuletzt kommen die geschnittenen, abgekochten Pilze dazu. Beim Anrichten gießt man zerlassene Butter über den Pilzreis und reicht Kartoffeln oder Fleisch dazu.

Marianne Stern, Zeitgemäße Kriegsküche, Wien 1918

In diesem schmalen Band ist den Pilzen ein ganzes Kapitel mit insgesamt 12 Anleitungen gewidmet. Nicht alle davon werden in der Folge wiedergegeben, bekannte Zubereitungsarten sind ausgelassen worden. Sind jedoch neue Geschmacksbeigaben erwähnt, so werden die Rezepte wegen der Vielfalt der Kochvarianten selbstverständlich zitiert – so bereits das erste Rezept aus dem Kapitel »Schwammspeisen«.

Einfaches Pilzgemüse.
Die Pilze werden geputzt, geschnitten, in eine Kasserolle gegeben, gesalzen und im eigenen Safte gedünstet. Man mischt eine lichte Einbrenne, verrührt sie mit den Schwämmen, gießt mit etwas Suppe oder Wasser auf und mengt feingehackte Petersilie oder Schnittlauch darunter, wor-

auf man nochmals aufkochen läßt. Eventuell kann man auch kleingeschnittene saure Gurken in den Saft geben.

Maischwamm.

Kleine feste Pilze werden möglichst fein geschnitten oder gehobelt. In einer Kasserolle läßt man 3 Dekagramm Fett zerfließen, läßt feingehackte Zwiebel hellgelb anlaufen und gibt die Schwämme hinein. Man läßt sie zugedeckt anrösten, gießt mit einer Obertasse Wasser auf und läßt sie weiter dünsten. Nun fügt man gehackte Petersilie hinzu, wenn möglich einen Löffel saure Milch, rührt alles gut durch und richtet die Schwämme auf Polenta oder gedünstetem Haferreis an.

Schwämme als Knödelfülle.

Man macht einen Maisgriesteig, wälzt ihn aus und schneidet viereckige Stücke. Dann bereitet man aus Schwämmen folgende Fülle: Auf sehr wenig Fett werden feingeschnittene Schwämme angeröstet, es kommt Salz, Petersilie und Pfeffer nach Geschmack hinzu. Wenn nötig, gießt man mit einigen Löffeln Suppe oder Wasser auf, worauf man die Schwämme weichdünsten läßt. Nun füllt man diese Masse in die Teigstücke, formt Knödel und kocht diese in Salzwasser. Man kann statt der Grießknödel Erdäpfelteig verwenden.

Pilzgulasch.

Beliebige billige Schwämme werden fein geschnitten und kurze Zeit in Salzwasser liegen gelassen. Zwiebel wird in Fett angeröstet, mit Paprika gestaubt und die Schwämme dazugegeben. Diese werden nun ohne jeden Zusatz im eigenen Saft gedünstet und zum Schluß mit etwas Mehl gestaubt, um die Speise sämig zu machen.

Einfache Pilzsoße.

In einer Kasserolle bräunt man auf Fett feingehackte Zwiebel und Mehl. Dazu gibt man feingeschnittene gelbe und weiße Rüben, Pfefferkörner und Lorbeerblatt. Nachdem dies alles eine Weile gedünstet hat, gießt man mit kochendem Wasser auf und läßt die Soße eine Stunde kochen. Dann läßt man sie durch ein Sieb laufen, nochmals aufkochen und schmeckt mit etwas Zitronensäure ab. Zuletzt verrührt man mit der Soße beliebige, im eigenen Saft gedünstete Schwämme.

Pilzsalat mit Paradeis.

Mischpilze werden in Wasser gekocht. Den Saft verwendet man anderweitig. Die Pilze werden geschnitten, gesalzen, gepfeffert und mit Essig und Oel oder in Ermangelung desselben mit reinem Fett zu Salat verrührt. Dann schneidet man Paradeis in dünne Scheiben und mischt sie unter die Pilze.

Pilzomeletten.

Man macht einen ungezuckerten Omelettenteig und füllt ihn mit folgender Masse: geweichtes Brot wird ausgedrückt und in einer Kasserolle auf Fett mit Zwiebel abgetrieben, bis es sich vom Kochlöffel löst. Nun vermischt man dies mit gedünsteten Schwämmen, Salz, Pfeffer, einem Ei und eventuell einem halben passierten Hering. Die Omeletten werden nach dem Füllen gerollt und mit Schnittlauch bestreut aufgetragen.

Pilzpasteten.

Man röstet feingeschnittene Pilze auf etwas Fett mit Zwiebel an, salzt und pfeffert und mengt geweichtes ausgedrücktes Brot darunter. Nun macht man einen Nudelteig und wälzt ihn zu zwei dünnen Teilen aus. Den einen belegt man mit kleinen Mengen der Pilzmasse, indem man zwischen den einzelnen Häufchen einen kleinen Zwischenraum läßt. Nun breitet man die zweite Teighälfte darüber, verschließt den Rand gut und sticht mit einem bemehlten Wasserglas die Füllungen vom Teige ab. Man paniert sie mit einem Ei und geriebenen Brotbröseln und bäckt sie zuerst von der einen, dann von der anderen Seite in gut ausgeschmierter Pfanne.

Pilzsalat.

Beliebige Pilze und Erdäpfel werden in getrennten Kochgefäßen weichgekocht. Man schneidet beides in dünne Scheiben, gibt es in eine Salatschüssel, vermengt mit geschnittener Zwiebel, salzt und pfeffert und übergießt den Salat mit Essig.

Pilzkochbücher, als solche unter diesem Titel publiziert, waren eine Seltenheit. Spezielle Rezepte über die Zubereitung von Pilzen waren auch schon vereinzelt in Pilzführern und Büchern über Pilzkunde zu finden. Ein eigenständiges Werk »Das kleine (neue) Pilzkochbuch« wurde um das Jahr 1900 von der bekannten bairischen Köchin Marie Buchmeier veröffentlicht, die sich durch ihr umfassendes Werk »Großes praktisches Kochbuch« auch über die Grenzen Deutschlands hinaus einen Namen gemacht hatte. Ihr Pilzkochbuch trägt bei den österreichischen Lesern durch die regionalen Bezeichnungen der Pilzarten ein wenig zur Verwirrung bei. Es wird beispielsweise der Pfifferling oder das Eierschwammerl als Gelbling oder Eierschwamm bezeichnet, als Eierpilz oder Pfifferling ein als giftig apostrophierter Pilz, der dem echten sehr ähnlich sei. Der Butterpilz wird auch als Schafeuter bezeichnet. Als Frauenschwamm bezeichnet sie die Rotkappe, nicht jedoch den Frauentäubling. Von dem praxisgerechten Kochbuch gibt es genügend Auflagen und auch Reprints, die kostengünstig im Internet zu beschaffen sind. Dennoch werden in der Folge daraus einige Variationen von Zubereitungen der Pilze angeführt. Zwei weitere Pilzkochbücher bilden die Basis für weitere erfolgreiche Suchergebnisse, bieten sie doch dem versierten Schwammerlsucher Kochanleitungen für nicht küchenübliche Pilze, wie für Stockschwämmchen, Porlinge, Ziegenbart, Leberpilz oder Pfeffermilchling.

Marie Buchmeier, Neues Pilzkochbuch, Augsburg Reprint 1997

Suppe von Stockschwämmen

Diese erscheinen im Mai und wachsen in Büschen auf den Stöcken abgeschlagener Baumstämme, am liebsten auf harten Hölzern und auch sehr gern auf Lindenstöcken. Er ist ein vorzüglicher Speisepilz und gibt vor allem gute Suppen. Die Schwämmchen werden gut gereinigt, in Scheiben geschnitten, schnell gewaschen, in einen Tiegel Fett oder Butter getan, die Schwammerl hinzugeben, mit feingeschnittener Petersilie oder einer ganzen geschälten Zwiebel, etwas Salz weich gedünstet, mit einigen Kochlöffeln voll Mehl gestäubt, etwas dünsten lassen, mit guter Fleischbrühe oder in deren Ermangelung mit Wasser, in welches man Maggi-Suppenwürze gibt, gut verrührt, aufgekocht und dann heiß angerichtet.

Suppe von Schafeuter (Butterröhrling)

Der Schwamm wächst sehr häufig in Nadelwäldern, auch auf nassen Wiesen; er ist der billigste Schwamm und wird am wenigsten von Maden angefressen. Die braune, klebrige Haut wird abgezogen, welche sehr leicht sich abziehen läßt, der gelbe Polster herausgenommen, in feine Scheiben geschnitten und wie die vorhergehenden Suppen behandelt.

Butter-Röhrling. Ringpilz. Eßbar. Boletus lúteus L.
Aus: Edmund Michael, Führer für Pilzfreunde, Zwickau 1919

Gemischte Schwammerlsuppe

2–3 Herrenpilze, Schafeuter, Birkenschwämme und Frauenschwämme (Anm.d Verf.: Rotkappen) werden gereinigt, fein aufgeschnitten, gewaschen, in einen Tiegel Fett oder Butter getan, mit einer Zwiebel, gewiegter Petersilie, Salz und Pfeffer gedünstet, mit Mehl bestäubt, mit Fleischbrühe oder Wasser verrührt, aufgekocht, etwas Maggi-Würze dazu gegeben (welche in dieser Hinsicht gute Dienste leistet, weil man nicht immer Fleischbrühe hat) und heiß angerichtet.

Gemüse von Frauenschwämmen (auch Rothäuptchen genannt)

Diese Schwämme wachsen in großer Zahl in Wäldern, werden auch sehr groß und nicht leicht von Schnecken angefressen. Sie geben eine kräftige Suppe und ein kräftiges Gemüse. Frisch ist ihr Fleisch gut, aufgeschnitten werden sie blauschwarz, darüber darf man jedoch nicht erschrecken. Sie werden abgeschabt und feinblättrig aufgeschnitten, in einen Tiegel Butter oder Fett nebst einer Zwiebel, Petersilie, Kümmel, Salz gegeben, die Schwämme darin gedünstet (sie brauchen länger als die Herrenpilze), mit Mehl bestäubt, etwas Fleischbrühe dazu gegeben, mit einem Eßlöffel voll Essig und Maggiwürze im Geschmacke gehoben und angerichtet.

Gemüse von Schafeutern und Champignons

Diese beiden Schwämme geben ein herrliches Gemüse. Den Schafeutern (auch Butterröhrling genannt) wird die schleimige Haut abgezogen, der innere Polster herausgenommen, aufgeschnitten (mit den Champignons wird ebenso verfahren) und so gekocht, wie in voriger Nummer gezeigt.

Gemüse von Maischwämmen

Feste Maischwämme werden gereinigt, abgeschabt und fein aufgeblättert, in einen Tiegel Butter oder Fett mit fein geschnittener Zwiebel und Petersilie gegeben und mit etwas Salz und Pfeffer gedünstet. Sie brauchen etwas länger als die anderen Schwämme, werden mit Mehl bestäubt, mit Fleischbrühe übergossen, zu einem Gemüse verrührt, dazu etwas Zitronensaft getan und zu gesottenem Rindfleisch gegeben.

Gemüse von Maischwämmen und Morcheln

Wird wie das vorhergehende bereitet, nur daß gut gereinigte Morcheln mitgedünstet und zuletzt gedämpfte Kalbsbrust oder Lammbrust beigegeben wird. Es ist ein sehr wohlschmeckendes Gericht.

Mousseron (Moosling) und Gemüse von Moosling

Dieser kleine, ungleich wachsende Schwamm ist von einer matt orangegelben Farbe und sieht fast welk aus oder einem abgefallenen Baumblatte ähnlich; er schmeckt frisch vortrefflich und ist selbst getrocknet nicht ohne Wirkung. Denn außerdem, daß dieser Schwamm getrocknetem Fleisch, Saucen, Ragouts und ähnlichen Speisen ein gutes Ansehen gibt, hat er bei einem richtigen Verfahren auch noch in diesem Zustande etwas Vorschmeckendes und ist daher sowohl roh als auch getrocknet, besonders zu feinen Speisen gut verwendbar. Der Moosling oder Mousseron wird abgeschabt, aufgeschnitten, im Wasser gewaschen, in einen Tiegel mit Butter getan und dämpfen lassen, dann mit etwas Mehl gestäubt, fein gewiegte Petersilie dazu gegeben, mit Fleischbrühe zu einem Gemüse verrührt, oder in deren Ermangelung mit Maggi-Suppenwürze nochmals gut aufgekocht und zu Hammelfleisch (gedämpft oder gebraten) gegeben.

Schwämme als Salat auf andere Art

Man nimmt frische Fleischschwämme (Herrenpilze), reinigt sie von Staub und von Schneckenfraß, schneidet sie feinblättrig auf. Dann gibt man in eine Pfanne oder Tiegel Essig mit Wasser vermischt, Salz und Pfefferkörner; sie werden weich gekocht, müssen aber noch kernig bleiben. Dann kocht man Spargelspitzen, Karfiolröschen in Salzwasser weich, seiht sie ab und läßt sie erkalten. Übrig gebliebener Kalbsbraten wird fein aufgeschnitten, sowie auch feine Salamiwurst zu den Ingredienzien gegeben, desgleichen kleine, fein geschnittene Gurken. Essig und Öl werden mit Salz und etwas Pfeffer angemacht, alles mitsammen untereinander gemengt und als Beilage zu Fleisch gegeben.

Fischkoteletts mit Schwämmen

Je nach Gebrauch nimmt man den nächstbesten Fisch, z.B. Weißfische oder Barben, schuppt ihn, nimmt ihn aus und wäscht alles Blutige gut durch, bestreut ihn mit Salz und Pfeffer, gibt in eine Reine ein Stück Butter und legt den gereinigten Fisch nebst einer geschnittenen Zwiebel hinein und läßt ihn einige Minuten braten. Dann nimmt man ihn auf ein Schneidebrett, löst das Fleisch von den Gräten los, wiegt selbes mit Zwiebel, Zitronenschnitzel und etwas Petersilie fein zusammen, weicht eine Semmel ein, drückt selbe gut aus, gibt in eine Schüssel ein Stückchen Butter, treibt selbe ab, dazu den feingewiegten Fisch nebst Salz und Pfeffer, zwei ganzen Eiern, und macht schöne runde Koteletts, die in feinen Bröseln umgewendet und in der Omelettpfanne braun gebacken werden. Schöne, in Butter gedämpfte Schwämme werden dazu gegeben.

Rebhühner-Fülle auf billige Art

Statt der Champignons kann man schöne Schwämme verwenden, nur müssen sie kleiner verschnitten werden, ebenso gedämpft wie die Champignons. Statt der Trüffeln kann man ganz gut die sogenannten Frauenschwämme nehmen, auch Rothautröhrling genannt, welche ebenso geschnitten, nur muß die rote Haut abgeschabt und die Pilze eigens gedämpft werden. Sie geben einen sehr guten Geschmack. (Anm.d. Verf.: Die Pilze werden mit Schalotten, Petersilie, Salz und Zitronensaft gedämpft, eingeweichte Milchsemmel dazu und mit einem Eidotter vermengt.)

Fischwürste auf andere Art

Dazu verwendet man die Fische im rohen Zustande. Die Haut wird von den Fischen abgezogen, das Fleisch aus den Gräten gelöst, fein zusammengewiegt, mit Zwiebel, Petersilie, Zitronenschnitzel, einer eingeweichten und gut ausgedrückten Semmel und einem oder zwei Eiern gut untermengt, nebst dem nötigen Salz und Pfeffer, und durch eine Spritze in das kochende gesalzene Wasser gestreift und so lange stehen gelassen, bis die Würste sich auf der Oberfläche zeigen; kochen dürfen sie nicht. Dann werden sie herausgenommen, abgetrocknet, in Milch umgewendet und auf der flachen Pfanne mit reichlich Schmalz oder Butter schön braun gebraten. Ein gut bereitetes Schwammerl-Gemüse wird, mit einigen Tropfen Essig gesäuert, dazu gegeben.

Enten mit Bratwürsten und Champignons gefüllt

Eine rein geputzte Ente wird gut ausgewaschen, gut gesalzen, innen mit Pfeffer bestreut und so stehen gelassen. Zwei Paar Bratwürste werden gebraten und in Scheiben geschnitten. Hierauf läßt man in einem Tiegel ein Stück Butter heiß werden, gibt einen halben Eßlöffel voll fein geschnittene Zwiebel wie auch Petersilie dazu, reinigt schöne Champignons, schneidet sie in Scheiben und gibt sie zu der Butter, läßt sie dämpfen, gibt die Bratwürstchen dazu, füllt alles zusammen in die Ente und brät sie dann bei öfteren Begießen schön braun.

Pasteten-Pulver

Eine Handvoll getrockneter Schwämme, ebensoviel getrocknete Champignons, einige Wacholderbeeren, Pfefferkörner, Paprika und Majoran werden zu einem Pulver fein zusammengestoßen. Man bewahrt es entweder in einem gut geschlossenen Gläschen oder in einem Schächtelchen zum Gebrauche auf. Man verwendet es zum Einbeizen von Wildbret, zu Saucen, zu Ragout etc.

Johann Mackú, Pilzkochbuch, 100 Rezepte zur Zubereitung von Pilzen im Haushalte, Olmütz 1915

Dieses in Heftform erschienene Büchlein will sowohl den Armen eine Nahrungsquelle erschließen sowie auch den Wohlhabenden zu besonderen Leckerbissen verhelfen. Der erste Teil des Kochbuchs enthält die gewöhnlichen Arten der Konservierung und Zubereitung von Pilzen, der zweite für fortgeschrittene Pilzkenner und -esser die Verwertung einzelner Pilzgattungen.

Gefüllte Morcheln.

Gesunde, große Morcheln waschen wir gut ab und entfernen die Stiele. Hierauf bereiten wir eine Fülle aus Semmeln, die in Milch aufgeweicht wurden, Eiern, gehackten Sardellen, Schalotten (Schnittling), Petersilie, Salz und Muskat (oder auch gehacktes Kalbfleisch) und füllen damit die Morcheln vorsichtig. Darauf dünsten wir sie in einer Sauce aus weißer Buttereinbrenne und starker Suppe, der wir noch Wein, Zwiebel, Lorbeerblätter und anderes Gewürz beigemischt haben. Schließlich tropfen wir noch Zitronensaft dazu.

Gebackene Reizker.

Einen Teller voll schöner, gesunder gewaschener und getrockneter Reizker schneiden wir zu Scheiben. In einer Kasserolle dünsten wir inzwischen Zwiebel mit Butter, geben die zubereiteten Reizker sowie ein Glas saueren Schmettens dazu, salzen, pfeffern und kochen sie ein. Die Masse geben wir dann in eine passende Pfanne, bestreuen sie mit Semmelbröseln und Parmesankäse, schmalzen sie und lassen sie backen.

Reizkersalat.

Gereinigte und gewaschene Reizker brühen wir mit kochendem Wasser ab, schneiden sie ausgekühlt in Schnitten und bereiten auf die übliche Art, mit Essig, Oel, Salz und Pfeffer einen vorzüglichen Salat.

Gepfefferte Reizker mit Speck.

Junge, frische, gepfefferte Reizker reinigen wir, legen zwischen die Falten unter dem Hütchen dünne Speckschnittchen und braten sie mit dem Stiele nach oben gekehrt entweder auf der bloßen Röhre oder am Speil beim offenen Feuer.

Gulyas aus gepfefferten Reizkern.

Bevor gewöhnliches Gulyas fertig gekocht ist, geben wir einige, geschnittene, reine und gepfefferte Reizker dazu. Auch getrocknete Pilze kann man hierzu verwenden, diese müssen jedoch längere Zeit in Wasser eingeweicht werden.

Suppe und Sauce aus Schwindlingen.

Der Schwindling ist unser bester Suppenpilz, man kann ihn einer jeden Suppe zusetzen und dadurch ihren Geschmack erhöhen. Ähnlich verhält es sich mit den Saucen. Wir dünsten Schwindlinge auf Butter, bereiten aus Fleischsuppe, brauner Einbrenne, einem Glase roten Weines

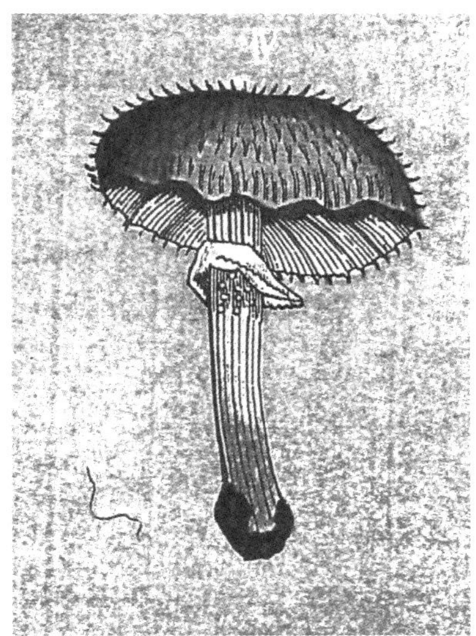

Agaricus melleus, Vahl. Aus: M. H. Wagner, Der Schwämmesammler (...), Troppau 1867

und Zitronensaft eine Sauce, mit welcher wir die Pilze übergießen und gar kochen lassen.

Maipilze mit Rahm.
Einige gesunde, gereinigte Maipilze werden geschnitten, auf Butter mit Speck, Gewürz und ein wenig Salz gedünstet. Hierauf werden sie mit Mehl bestäubt, etwas eingebrannte Suppe, einige Löffel Rahm und 2 Eidotter hinzugegossen.

Gebratener Ziegenbart.
Die Pilze werden gereinigt, insbesondere am fleischigen Stiele, die Spitzen der Ästchen entfernt, die Pilze gut gewaschen und in Eidotter mit Semmelbröseln und Salz gehüllt. Darauf läßt man sie auf Butter oder Fett gut braten.

Salat von Ziegenbart.
Gereinigte Pilze kocht man in Salzwasser, nimmt sie heraus, läßt sie auskühlen, schneidet sie in Scheiben und bereitet daraus auf die gewohnte Art mit Salz, Essig, Oel und Pfeffer Salat.

Wiener-Schnitzel aus Porlingen.
Die Porlinge werden gereinigt, zu Schnitzel geschnitten und nach der Art der Wiener Schnitzel zubereitet.

Porlinge auf saure Art.
Große Porlinge werden geradeso zubereitet wie Niere, Leber oder Rostbraten auf saure Art.

Suppe aus Stockschwämmen.
Die Pilze werden gereinigt, die Stiele entfernt, die Hütchen geschnitten, gewaschen und in einer Kasserolle auf Butter oder Fett mit geschnittener Petersilie, Zwiebel und Salz gedünstet. Hierauf werden sie mit Mehl eingestaubt und durch Beigabe eines Absudes von Fleisch oder auch gewöhnlichem warmen Wasser wird diese ausgezeichnete Suppe vollendet.

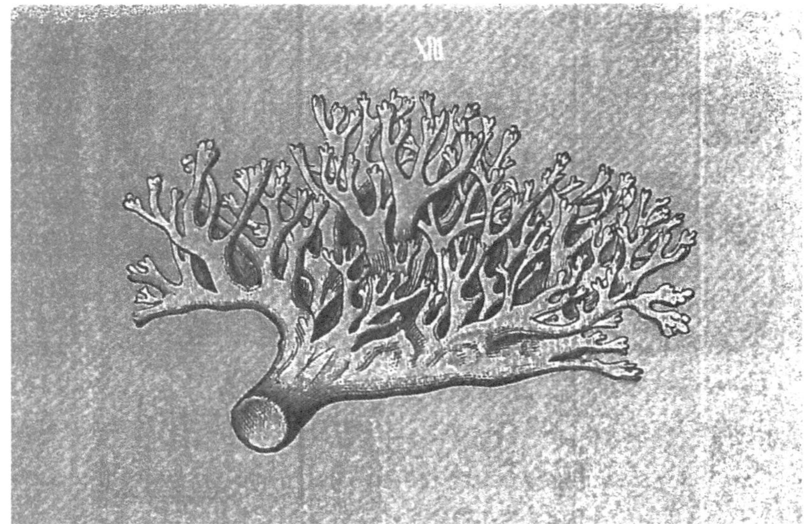

Clavaria flava, Tournefort (Ziegenbart). Aus: M. H. Wagner, Der Schwämmesammler (...), Troppau 1867

Grünspeise aus Hallimasch.

Die Stiele werden entfernt, die Hütchen abgeschält, gewaschen, in Stückchen geschnitten, auf Butter mit Petersilie, Salz und Pfeffer gedünstet, mit Mehl bestaubt und vollendet.

Reh-Stoppelpilz gedünstet mit Sauce.

Von den Hüten der Reh- oder Semmelstoppelpilze schaben wir die Schuppen und Widerhäkchen, waschen die Pilze, lassen sie abtropfen und dünsten sie mit Butter und Salz. Dann bereiten wir aus Fleischabsud, Mehl, Essig und Zwiebel eine Sauce zu, die wir über die Pilze ausgießen und sie gar kochen lassen.

Kaiserlinge à la Kavalier.

Die Pilze werden am Roste getrocknet, die Hütchen ganz in Oel mariniert. Die Stiele werden mit feinem Grünzeug, Knoblauch, Semmel, Pfeffer und Salz geschnitten und in die ausgehöhlten Hütchen getan. Die Hütchen werden dann auf Oel gebacken. (Anm. d. Verf.: Diese Pilze wachsen in warmen Gegenden, sind daher bei uns selten zu finden, Geschmack und Seltenheit machen sie zu einem kaiserlichen Lekkerbissen.)

Emil Herrmann, Pilzkochbuch, eine Anleitung zur vielseitigen Verwendung der Pilze im Haushalte für die bürgerliche Küche nebst einem Anhang »Kriegsküche« mit 145 Rezepten, 4. Auflage, Dresden 1917

Nach einführenden Bemerkungen allgemeiner Art zählt der Autor 88 wertvolle und verbreitete Pilzarten auf; er stellt fest, daß nicht alle Pilzarten für jede Zubereitungsform optimal geeignet sind, und bildet Gruppierungen für Suppen-, Brat-, Back-, Saucen- und Trockenpilze. Er hebt die Totentrompete als ausgezeichneten Gewürzpilz hervor, ebenso bezeichnet er die Fette Henne oder Krause Glucke sowie den Stockschwamm als vorzüglichen Suppenpilz und Brätling, Reizker und Feldchampignon als besonders schmackhaft. Die letzten drei Rezepte aus diesem kleinen Büchlein stammen aus dem Anhang »Kriegsküche«.

Suppe von Saftlingen.

Man kann dazu alle Saftlingsarten verwenden, lebhaft gefärbte, kleine, saftige Blätterpilze im Grase. Die Pilze werden gewaschen und klein geschnitten. Mit reichlich Wasser, etwas Salz und Pfeffer werden sie zerkocht. In einem anderen Gefäße zerläßt man 20 g Butter, verrührt darin einen Eßlöffel Mehl und schüttet die Mischung in die kochende Suppe. Zuletzt fügt man etwas gewiegte Petersilie hinzu. Die Suppe hat ganz das Aussehen einer vorzüglichen Eiersuppe und ist äußerst wohlschmeckend.

Suppe mit Morcheln und Gräupchen.

50 g Suppengräupchen werden in Wasser gekocht und dann abgegossen. Man wäscht 125 g Morcheln gründlich, bis sie von allem Sande befreit sind. Dann brüht man die Pilze und gießt das Wasser ab und bringt sie in kaltes Wasser. Fein geschnittener Kohlrabi wird in Fleischbrühe gekocht und zugleich mit den Morcheln in die Gräupchen geschüttet und nochmals aufgekocht. Zuletzt macht man aus 1 Ei einen Eierstand, den man stückchenweise der Suppe zufügt. Als Würze gibt man gewiegte Petersilie hinzu.

Pilzsuppe von Fetter Henne (Sparassis ramosa).

¼ Pfund Fette Henne wird in Stücke geschnitten, mit Salzwasser gut ausgekocht und durch ein Sieb geschlagen. Dem Pilzsafte setzt man Fleischbrühe zu, kocht nochmals auf und zieht mit 1 Ei und 1 Löffel Mehl ab. Ist der Pilz zart, so wird er fein geschnitten und mit der Fleischbrühe zusammengekocht. Man gibt noch 20 g Butter daran und serviert mit gerösteter Semmel.

Emil Herrmann, Pilzkochbuch, eine Anleitung zur vielseitigen Verwendung der Pilze im Haushalte für die bürgerliche Küche nebst einem Anhang »Kriegsküche« mit 145 Rezepten, 4. Auflage, Dresden 1917

Pilzsuppe mit Grünkernen.

50 g Grünkernmehl oder ganze Grünkerne kocht man mit Fleisch- oder Geflügelbrühe. Die Suppe wird durch ein Sieb gegossen. Dann schüttet man den Saft von zerkochten Pilzen oder die fein geschnittenen, in Butter gedünsteten Pilze hinzu. Das Ganze kocht man, bis die Pilze genügend weich sind. Zuletzt gibt man noch gedünstete Zwiebel und Petersilie hinzu. Die Suppe ist kräftig und wohlschmeckend. Statt der Grünkerne kann man auch 5 Löffel Erbsmehl nehmen und in Schinken- oder Rauchfleischbrühe kochen.

Gemüse von Hirschpilz oder Habichtsschwamm (Hydnum imbricatum).

Man verwendet hierzu nur die Hüte. Diese werden gewaschen und in dünne Scheiben geschnitten. Das vom Waschen zurückgebliebene Wasser muß möglichst abgegossen werden. Dann bestreut man die Pilze mit Salz, Kümmel und Pfeffer und dünstet sie in Butter weich. Sodann macht man eine saure Tunke. Diese bereitet man, indem man in die Fleischbrühe Mehl quirlt, Essig daran gießt und Zwiebel hineinschneidet. Mit dieser Tunke kocht man nachher die Pilze zusammen.

Gedämpfte Pilze mit Speck.

Der Boden einer Pfanne wird mit Speckscheiben belegt. Darauf wird etwas gewiegte Petersilie, Thymian, Nelken, Pfefferkörner und ein Lorbeerblatt getan. Sodann legt man die Hüte der Pilze darüber, bestreut sie mit Salz, begießt sie mit Fleischbrühe und dämpft sie gegen eine Stunde.

Gulasch mit Steinpilzen.

Ein Pfund derbes Rindfleisch wird in Stücke geschnitten. In einer Kasserolle brät man in Butter oder Fett fein geschnittene Zwiebeln und die Fleischstücke. Fein geschnittene frische Stein- oder auch Mischpilze werden dazu getan und alles mit wenig Wasser gekocht, bis Fleisch und Pilze weich sind und der Saft etwas eingedickt ist. Zuletzt würzt man nach Bedarf mit Salz und Pfeffer und etwas Paprika. Ist der Saft zu sehr eingekocht, so gießt man kochende Fleischbrühe hinzu und rührt etwas Mehl daran. Dazu passen: Salzkartoffeln, dicker Reis, Kartoffelmus und Maccaroni. Sehr schmackhaft.

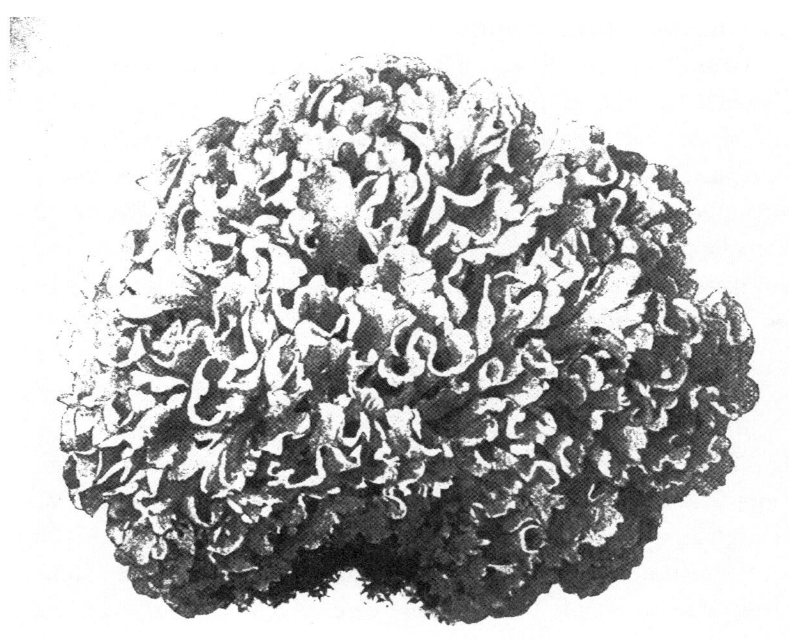

Krauser Ziegenbart. Krause Glucke. Eßbar. Sparassis ramosa Schaeff. Aus: Edmund Michael, Führer für Pilzfreunde, Zwickau 1919

Lauch-Schwindling. Knoblauchpilz, Dürrbehndel, Echter Mousseron. Eßbar. Marasmius alliatus Schaeff. Aus: Edmund Michael, Führer für Pilzfreunde, Zwickau 1919

Gefüllte Rouladen.

Man bestreicht die Rouladenscheiben mit folgender Mischung: Semmel wird in Wasser aufgeweicht, gut ausgedrückt und in einer Kasserolle mit fein geschnittener Zwiebel in Fett so lange gerührt, bis sie sich gut ablöst. Nun vermischt man die Semmel mit den feingeschnittenen Pilzen, mit Ei, Salz, Pfeffer und Sardellen, rührt alles gut durcheinander, bis eine dicke Farce entstanden ist. Dann zerläßt man zur Hälfte Butter, zur Hälfte Fett, gießt ein wenig Wasser dazu und läßt alles darin schmoren. Zum Schluß gibt man angerührtes Mehl und etwas Zitronensaft hinzu, Vor dem Anrichten gibt man einen Löffel Kapern darüber und garniert mit eingelegten Gelblingen (Pfifferlingen).

Ragout von Fleischresten mit Pilzen.

Zu einer Einbrenne gibt man eine feingeschnittene Zwiebel. Dann gießt man Fleischbrühe oder Wasser hinzu und gibt etwas Gewürz und Essig daran. In dieser Brühe kocht man 2 Pfund zerkleinerter Pilze nebst den Fleischresten. Ebenso läßt man Wurzelwerk, ein Stück Lorbeerblatt und einige Pfefferkörner mitkochen. Vor dem Anrichten werden Essigpilze, Gewürzgurken, Kapern und ein paar Zitronenscheiben noch einmal mit dem ganzen Inhalte aufgekocht. Man gibt dazu Salzkartoffeln.

Hasenklein mit Pilzen.

Das Hasenklein, Kopf, Hals, Herz, Läufe, Lunge, Leber, wird in Fett angebraten und mit einer fein gehackten Zwiebel und einer Gewürzdosis 1½ Stunde in Wasser gedämpft. 1 Pfund gewiegte Mischpilze werden in Butter angedünstet und dazugegeben und noch ¼ Stunde mitgekocht. Zum Schluß gibt man Essig, Salz, Pfeffer, angerührtes Mehl und wenn möglich, etwas saure Sahne dazu. Ratsam ist es, vor Zugabe der Pilze das Fleisch von den Knochen abzulösen und in Würfel zu schneiden.

Maccaroni mit Pilzen.

¾ Pfund Maccaroni werden in Salzwasser gekocht, abgegossen, mit gelbbrauner Butter übergossen und mit geriebenem Parmesankäse bestreut. Man gibt die Maccaroni und Pilze schichtweise in eine Auflaufform, streut geriebene Semmel und ein paar Butterflocken darüber und überbäckt das Ganze. Sehr wohlschmeckend sind hierzu gedämpfte Reizker. Es eignen sich aber auch alle anderen gedünsteten und gebratenen Speisepilze (Gemüsepilze) dazu.

Gelblinge mit Kartoffeln gebacken.

Eine Kasserolle wird mit Butter ausgestrichen. Darein bringt man eine Lage von dünnen Scheiben roher Kartoffeln, dann eine Lage klein geschnittener Gelblinge und streut Salz, Pfeffer, Kümmel und fein gewiegte Zwiebel sowie Petersilie darauf. Dann belegt man die Pilze reichlich mit Butter. So läßt man Schicht auf Schicht folgen. Das Ganze bäckt man dann im Ofen gut durch. Sehr wohlschmeckend.

Gebackene Butterpilze.

Die Hüte werden abgezogen, ohne zu waschen sauber geputzt. Dann wendet man sie in Ei und geriebener Semmel um, bestreut sie mit Pfeffer und Salz und läßt sie in Butter oder Palmin auf beiden Seiten braun werden.

Leberpilz gebraten.

Da der Pilz viel Gerbsäure enthält, so wird er zunächst abgebrüht. Dann schneidet man ihn in Streifen. Diese werden mit Ei und Semmel paniert, mit Pfeffer und Salz bestreut und in Butter oder Palmin auf beiden Seiten langsam gebraten. Man kann dazu gebratene Kartoffeln, Kartoffelmus, junges Gemüse oder dicken Reis geben. Von vorzüglichem Geschmack.

Pilztunke mit Kräutern.

Die Pilze werden in Butter, Mehl, Salz und Pfeffer gedünstet. Dazu bereitet man folgende Kräutertunke: Feingewiegte Petersilie, Estragon, Schnittlauch, Zwiebeln, Kerbelkraut und Sellerieblättchen dünstet man in Butterguß 5 Minuten. Dann rührt man beides gut untereinander. Man gibt die Tunke zu Flußfischen und Kalbfleisch.

Pikanter Pilzsalat.

Feinere Speisepilze schneidet man in Stücke, übergießt mit einem halben Glase Weißwein und dünstet sie darin 5 Minuten bei mäßigem Feuer. Dann fügt man Salz, Pfeffer und Tafelöl hinzu und läßt sie in bedecktem Gefäße ¼ Stunde durchziehen. Darauf verrührt man die Pilze mit Petersilie, Estragon, Schnittlauch und Mayonnaise.

Pilzsalat mit Senftunke.

Man bereitet folgende Senftunke: Ein hart gekochtes und ein rohes Eidotter werden gut verrührt. Dazu gibt man eine Messerspitze fein gewiegter Zwiebel, einige Löffel Tafelöl, Weinessig, Senf und etwas Zuk-

Arthur Bernhard

Samenhandlung / Dresden-N.

Am Markt 5 / Fernruf 13706

Empfehle bewährte Gemüse-, Gras-, Blumen-, forst- und landwirtschaftliche Sämereien, Topinambur- und Helianthus-Knollen / Wildgemüse-Samen

Champignonbrut

zur lohnenden Champignon-Zucht

Alle Arten Gemüse-Pflanzen, als: Kohlrabi, Salat, Sellerie, Tomaten, Melonen, Kürbisse, Gurken u. a. m. / Rhabarber-, Erdbeer- und Spargel-Pflanzen Johannisbeer-, Stachelbeer- und Himbeer-Sträucher

Winterharte Blumen-, Schling- u. Kletter-Pflanzen

Aus: Emil Herrmann, Pilzkochbuch, eine Anleitung zur vielseitigen Verwendung der Pilze im Haushalte für die bürgerliche Küche nebst einem Anhang »Kriegsküche« mit 145 Rezepten, 4. Auflage, Dresden 1917

ker und rührt alles ½ Stunde lang. Diese Tunke gießt man über die sauren Pilze. Den Salat garniert man mit gekochten Eiern und Sardellen. Sehr pikanter Salat.

Krautwickel mit Pilzen.

Ein Weißkrautkopf wird 10 Minuten lang in kochendes Wasser gelegt. Die Blätter löst man vorsichtig ab und läßt sie abtropfen. Hierzu bereitet man folgende Füllung: Pilze werden in Salzwasser gekocht. Den Saft gießt man ab und verwendet ihn zu Suppe. Die Pilze werden fein gewiegt. Mit 2/3 der Pilzmasse vermischt man 1/3 gewiegtes Fleisch, rührt darunter noch Salz, Pfeffer, ein Ei, geriebene gekochte Kartoffeln und etwas aufgeweichte Semmel. Diese Füllung hüllt man in die Krautblätter. Nun zerläßt man in einer Kasserolle 20 g Butter oder Fett und schichtet die Krautwickel darauf, über welche man kochendes Wasser oder das vorige Pilzwasser oder Fleischbrühe gießt. So läßt man die Krautwickel 1½ Stunde dünsten. Zuletzt verdickt man die Tunke mit etwas Mehl. Man gibt dazu Salzkartoffel.

Pilzsülze.

Man kocht einen Kalbsfuß mit Gewürz (Lorbeer und Gewürzkörnern). Frische Pilze werden in schwachem Salzwasser weich gekocht. Den Pilzsaft gießt man ab und verwendet man zu Suppe. Die Pilze werden gut zerkleinert und mit fein gewiegter Zwiebel, Sardelle oder Hering mit Kapern, saurer oder Pfeffergurke und der durchgeseihten Kalbsbrühe vermengt. Man gießt noch etwas Essig hinzu und kocht das Ganze auf. Danach läßt man es erkalten. Statt des Kalbsfußes kann man auch Schweineschwarte nehmen, weich kochen, fein wiegen und unter die Pilze mischen. Als geringerer Ersatz für Kalbsfuß kann auch Gelatine verwendet werden.

Brotaufstrich aus Pilzen.

Die fein gewiegten Pilze werden in Salzwasser weich gekocht. Dann bereitet man ein Gemisch aus fein gewiegter Zwiebel, aus Kapern, Petersilie, Sardellen oder Hering, einem hart gekochten Ei oder einem rohen Dotter und Eiersatz. Dies bringt man mit den Pilzen zusammen und gibt noch nach Bedarf Mehl dazu. Die Mischung verwendet man als schmackhaften und nahrhaften Brotaufstrich.

Pilzsalat

(nach Emil Herrmann)

Diesmal ein leicht auszuführendes Rezept, einfach und gut, für die schnelle Küche geeignet.

Für 4 Personen: 300 g Pilze (vorzüglich Herrenpilze , auch Champignons geeignet), etwas Weißwein, Salz, Pfeffer, einige Tropfen weißer Balsamico-Essig, etwas Tafelöl (mit wenig Eigengeschmack), Petersilie, Estragon, Schnittlauch

Pilze fein blättrig schneiden, in Weißwein ca. 5 Minuten dünsten, Flüssigkeit sollte fast aufgesogen sein, dann Salz, Pfeffer, einige Spritzer Essig und Öl dazu, eine Viertel Stunde ziehen lassen, zuletzt die fein gehackten Kräuter mit den Pilzen vorsichtig vermengen.

ANHANG

CIRCULARE DER K.K. LANDESREGIERUNG IM ERZHERZOGTHUME OESTERREICH UNTER DER ENNS

Über der Verkauf der Schwämme.

Sowohl in der k.k. Haupt- und Residenzstadt Wien, als auch außer derselben auf dem Lande, dürfen künftig auf den Märkten nur folgende eßbare Schwämme verkauft werden:

1. Champignons, und zwar:
   a) Der Garten-Champignon (Agaricus Pratella campestris).
   b) Der Wiesen-Champignon, Gugumuke (Agaricus Pratella edulis).
2. Die Morcheln (Morchella) und zwar:
   a) Die Maurache (Morchella esculenta).
   b) Die Spitzmorchel (Morchella conica).
   c) Die Bastardmorchel (Morchella patula).
   d) Die große Morchel (Morchella gigas).
   e) Die Stockmorchel (Helvella esculenta).
   f) Die Herbstmorchel (Helvella leucophaea).
3. Der Bilzling (Boletus edulis).
4. Der Halimasch (Lepiota polymices) auch Stockschwamm, Winterschwamm, Spätling, Heckerschwamm genannt.
5. Der Goldprätling (Agaricus lactifluus ruber), Prätling, Milchschwamm, rother Prätling, Breitling, Bratpülz, Brückling, Süßling.
6. Der Röthling (Merulius cantharelus), Pfiffer, Pfefferling, Chantarelle, Rehgeist, Eyerschwamm, Röhling, Rehling, Rübling, Rödling, Ziegenbart, Himling u.s.w.
7. Die schwarze Trüffel (Tuber cibarium), Erdnüsse, Erdschwämme, Erdmorcheln.
8. Die weiße Trüffel (Tuber album).

Die Bilzlinge, Morcheln, Trüffeln und Champignons dürfen auf den Märkten sowohl frisch als getrocknet, die übrigen genannten Gattungen aber nur im frischen Zustande und unzerstückelt zu Markt gebracht und verkauft werden.

Wien den 17. Julius 1838.

KLEINES HISTORISCHES PILZLEXIKON

Enthält die im 18. und 19. Jahrhundert gebräuchlichen Bezeichnungen aus den verschiedenen Regionen und Landesteilen von Österreich (Österr. Ungar. Monarchie) und Deutschland; oft sind gleichlautende Bezeichnungen für unterschiedliche Arten verwendet worden. In der Klammer sind die heute üblichen botanischen Namen angeführt. Die französiche Bezeichnung wurde auch aufgenommen, weil französisch die hohe Küchensprache war; in den Büchern sind oft auch die Namen der Pilze in der Sprache der Provinzen des ehemaligen Kaiserreiches zu finden.

Champignon *(Agaricus campestris)*
Gugemuke, Ehegattling, Ehegürtel, Heiderling, Trauschling, Angerling, Brachbülz, Leedling, Weidling, Wiesenpfifferling, Haidschwamm, Drüschling, Erdgürtel, Feldschwamm, Brachmännchen, Schneekugelschwamm, Tafelschwamm, Herrenschwamm
l´agaric comestible (frz.) pratajuolo, biachetto (ital.) pieczar (pol.), cseperke gomba (ung.)

Bärentatze *(Sparassis crispa)*
Kroanfuß, Hahnenkamm, Ziegenbart, Katzentapper, Zieserlein, Geisbart, Bocksbart, Händling, Hirschschwamm, Krausbart, Corallenschwamm, Hirschling, Schöberling, Hendelschwamm
Clavaire coralloide oder gallinole (frz.), kozibrady (böhm.), kuratka (ung.)

Birkenpilz *(Leccinum scabrum)*
Geissfuß, Kapuzinerpilz, kozak (böhm.)

Brätling *(Lactarius volemus)*
Breitling, Milchbülz, Süßling, Milchschwamm, Bratpilz
l ´amanite laiteuse (frz.), syrowinka (böhm.), agarico latticinoso (ital.)

Butterpilz *(Suillus luteus)*
Ringpilz, Schmalzling, Pomeisl, Steigsitzer
klouzek obecny, pomazlik (böhm.), boleto giallo (ital.)

Maronen-Röhrling. Eßbar. Boletus badius Fr. Aus: Edmund Michael, Führer für Pilzfreunde, Zwickau 1919

Eierschwamm *(Cantharellus cibarius)*

Röthling, Pfifferling, Chantarelle, Rehgeist, eyergelber Blätterschwamm, gelber Champignon, Füchserl, Nagerl, Rehling, Rübling, Rödling, Rehgäß, Ziegenbart, Geelichen, Geelörchen, Galluschel, Gänsel, Himling, Hünling, Kochmändel

gérille, brigoule ou l'agaric chantarelle (frz.), liska (böhm.), gallinaccio (ital.), lesice (krain.)

Hallimasch *(Armillaria mellea)*
Winterschwamm, Spätling, Heckenschwamm
wocklawka (böhm.)
Herrenpilz *(Boletus edulis)*
Steinpilz, Bilz(s)ling
cèpe frz.), porcino, boleto mangiable (it.), hrib (böhm.)
Lorchel *(Helvella crispa, esculenta)*
Frühlorchel, wilde Mauroche, Hasenmauroche, Katzenöhrlein
Herstlorchel, krapac (böhm.)
Morchel *(Morchella esculenta)*
Maurache (l), Morgel, Erdmorchel, Waldmorchel, Spitzmorchel
morille (frz.), smarze (pol.), smrz (böhm.), kutsma gomba (ung.), spugnuolo oder tripetto (ital.)
Mousseron *(Marasmius oreades, alliaceus)*
Raßling, Maischwamm, wahrer Mousseron, auch Agaricus alliatus, Lauchschwamm, Wiesenschwamm, Moosling, Nagelschwamm, Herbstmousseron, falscher Mousseron
Reizker *(Lactarius deliciosus)*
Ritzke, Rietsche, Salatriezchen, Rödling, Reische, Räßling, Reißigel, Egerla, Reibling, Tanneling, Tännling, Förling, Förchling, Hirschling, Herbstling, Blütling, Herrenschwamm, roter Milchschwamm, Wacholderschwamm
l´agaric délicieux ou orange (frz.), uovolu, fungo lapacendro (it.), ryzik (pol.), ryzek (böhm.), rizik (ung.), pesenice (krain.)
Trüffel *(Tuber cibarium)*
Tartuffeln, Erdschwämme, Erdmorcheln, Erdnuß
Truffes (frz.), szarvas gomba (ung.), lanryz cerna (böhm.)

LITERATURVERZEICHNIS

Kochbücher

Baltzer, Eduard, Vegetarisches Kochbuch, 15. Auflage, Leipzig 1903
Bauer, Anna, Die praktische Wiener Köchin, 7. Auflage, Wien 1895
Buchmeier, Marie, Neues Pilzkochbuch, Ausburg 1997 (Reprint)
Das Kochbuch der Anna Maria Stainer, hg. v. Leomare Qualtinger, Wien 1978
Der Marianka des Hans-Jörgel von Gumpoldskirchen (…) Kochbuch oder die Kunst, sowohl vornehme Tafeln delikat, zierlich und elegant zu bereiten, als auch die österreichische Hausmannskost billig und schmackhaft herzustellen, Wien 1846
Deutsche Kochschule, 4. Auflage, Prag 1894
Die Kochkunst. Kochbuch der »Wiener Mode«, Wien, Leipzig, Berlin, Stuttgart 1895
Die wirthschaftliche Prager Köchin, Prag 1819
Dorninger, Marie, Bürgerliches Wiener Kochbuch, Wien o. J. (1905)
Ein gantz neues und nutzbares Koch-Buch in welchem zu finden (…), von einer hochadeligen Persohn zusammengetragen, und in Druck gegeben, Wienn in Oesterreich, 1724
Erprobte Rezepte für 30 teils fleischlose Menus für den bürgerlichen Mittagstisch, Wien 1914
Eckhart, Emma, Der häusliche Herd. Neues geprüftes Kochbuch für junge Hausfrauen, erfahrene Köchinnen und solche, die es werden wollen, 2. Auflage, Wien, Pest, Leipzig, 1887
Exel, Therese, Das Buch der Küche, 2. Auflage, Gmunden 1864
Fuchs, Klara, Die praktische Vorstadt-Köchin als Meisterin der Kochkunst, Wien 1860
Gartler, Ignaz und Hikmann, Barbara, F. G. Zenker, (Hg.), Allgemein bewährtes Wiener Kochbuch in zwanzig Abschnitten (…), Wien 1844
Gerold-Sauerländer, Bertha, Kochrecepte, Wien 1897
Gouffé, Julius, Die feine Küche, Vollständiges Lehr- und Handbuch der Kochkunst, Kuchenbäckerei und Einmachkunst in ihrem ganzen Umfange, 2. Auflage Leipzig o. J.
Grimod de la Renière, Almanach für Leckermäuler oder Küchen- und Tafelkalender, Wien und Hamburg 1804
Hagger, Conrad, Saltzburger Kochbuch, um 1750, http: data.onb.ac.at/rec/AC 09928655
Heitz, J. M., Die Wiener Bürger-Küche. Illustriertes Kochbuch, Wien 1911
Herrmann, Emil, Pilzkochbuch, 4. Auflage, Dresden 1917
Hofbauer, Anna, Allgemeines österreichisches oder neuestes Wiener Kochbuch in jeder Haushaltung brauchbar (…) mit einem Anhang und Speiszettel, Hausinhaberin in Wien, Wien 1825
Klingemann, Helene, 125 Gemüse-, Pilz- und Tomaten-Gerichte unserer Zeit, Chemnitz 1917
Kortschak, Paula, Neue Kartoffelküche, 2. Auflage, Graz und Leipzig 1891
Kraft, Josepha, Die wirthschaftliche Wiener Köchin oder neuestes vollständiges Kochbuch (…),2. Auflage, Wien 1838

26. Wacholder-Milchling. Echter Reizker, Röstling. Eßbar.
Laçtária deliciósa L.

Kratochwil, Marie, Neuestes Kochbuch, eine Sammlung von erprobten und bewährten Kochrezepten für die Familienküche, Böhm.Budweis o. J.
Kriegsküche, praktische und billige Rezepte, Ergänzung des Kochbuchs »Gute Küche« der »Illustrierten Kronen-Zeitung«, Wien 1915
Leitner, Franziska, Neuestes bürgerliches Kochbuch für den einfachen Haushalt bestehend in 435 der vorzüglichsten Koch- und Wirthschaftsrecepte, Wien 1882
Lindau, Marianna Catharina, Die Steyermärkische Kochin, oder neues bürgerliches Kochbuch für alle Stände, von welcher Art noch keines im Druck erschienen ist, Köchin zu Wien, Graz 1797
Mackú, Johann, Pilzkochbuch, Olmütz 1915
Marbler, Anna, Neues Praktisches Kochbuch für jeden Haushalt geeignet, 3. Auflage, Graz 1902
Mauer, August, Illustrirtes Kochbuch, ausschließlich berechnet für die feinste Küche und den vornehmsten Haushalt, Wien 1885
Meixner, Maria Elisabetha, Das neue, große, geprüfte und bewährte Linzer Kochbuch in 10 Abschnitten, Linz 1815
Miari, Rosa Contessa, Kriegskochbuch, Wien 1915
Nicklin, Barbara, Neues erprobtes Kochbuch. Aus dem hinterlassenen Manuscript der Barbara Nicklin, einer berühmten Köchin, Wien 1802
Neubauer, Jean, Neues Kochbuch, bestehend in ganz Ordinairen oder auf bürgerliche Art zubereiteten Fleisch- und Fastenspeisen (…), Wien 1777
Neudecker, Anna Maria, Die Baierische Köchin in Böhmen, Salzburg 1826
Reitter, Helene, Kochbuch für fleischlose, fettlose und eiersparende Kost, Wien 1915, 2. Auflage, Wien 1917
Rettig, Magdalena Dobromila, Die Hausköchin, 1. Auflage, Prag 1827, 9. Auflage, Prag 1867
Rumohr, Karl Friedrich von, Geist der Kochkunst, Frankfurt/Main 1998
Salzmann, M. A. Neues auf Erfahrung egründetes leichtfaßliches Kochbuch für jede Haushaltung (…), Kaschau 1835
Schmall, Josef, Die Zukunftsküche. Letzter Rettungsanker zur Verhütung völliger Entartung der Menschheit, Wien 1900
Schreder, Katharina, Praktisches Koch-Buch mit 1083 Kochregeln und 46 Speisen-Zetteln, Wien 1888
Soucek, Marie, Neuestes Handbuch der böhmischen Kochkunst, Wien 1908
Steinbrecher, Maria Anna, Vollständiges Kochbuch oder Was kochen wir Heute? Was morgen?, Wien 1823
Stern, Marianne, Zeitgemäße Kriegsküche, Wien 1918
St. Hilaire, Josephine von, Die wahre Kochkunst, 1. Auflage, Pest 1820, 10. Auflage, Pest 1851
Stöckel, Elisabeth, Die bürgerliche Küche oder neuestes österreichisches Kochbuch für Bürgerfamilien aus der gebildeteren Mittelclasse, Wien 1833, 26. Auflage, Wien 1906
Strobel, Anna, Die praktische Wiener Küche. Eine vollständige Sammlung (…) nebst einem Anhange für Leidende, Wien-Leipzig o. J.
Triwald, Gabriele, Böhmische Univeral-Köchin, Prag 1885
Türck, Josefine, Jubiläums-Kochbuch, Wien 1908
Weilhäuser's Vegetarisches Kochbuch, bearb. v. E. Hering, Leipzig 1903
Wolf, Eveline, Kleines Menu- und Kochbuch, Wien 1913

Lexika und Sachbücher

Appetit-Lexicon oder aphabetisch geordnetes Auskunftsbuch über alle Speisen und Getränke sowohl gewöhnlicher Art als des Luxus (…), (Gräffer Franz anonym) Wien 1830

Bill, Johann Georg, Die eßbaren und giftigen Schwämme in ihren wichtigsten Formen mit Schulwandtafeln, Wien 1858

Do(h)n(n)dorf, J. A. Lexikon der Haushaltung und des Hauswesens, oder der erfahrene Hausökonom, Wien 1828

Dumas, Alexandre, Grand Dictionnaire de Cuisine, Wien 2002

Feyertag, Hans, Wiener Kochbücher der Habsburgerzeit 1695 bis 1918, eine Bibliografie, Selbstverlag 2011

Habs, Robert und Rosner, L., Appetit-Lexikon. Ein alphabetisches Hand- und Nachschlagebuch über alle Speisen und Getränke, Wien 1894

Hayne, Joseph, Gemeinnütziger Unterricht über die schädlichen und nützlichen Schwämme, Wien 1830

Koehler, Joseph, Zur Kenntnis der Pilze, Olmütz 1862

Kraph, Karl von, Ausführliche Beschreibung der in Unterösterreich, sonderlich um Wien herum wachsenden, und in der Stadt zum Verkauf sowohl erlaubten, als unerlaubten eßbaren Schwämme nach der Linnéischen Haupteintheilung in systematischer Ordnung vorgetragen, Wien 1782

Kreutzer, Carl Joseph, Beschreibung und Abbildungen sämmtlicher eßbaren Schwämme, Wien 1849

Lenz, Harald Othmar, Die nützlichen, schädlichen und verdächtigen Schwämme, 4. Auflage, Gotha 1868

Lorinser, Wilhelm, Die wichtigen eßbaren, verdächtigen und giftigen Schwämme, Wien 1876

Marperger, Paul Jacob, Vollständiges Küch- und Keller-Dictionarium, Hamburg 1716

Marquart, Friedrich, Die eßbaren und schädlichen Schwämme, Wien und Olmütz 1856

Michael, Edmund, Führer für Pilzfreunde, Zwickau 1919

Ruthammer, Gerhard (Hg.), Die am häufigsten vorkommenden giftigen Pilze, Reprint 2014

Schroeder, Eduard August, Die Pilze, ein Volksnahrungsmittel. Eine nationalökonomisch-mykologische Studie, Wien 1896

Schwalb, Karl, Das Buch der Pilze, Wien 1891

Trattinnick, Leopold, Die eßbaren Schwämme des Oesterreichischen Kaiserstaates, Wien und Triest 1809

Wagner, Dr. M. H., Der Schwämmesammler, genießbare Schwämme und ihre Merkmale (…), Troppau 1867

GLOSSAR

Abbasiren	in Butter rösten
Abgänge	Fleisch-und Knochenabfälle des Fasans
Abgebrennet	trocken geröstet
Abgerindelt	die Rinde abgeschnitten
Abtreiben	heftig rühren
Amolet	Omelette
Anpassiren	dünsten
Assiette	frz. Teller, Zwischengericht
Ausbruch, Ruster	Dessertwein
Ausgestreifte Geflügelleber	geschabte Leber
Baumö(h)l	Olivenöl
Bauvaise	Pofesen
Bavous	Krapfen, in Schmalz Gebackenes
Beigerichte von Nerac	Histor. Gerichte
Berschling	Barsch
Bignets	Krapfen, in Schmalz Gebackenes
Braise	Saft vom Dünsten
Braune Sauce	Sauce espagnole
Brosamen	Brösel
Brüß(lein)	Bries
Carbonadel	Kotelett
Claire	Backteig
Coulis	Kraftbrühe
Dragon	Bertram
Durchschlag	Sieb
Eier à la Polignac	histor. Speise
Eingezehrt	einziehen, verkochen
Eyterl	hier: Euter
Fächer	Unterseite eines Lamellenpilzes
Fasch	Farce
Fein hachirt	fein zerkleinert
Flechsen	Häutchen und Sehnen von Fleischstücken
Gebäht	getoastet
Geflügelleber, ausgestreifte	geschabte Geflügelleber
Gelinde	leicht sanft
Gepfärzt	in Schmalz geröstet
Geprägelt	geklopft
Gerstel, Ulmer	geriebener Teig, getrocknet
Gesattelt	belegt
Gilben	gelb rösten
Glace	Bouillon, stark reduziert, sirupähnliche Konsistenz
Glaße	Glace, eingekochte Bouillon
Graupen	Gerstel, geriebener Teig
Grundsuppe	Fleischsuppe

Gurke, persisch eingelegt	nicht eruierbare Zubereitung
Haarichte	Lamellen oder Röhren an der Unterseite der Pilzkappen
Hohenlohesche Reis-, Haferflocken	Markenname
Hühner à la Marengo	histor. Gericht
Imberstup	Ingwerpulver
Indian	Truthan, Pute
Ingber	Ingwer
Kachel	Kochgeschirr
Kalbsgeschlinge	Kalbsbeuschel
Kastrol	Kasserolle
Kochkiste	Warmhaltevorrichtung zum Ausdünsten von Speisen
Körbel	Kerbelkraut
Kraftsuppe	Fleischsuppe
Kratten	Gräten
Kretzer	Verjus, Saft aus unreifen Weintrauben
Kreuzerwek	Gebäck um 1 Kreuzer
Laureol	Markenname einer Margarine
Liebig's Fleischextract	Markenname
lind(en)	Mehl trocknen
Loth	17,5 Gramm
Macisnuß	Muskatnuß
Madellot à la Madelote	Fischgericht
Maß	Wr. Maß = 1,41 Liter
Maßlocke	gelber Pilz der Region Schlesien in der Größe eines Reizkers
Milchraum	Rahm, Obers
Minceen	Geschnetzeltes
Mortificirt	abgelegen (Fleisch)
Muscatstup	Muskatpulver
Nägelein	Nelken, Eierschwammerl
Obergaum	Ochsenmaul
Oellrutten	Fischart
Passirt	hier: angeröstet
Pasteten von Straßburg	berühmte Trüffel-Gänseleber-Pasteten
Pasteten von Toulouse	berühmte Trüffel-Gänseleber-Pasteten
Persisch eingelegte Gurke	nicht eruierbare Zubereitung
Pfanzel	Eierteig, Suppeneinlage
Platsche	flaches Stück, Fleck
Plinzen	runde Eierkuchen
Prackfleisch	hier: Rindfleisch
Provenceröl	Olivenöl
Rahmmuß	Rahmsoße
Rand	hier: hohe Tortenform
Rangirt	geordnet
Rauhes (Pilz)	Unterseite des Pilzes
Reindel	kleine Kasserolle
Risolen	Teigtaschen
Ritschen	Reizker

Röhrenlage (Pilz)	Unterseite der Pilzkappe
Rothlecht	rötlich
Ruster Ausbruch	Dessertwein
Salpicon	feines Ragoût
Sauce, Braune	Sauce espagnole
Sauce espagnole	dunkle Sauce
Schlickkrapfen	Teigtaschen
Schmetten	Rahm, Obers
Schnittknoblauch	Küchenkraut
Schölerl	Schale, Zitronenschale
Schoppen	Flüssigkeitsmaß, bis 1872 0,7 Liter, danach 0,5 Liter
Schü	Bratensaft
Schütter	dünnflüssig
Schwingen in der Pfanne	schwenken
Seidel	Wr. Seitel = 0, 35 Liter
Semmelfasch	eingeweichte Semmel
Spanische Zwiebeln	feine Zwiebeln, Schalotten
Speil	Holzspieß
Spenadel	Sicherheitsnadel
Stängel	Stiel des Pilzes
Stiel (Pilz)	Stängel, Stiel
Stup	Pulver, Staub
Suppenzeltchen	Suppenwürfel
Tangelst	Reisiggestrüpp
Tunke	Soße
Tupfen	Löcher
Ulmer Gerstel	geriebener Teig, getrocknet
Verpicht	mit Pech verkleben
Verwellt	ins Wasser legen
Vierting	¼ Pfund , 140 g
Wall aufkochen	aufwallen lassen
Wasserteig	einfacher Teig, mit Wasser gemacht
Weidling	große, weite Schüssel
Weiße Sauce	Bechamelsoße
Weiße Suppe	Fleischsuppe
Windofen	histor. Backrohr
Zwiebeln, Spanische	feine Zwiebeln, Schalotten

REZEPTREGISTER
alphabetisch

REZEPTREGISTER
nach Pilzarten

Champignons

Trüffeln

Morcheln

Steinpilze

Mischpilze (gemischte Pilze)

Sonstige Pilze

Konservieren und Haltbarmachen von Pilzen